国家社会科学基金青年项目
信息生命周期视角下科研数据管理与
共享的政策保障研究
（项目编号：15CTQ021）

Study on Research Data Management and
Sharing Policy in China

# 中国科研数据管理与共享政策研究

## 以"信息生命周期—利益相关者"为视角

邢文明　著

中国社会科学出版社

# 图书在版编目（CIP）数据

中国科研数据管理与共享政策研究：以"信息生命周期—利益相关者"为视角／邢文明著.—北京：中国社会科学出版社，2022.6
ISBN 978-7-5227-0015-1

Ⅰ.①中… Ⅱ.①邢… Ⅲ.①科学研究—数据管理—研究—中国 ②科学研究—数据共享—信息政策—研究—中国 Ⅳ.①G203

中国版本图书馆 CIP 数据核字（2022）第 054860 号

---

| 出 版 人 | 赵剑英 |
| --- | --- |
| 责任编辑 | 安　芳 |
| 责任校对 | 张爱华 |
| 责任印制 | 李寡寡 |

---

| 出　　版 | 中国社会科学出版社 |
| --- | --- |
| 社　　址 | 北京鼓楼西大街甲 158 号 |
| 邮　　编 | 100720 |
| 网　　址 | http://www.csspw.cn |
| 发 行 部 | 010-84083685 |
| 门 市 部 | 010-84029450 |
| 经　　销 | 新华书店及其他书店 |

---

| 印　　刷 | 北京明恒达印务有限公司 |
| --- | --- |
| 装　　订 | 廊坊市广阳区广增装订厂 |
| 版　　次 | 2022 年 6 月第 1 版 |
| 印　　次 | 2022 年 6 月第 1 次印刷 |

---

| 开　　本 | 710×1000　1/16 |
| --- | --- |
| 印　　张 | 20 |
| 插　　页 | 2 |
| 字　　数 | 282 千字 |
| 定　　价 | 108.00 元 |

---

凡购买中国社会科学出版社图书，如有质量问题请与本社营销中心联系调换
电话：010-84083683
**版权所有　侵权必究**

# 目 录

**第一章 绪论** …………………………………………………… (1)
 第一节 研究背景与意义 …………………………………… (1)
 第二节 国内外研究述评 …………………………………… (5)
 第三节 研究思路与方法 …………………………………… (48)
 第四节 研究的创新与不足 ………………………………… (51)

**第二章 科研数据管理与共享的核心概念与理论基础** ……… (54)
 第一节 科研数据管理与共享的核心概念 ………………… (54)
 第二节 科研数据管理与共享的理论基础 ………………… (70)

**第三章 我国科研数据管理与共享政策的实践现状** ………… (80)
 第一节 我国科研数据管理与共享政策现状考察 ………… (80)
 第二节 我国科研数据管理与共享政策的主要成就 ……… (122)
 第三节 我国科研数据管理与共享政策存在的主要问题 … (124)

**第四章 国外科研数据管理与共享政策的典型经验** ………… (127)
 第一节 美国科研数据管理与共享政策现状调研 ………… (128)
 第二节 英国科研数据管理与共享政策现状调研 ………… (147)
 第三节 澳大利亚科研数据管理与共享政策现状调研 …… (168)
 第四节 国外科研数据管理与共享政策的经验启示 ……… (178)

## 第五章　利益相关者视角下我国科研数据管理与共享政策体系设计 ……………………………………（184）

第一节　政策体系设计的方法与思路 …………………………（184）

第二节　科研数据管理与共享的主要利益相关者 ………（188）

第三节　我国科研数据管理与共享的管理型责任主体及其政策需求 …………………………………………（199）

第四节　我国科研数据管理与共享政策体系的构成 ………（201）

## 第六章　信息生命周期视角下我国科研数据管理与共享政策探讨 ……………………………………（215）

第一节　科研资助/管理机构的科研数据管理与共享政策研究 …………………………………………（215）

第二节　科研机构的科研数据管理与共享政策研究 ………（234）

第三节　数据中心的科研数据管理与共享政策 ……………（261）

## 第七章　总结与展望 ……………………………………………（269）

第一节　总结 ……………………………………………………（269）

第二节　展望 ……………………………………………………（272）

## 参考文献 …………………………………………………………（275）

# 第一章 绪论

## 第一节 研究背景与意义

### 一 研究背景

科研数据既是科学研究的重要成果之一,也是进行科研创新的基础。随着全球范围内开放科学运动的风起云涌以及数据密集型研究范式的快速发展,特别是科研数据作为重要的基础性资源在推动科学研究、降低科研成本、规范科研过程以及促进科研诚信等方面的作用不断凸显,科研数据的共享利用已受到国际组织、各国政府部门和研究机构的一致重视。

科研数据的共享离不开完善的相关政策的保障。科研数据作为科学研究的产物和智力成果,要通过有效的信息传播渠道广泛地为全社会所利用,必然需要处理好包括数据生产(采集)、管理、应用与共享过程中的各种社会关系[1],这就需要依靠法律法规来调整各种社会关系,从而规范和保障共享的进行。国际上,通过制定相关政策以保障和规范科研数据共享已成为广泛共识,并已形成在国际组织发布的建议与指南的指导下,由各国政府、科研资助/管理机构、科研机构和出版机构等不同层面的科研数据管理与共享法规政策组成的政策体系,有效地保障和促进了各国的科研数据管理与共享实践。此外,欧

---

[1] 黄鼎成等:《科学数据共享法规体系建设的若干思考》,《中国基础科学》2003年第6期。

美等发达国家均由政府支持建设了一批国家级的科研数据中心或高水平数据库,利用它们持续汇聚和整合本国乃至全球科研数据资源,并向社会开放共享。[1] 我国也非常重视科研数据的共享与利用,早在2002年,科技部就开始了科学数据共享工程建设;2005年5月,科技部发布了《科学数据共享工程技术标准(征求意见稿)》[2];2006年6月,中国地震局发布了《地震科学数据共享管理办法》[3];2008年3月,科技部发布了《国家重点基础研究发展计划资源环境领域项目数据汇交暂行办法》[4];2015年国务院政府工作报告指出:优化科技资源配置,建立公开统一的国家科技管理平台,推进科技资源开放共享。[5] 2018年3月,国务院办公厅印发《科学数据管理办法》(以下简称《办法》),明确了我国科研数据管理的总体原则、主要职责、数据采集汇交与保存、共享利用、保密与安全等方面的内容[6],对进一步加强与规范科研数据管理,提升我国科研数据工作水平,发挥国家财政投入产出效益,提高科技创新、经济社会发展和国家安全支撑保障能力具有重要意义。[7]

尽管我国在加强科研数据的管理与共享利用方面取得了不少进展,但与发达国家相比,我国的政策法规体系仍有待进一步完善,如根据《办法》的规定:国务院相关部门、省级人民政府相关部门等主管部门,有关科研院所、高等院校和企业等法人单位都是科研数据管

---

[1] 新华网:《科学数据,如何科学管理》,2018年4月8日,http://www.xinhuanet.com/tech/2018-04/08/c_1122646420.htm,2020年1月2日。

[2] 周玉琴、邢文明:《我国科研数据管理与共享政策体系研究》,《中华医学图书情报杂志》2018年第8期。

[3] 中国地震局:《地震科学数据共享管理办法》,2014年12月27日,https://www.cea.gov.cn/cea/zwgk/zcfg/369272/1228635/index.html,2020年1月2日。

[4] 邢文明:《我国科研数据管理与共享政策保障研究》,博士学位论文,武汉大学,2014年。

[5] 周玉琴、邢文明:《我国科研数据管理与共享政策体系研究》,《中华医学图书情报杂志》2018年第8期。

[6] 张保钢:《国务院办公厅印发〈科学数据管理办法〉》,《北京测绘》2018年第5期。

[7] 张保钢:《国务院办公厅印发〈科学数据管理办法〉》,《北京测绘》2018年第5期。

理的责任主体，负责建立健全本部门（本地区/本单位）的科研数据管理政策和规章制度。因而，各级责任主体应根据《办法》确立的原则与精神，建立健全本部门（本单位/本地区）的科研数据管理与共享的政策与制度体系，以保障和推动我国的科研数据共享。但调研发现，目前只有十余个省份出台了本省的《科学数据管理办法实施细则》，以及中国科学院出台了《中国科学院科学数据管理与开放共享办法（试行）》，而其他主管部门和法人单位尚未有相关政策出台。

为了推动和保障我国的科研数据共享实践，本研究以建立和完善我国的科研数据管理与共享政策为目标，探讨我国科研数据管理与共享的政策体系、政策大纲及政策的主要内容，从而为相关部门提供参考借鉴，以期通过政策的健全完善来促进科研数据共享实践的进展。

## 二　研究意义

### （一）贯彻《科学数据管理办法》，完善我国科研数据政策体系

通过制定相关政策以解决科研数据管理与共享实践中面临的各种问题，是较为有效同时也是国际社会的通行做法。作为我国第一部国家层面的科研数据法规，《办法》明确了我国科研数据管理共享与利用的基本框架，为我国科研数据的安全与可持续共享利用提供了制度保障。但《办法》仅确立了我国科研数据管理与共享的基本管理框架，指出我国科研数据管理工作遵循"分级管理"的原则，实行"国家统筹、各部门与各地区分工负责"的体制，并分别明确了不同责任主体的职责，当前一方面需按照《办法》的要求，完善不同责任主体层面的政策法规，另一方面还应尽快健全科研数据管理与共享相关标准规范。在此背景下，探讨我国科研数据管理与共享政策体系与内容结构，既是推动和保障我国科研数据共享的当务之急，也是贯彻落实《办法》的具体体现。

### （二）促进科研诚信与学术规范，推动学术开放与透明

科研数据作为重要的科研产出之一，也是一种重要的过程性资

料。通过制定政策以规范科研活动中数据的收集整理、分析利用、保存和共享行为，有助于促进科学研究的规范性和透明性，从而减少和避免学术不端行为。《澳大利亚负责任研究行为准则》指出：妥善管理和保存科研数据是负责任研究行为的重要内容。我国教育部 2016 年 6 月 16 日印发的《高等学校预防与处理学术不端行为办法》指出："高等学校应当建立健全科研管理制度，在合理期限内保存研究的原始数据和资料，保证科研档案和数据的真实性、完整性。"[①] 中共中央办公厅、国务院办公厅于 2018 年 5 月 30 日印发的《关于进一步加强科研诚信建设的若干意见》指出，"项目（课题）负责人、研究生导师等要充分发挥言传身教作用，加强对项目（课题）成员、学生的科研诚信管理，对重要论文等科研成果的署名、研究数据真实性、实验可重复性等进行诚信审核和学术把关。"[②] 中共中央办公厅、国务院办公厅 2019 年 6 月 11 日印发的《关于进一步弘扬科学家精神加强作风和学风建设的意见》指出："论文等科研成果发表后 1 个月内，要将所涉及的实验记录、实验数据等原始数据资料交所在单位统一管理、留存备查。"[③] 可见，通过对科研数据的管理以促进学术诚信与科研规范已成为国际社会的共识和普遍做法。因而，建立与完善科研数据管理与共享政策有助于推动我国学术规范与学术诚信建设。[④]

（三）提高科技资源的利用效益，助推创新型国家战略的实施

科研数据具有较高的搜集开发成本和较低的重复使用成本，只有

---

[①] 章火中：《独立学院科研档案建设重要性及对策分析》，《现代商贸工业》2017 年第 3 期。

[②] 新华网：《中共中央办公厅 国务院办公厅印发〈关于进一步加强科研诚信建设的若干意见〉》，2018 年 5 月 30 日，http://www.xinhuanet.com/politics/2018-05/30/c_1122913789.htm，2020 年 1 月 5 日。

[③] 尹怀琼等：《国内外高校图书馆科研数据管理服务分析及启示》，《图书馆学研究》2020 年第 11 期。

[④] 邢文明：《我国科研数据管理与共享政策保障研究》，博士学位论文，武汉大学，2014 年。

通过共享共用才能最大限度地发挥其价值和效益。① 当前，科学研究已成为数据密集型活动，科技进展和科学发现越来越依赖于科研数据的支撑作用。因此，对科研数据进行开放共享，不仅有助于其他研究人员还原和重现科研过程，验证科研成果，做到"知其然并知其所以然"，还有助于将多源数据进行关联集成和挖掘分析，得出新的发现，从而加快科研创新。同时，由政府等公共资金资助产生的科研数据，应属于每个纳税人所共有，理应进行公开和开放，以获得最大的社会效益。当前我国正处于实施创新驱动发展战略，加快建设创新型国家和科技强国的关键时期，加强和规范科研数据的管理与共享是加强我国科技创新能力建设和保障国家安全的重要方式与手段。② 本课题探讨如何健全与完善我国科研数据政策，从而更好地推动和保障科研数据的共享，提高科技资源的利用效率，助推创新驱动国家战略的实现。

## 第二节 国内外研究述评

本部分将分别从国际组织、其他国家和我国的角度梳理科研数据管理与共享政策的研究与实践现状。

### 一 国际组织相关研究与实践

目前，关注并积极推动科研数据共享利用的国际组织既有与科研数据直接相关的专门性组织，如国际科技数据委员会（CODATA）、世界数据系统（WDS）、研究数据联盟（RDA）等，也有非直接相关的综合性组织，如联合国教科文组织（UNESCO）、经济合作与发展

---

① 邢文明：《我国科研数据管理与共享政策保障研究》，博士学位论文，武汉大学，2014年。
② 中华人民共和国中央人民政府：《保障安全 突出共享 支撑创新 科学数据，如何科学管理》，2018年4月8日，http://www.gov.cn/zhengce/2018-04/08/content_5280429.htm，2020年1月5日。

组织（OECD）等。这些国际组织积极宣传科研数据共享的价值，通过举办学术会议、成立专门任务组/工作组/委员会、发布有关科研数据共享的政策（policy）/宣言（declaration）/声明（statement）/原则（principle）/指南（guideline）等方式组织相关力量共同开展科研数据共享活动，推动全球范围内的科研数据共享实践。

（一）国际科技数据委员会

国际科技数据委员会（Committee on Data for Science and Technology，CODATA）成立于1966年，是国际科学理事会（International Council for Science，ICSU）下属的以数据为核心的跨学科综合性科学委员会[1]，拥有国家会员、国际学术组织会员等50余个会员，在国际科研数据政策、数据科学前沿和数据科学家培养等方面都具较大影响力。其宗旨是推动数据开放共享与应用，发展数据科学，促进科学研究，当前工作重点是支持围绕开放数据和开放科学的原则、政策和实践，推动数据科学前沿领域的发展，以及通过能力建设提升各国数据技能和国家科研体系在支持开放数据中发挥作用，促进开放科学发展。

自1968年起，CODATA每两年举办一次国际学术会议，邀请世界各领域的科学家共同探讨科研数据领域面临的问题和挑战[2]，以推动科技数据应用，发展数据科学，促进科学研究，造福人类社会。2019年9月，以"迈向下一代数据驱动的科学：政策、实践与平台"为主题的CODATA2019年学术大会在北京召开，大会的重要成果之一是发布了《科研数据北京宣言》（The Beijing Declaration on Research Data），肯定了世界各地已发布的数据政策和实践进展，阐明了推进相关领域多边合作的核心原则：加强数据管理能力建设和数据政策体

---

[1] 邢文明：《国际组织关于科学数据的实践、会议与政策及对我国的启示》，《国家图书馆学刊》2013年第22卷第2期。

[2] 邢文明：《国际组织关于科学数据的实践、会议与政策及对我国的启示》，《国家图书馆学刊》2013年第22卷第2期。

系建设、将全球公共产品作为科研数据的基本属性、重申数据开放的"FAIR"(可发现、可获取、可互操作、可重用)原则;公共经费资助产出的科研数据应尽可能在全球范围内共享重用、建立科研数据管理计划制度、开放公共经费资助产生的科研数据和信息是缩小科学生产鸿沟的必要举措等。① 此次会议同时举办了"开放科研数据的政策与实践"国际研讨会,立足中国《科学数据管理办法》实施一年有余的现实基础,邀请国内外相关国际组织、著名科研数据中心、多学科领域科研数据专家致力于探讨开放科研数据的经验和教训,并围绕对地观测、基因组学、天文科学、地球科学等数据密集型领域进行有针对性的交流探讨。②

CODATA 成立一系列任务组探讨与科研数据有关的全球性问题,如面向全球灾害风险研究的关联开放数据(Linked Open Data for Global Disaster Risk Research,LODGD)、发展中国家科技数据保存与共享(Preservation of and Access to Scientific and Technical Data in/for/with Developing Countries,PASTD)、增进数据获取与可重用性(Improving Data Access and Reusability)等。③ 在 2005 年突尼斯世界信息峰会上,CODATA 承诺尽全力在科研数据领域做好削减数字鸿沟的工作,在发展中国家围绕数据共享战略和政策、能力建设等主题成功举办了一系列国际研讨会、培训班。④

(二)世界数据系统

世界数据系统(World Data System,WDS)是 2008 年 10 月在非洲

---

① 中国科学院:《〈科研数据北京宣言〉正式发布》2019 年 11 月 18 日,http://www.cas.cn/zkyzs/2019/11/225/gzjz/201911/t20191119_4724207.shtml,2020 年 1 月 5 日。毕达天等:《科学数据共享研究现状与展望》,《图书情报工作》2019 年第 63 卷第 24 期。

② 中国科学院:《国际数据委员会 2019 年学术会议在京召开》,2019 年 9 月 23 日,http://www.cas.cn/sygz/201909/t20190923_4715833.shtml,2020 年 1 月 6 日。

③ 邢文明:《我国科研数据管理与共享政策保障研究》,博士学位论文,武汉大学,2014 年。

④ 刘闯:《加强多方合作促进发展中国家数据共享——在联合国世界信息峰会十周年第 69 届联大主席高级别咨询会议上的讲话》,《全球变化数据学报(中英文)》2017 年第 1 卷第 1 期。

莫桑比克召开的第 29 届国际科学理事会（ICSU）全体会议上成立的，其前身是世界数据中心（World Data Center，WDC）。① 作为 ICSU 的跨学科机构，WDS 的使命是支撑国际科学理事会的长期愿景，在自然科学、社会科学和人文科学等一系列学科之间，为科研数据、数据服务、产品和信息提供有质量保证的长期管理和平等访问，促进遵守相互协定的数据标准与实践，提供促进和改进数据访问的机制，并采用"数据共享原则"推进其目标。② WDS 的工作由国际科学联盟世界数据中心专门委员会提供指导和协助，该委员会由国际科学联盟主要机构和世界数据中心系统的代表组成，现有 5 个国家和地区：美国、俄罗斯、欧洲、日本和中国。世界数据中心专门委员会会议在国际科学联盟的大会期间举行，WDS 也在适当时候组织召开数据工作会议。

WDS 制定了《数据共享原则》（Data Sharing Principles），指出：世界数据系统旨在通过对数据的长期维护以促进有质量保证的科研数据、数据服务、产品和信息的普遍与平等获取。③ WDS 数据共享原则采取与其他国际倡议相一致的原则，如地球观测组织、《八国集团科学部长声明》《G8 开放数据宪章》《公共资助的研究数据获取的 OECD 原则与指南》以及由国际科学理事会（ICSU）、国际社会科学理事会（ISSC）、国际科学院组织（IAP）、发展中国家科学院（TWAS）四个国际组织联合发布的《大数据时代的开放数据原则》（Principles of Open Data in a Big Data World）等。④ 这些数据共享原则的核心内容主要有：

1. 数据、元数据、产品和信息应根据国家法规或国际原则与标

---

① 邢文明：《我国科研数据管理与共享政策保障研究》，博士学位论文，武汉大学，2014 年。
② 王卷乐、Takashi Watanabe：《2019 世界数据系统亚洲—大洋洲会议纪要》，《全球变化数据学报（中英文）》2019 年第 3 卷第 4 期。
③ World Data System, "WDS, Data Policy", 10th July 2012, http://icsu-wds.org/organization/data-policy, 2020-01-06.
④ 邢文明：《我国科研数据管理与共享政策保障研究》，博士学位论文，武汉大学，2014 年。

准，充分、公开地共享；

2. 为研究、教育和公共领域使用而产生的数据、元数据、产品和信息应以最短的时间免费提供，或以不超过传输成本的价格提供，低收入用户社区可免除传输成本，以支持公平获取；

3. 所有生产、共享和使用数据和元数据的人都是这些数据的管理者，有责任确保数据的真实、质量和完整，并通过适当引用以承认贡献；

4. 数据被标记为"敏感"或"受限"必须有适当的理由，并遵循清楚定义的协议，并且在任何情况下都应尽可能在最小限制的基础上提供使用。

（三）国际研究数据联盟

研究数据联盟（Research Data Alliance，RDA）由美国自然科学基金会、欧盟委员会、澳大利亚联邦政府于2012年联合发起，其目标是建设社会和技术基础设施，以实现数据的开放共享与再利用，目前已经与国际科技数据委员会（CODATA）、世界数据系统（WDS）共同成为主要国际科研数据组织。[①] RDA成立以来，以促进国际数据交换，推动数据驱动创新为使命，致力于科研数据基础设施建设，关注数据共享应用中的数据注册、管理及标准化等全球数据热点问题，目前通过其工作组和兴趣组在各学科领域间开展国际合作与研究工作。[②]

RDA每半年在全球不同区域举办会议，为期三天的会议汇集数据科学家、图书馆员、计算机和领域科学家、政策制定者和战略家等团体共同讨论数据基础设施建设、政策、管理、标准化等问题及具体的

---

[①] 湖南省科学技术厅：《科技部平台中心参加国际研究数据联盟第六次全体大会》，2015年12月24日，http://kjt.hunan.gov.cn/xxgk/gzdt/kjzx/201512/t20151224_2763335.html，2020年1月7日。

[②] 中科院地理科学与资源研究所：《"科学研究数据全球联盟（RDA）"欧洲代表团访问地理资源所》，2013年10月25日，http://www.igsnrr.ac.cn/xwzx/kydt/201310/t20131025_3962739.html，2020年1月7日。

行动与计划。① 历次全体会议时间、地点及主题见表1-1。

表1-1　　　　　　　　　RDA 全体会议一览

| 会议届次 | 会议时间 | 会议地点 | 会议主题 |
| --- | --- | --- | --- |
| 1 | 2013年3月18—20日 | 瑞典哥德堡 | 科研数据的无障碍获取 |
| 2 | 2013年9月16—18日 | 美国华盛顿 | 科研数据的价值 |
| 3 | 2014年3月26—28日 | 爱尔兰都柏林 | 数据共享社区：发挥你的作用 |
| 4 | 2014年9月22—24日 | 荷兰阿姆斯特丹 | 无具体主题 |
| 5 | 2015年3月8—11日 | 美国圣地亚哥 | 采用可交付成果 |
| 6 | 2015年9月23—25日 | 法国巴黎 | 无具体主题 |
| 7 | 2016年3月1—3日 | 日本东京 | 开放科学时代的数据共享工作 |
| 8 | 2016年9月15—17日 | 美国丹佛 | 从大数据到开放数据：一场数据革命 |
| 9 | 2017年4月5—7日 | 西班牙巴塞罗那 | 开放科学的数据基础设施 |
| 10 | 2017年9月19—21日 | 加拿大蒙特利尔 | 更好的数据，更好的决策 |
| 11 | 2018年3月21—23日 | 德国柏林 | 从数据到知识 |
| 12 | 2018年11月5—8日 | 博茨瓦纳哈博罗内 | 全球科学的数字前沿 |
| 13 | 2019年4月2—4日 | 美国费城 | 数据带来责任 |
| 14 | 2019年10月23—25日 | 芬兰赫尔辛基 | 数据决定一切 |
| 15 | 2020年3月18—20日 | 澳大利亚墨尔本 | 数据在现实世界的影响 |

（四）国际地球观测组织

地球观测组织（Group on Earth Observations，GEO）是以认知地球为主旨的政府间国际组织，通过创建一个全球综合地球观测系统（Global Earth Observations System of Systems，GEOSS），以更好地整合观测系统并通过使用共同标准连接现有基础设施来共享数据。目前，GEOSS 已积累由150多个国家和地区的机构与组织（如美国国家航空

---

① 黄鼎成等：《科学数据共享法规体系建设的若干思考》，《中国基础科学》2003年第6期。

航天局、欧洲航天局、世界气象组织等）提供的逾四亿个开放数据资源。2007年11月，在南非开普敦召开的GEO第四次全会和主题为"地球观测致力于可持续发展"的第一次地球观测部长峰会通过了《开普敦宣言》，强调致力于建设综合、协调和可持续的全球综合地球观测系统，推动共同合作和数据共享，以更好地认识地球系统。[①] 2010年11月，在北京召开了以"综合观测，数据共享，信息服务"为主题的GEO第七次全会和第二次地球观测部长峰会。[②] 2015年11月在墨西哥城召开的GEO第十二届全会暨第四次部长级峰会发布了《墨西哥城宣言》[③]，强调地球观测数据的共享是支持联合国2030发展议程和全球变化框架合约的重要手段，通过了GEO 2016—2025年战略执行计划，敦促各成员国政府从国家层面促进GEO发展，加强发展中国家参与GEO及GEOSS的建设，支持数据共享。

2017年10月23日，GEO数据共享工作组、数据管理工作组和GEO秘书处在美国华盛顿召开的GEO全会期间主办了GEO数据共享、数据管理与最佳案例研讨会。[④] 此次会议的主要目的是在GEO成员国、成员组织单位、GEO各项目组（旗舰项目、优先领域项目、基础设施建设项目）中进一步推动数据共享。会议围绕数据开放共享与健全数据管理的重要性和前沿性问题、GEO项目实施过程中执行数据共享和数据管理原则的经验和最佳案例、GEO成员国和成员组织执行GEO数据共享和数据管理原则的经验和最佳案例、GEOSS数据共享公共基础设施建设中执行GEO数据共享和数据管理原则的经验等议

---

[①] Group on Earth Observations, "Cape Town Declaration", 30th November 2007, https://www.earthobservations.org/documents/geo_iv/05_Cape%20Town%20Declaration.pdf, 2020-01-07.

[②] 邢文明：《我国科研数据管理与共享政策保障研究》，博士学位论文，武汉大学，2014年。

[③] Group on Earth Observations, "The Group on Earth Observations (GEO) Mexico City Declaration", 13th November 2015, https://www.earthobservations.org/documents/ministerial/mexico_city/MS3_Mexico_City_Declaration.pdf, 2020-01-07.

[④] Group on Earth Observations, "Best Practices-Data Sharing and Data Management in the GEO Community", http://www.earthobservations.org/geo14.php?seid=536, 2020-01-07.

题进行探讨,认为 GEO 数据共享和数据管理是实现 GEO 新十年发展战略和实现联合国可持续发展目标的必要条件,是 GEO 可以做出特殊贡献的领域。GEO 数据共享工作组和数据管理工作组将按照 GEO 新十年战略计划制订具体实施计划,把本次研讨会的共识和最佳案例经验及其解决方案及时总结并加以推广。①

(五)联合国教科文组织

联合国教科文组织(United Nations Educational, Scientific and Cultural Organization, UNESCO)致力于推动各国在教育、科学和文化领域开展国际合作,在维护长期和平、推动公平和可持续发展方面发挥着独一无二的作用。② 该组织高度关注政府等公共部门数据的开放与共享。2009 年 5 月,UNESCO 与国际电信联盟、联合国贸易及发展大会、联合国开发计划署等共同组织的信息社会世界峰会(World Summit on the Information Society, WSIS)2009 年度论坛在日内瓦召开,重点讨论科研数据的开放获取以保障知识的可持续发展。③ 2012 年,UNESCO 发布《发展与促进开放获取的政策指南》(Policy Guidelines for the Development and Promotion of Open Access),将研究数据纳入开放获取的范围,强调科研数据同其他类型资料一样重要,应免费、开放获取。④ 2014 年 8 月,UNESCO 与国际科学理事会(ICSU)、国际地球观测组织(GEO)、科学研究数据全球联盟(RDA)等国际组织在联合国非洲总部内罗毕举办发展中国家科研数据共享国际研讨会(International Workshop of Open Data for Science and Sustainability in De-

---

① 褚文博、Paul F. U.:《地球观测组织(GEO)数据共享、数据管理解决方案及最佳案例研讨会总结》,《全球变化数据学报》2017 年第 1 卷第 4 期。

② 联合国教科文组织:《联合国教科文组织简介》,https://zh.unesco.org/about-us/introducing-unesco,2020 年 1 月 20 日。

③ World Summit on the Information Society, "WSIS Forum 2009 Brochure", https://www.itu.int/net/wsis/implementation/2009/forum/geneva/docs/WSIS_Forum_2009_Brochure.pdf, 2020 – 01 – 20.

④ UNESCO, "Policy Guidelines for the Development and Promotion of Open Access", http://unesdoc.unesco.org/images/0021/002158/215863e.pdf, 2020 – 01 – 28.

veloping Countries（Nairobi SSDC Workshop for short），发布了"发展中国家数据共享原则"（Data Sharing Principles in Developing Countries，也称内罗毕数据共享原则）[①]，指出：由公共财政资助产生的数据和信息都具有公共财产属性，这些数据和信息不会因为使用而损耗，如果拒绝别人使用就会降低政府资助的效率；利用互联网共享数据具有重要的经济、社会、教育和研究价值，对全社会和科学进步有积极意义，尤其是发展中国家；发展中国家的政府机构、资助/管理机构、甚至某些私人机构，应该尽可能地向为公众利益服务的用户开放自己的数据。[②] 该原则确立了数据开放、最终用户免费共享数据、数据文档齐备、数据开放时效性、方便查询和访问、数据之间可互操作、数据可持续、数据作者对科学的贡献应该得到承认、用户对数据有平等的分享权、如果有正当理由的情况下，数据可有适当的时间限制等10个原则作为发展中国家数据共享原则。2016年，联合国教科文组织政府间海洋学委员会（Intergovernmental Oceanographic Commission of UNESCO，IOC）发布了《数据管理计划指南》（Guidelines for a Data Management Plan）。[③]

（六）经济合作与发展组织

经济合作与发展组织（Organization for Economic Co-operation and Development，OECD）于2004年1月30日通过了由30多个国家共同签署的《公共资助的研究数据开放存取宣言》（Declaration on Access to Research Data from Public Funding），指出：数据、信息和知识的最佳国际交流对科学研究和创新的进步有着决定性的贡献，公共资助产

---

[①] 刘闯等：发展中国家数据出版基础设施与共享政策研究，《全球变化数据学报》2017年第1卷第1期。

[②] CODATA发展中国家任务组：《发展中国家数据共享原则（内罗毕数据共享原则）》，《全球变化数据学报》2017年第1卷第1期。

[③] Intergovernmental Oceanographic Commission of UNESCO, "Guidelines for a Data Management Plan", https://unesdoc.unesco.org/ark:/48223/pf0000256544? posInSet=9&queryId=a01a1fb4-903a-4610-8d9e-e52d4d99dc1e, 2020-01-28.

生的研究数据的开放获取和无限制使用将有效促进科学进步,各成员国将遵循开放(Openness)、透明(Transparency)、法规一致(Legal conformity)、明确的职责(Formal responsibility)、专业化(Professionalism)、保护知识产权(Protection of intellectual property)、可互操作(Interoperability)、确保质量与安全(Quality and security)、高效(Efficiency)、负责任(Accountability)等原则推动公共资助产生的研究数据的获取利用。[1] 为进一步推动研究数据的共享利用以实现数据的价值,OECD 科技政策委员会成立专家组,与各成员国的研究机构及政策制定者进行多轮协商,于 2007 年 4 月发布新的《公共资助的研究数据获取的 OECD 原则与指南》(OECD Principles and Guidelines for Access to Research Data from Public Funding),将前述 10 个原则扩展为:开放(Openness)、灵活(Flexibility)、透明(Transparency)、法规一致(Legal conformity)、保护知识产权(Protection of intellectual property)、明确的职责(Formal responsibility)、专业化(Professionalism)、可互操作(Interoperability)、质量(Quality)、安全(Security)、高效(Efficiency)、负责任(Accountability)、可持续(Sustainability)等 13 个原则,并强调:"成员国应在政策和实践中考虑并应用上述推荐原则,以推动公共资助产生的研究数据的访问、利用和管理。"[2]

科研数据存储库是科研数据共享的基础,而建设有效和可持续的以科研数据存储库为基础的国际科研数据合作网络对于促进全球科技进步以及发挥科学在应对复杂全球社会挑战方面的潜力至关重要。然而,建设并维护有效的国际科研数据合作网络并非易事,一方面是由于科研数据库极为分散;另一方面则是由于数据库的发展良莠不齐。

---

[1] OECD. "Declaration on Access to Research Data from Public Funding", https://legalinstruments.oecd.org/public/doc/157/157.en.pdf, 2020 – 01 – 28.

[2] OECD. "OECD Principles and Guidelines for Access to Research Data from Public Funding", http://www.oecd.org/sti/inno/38500813.pdf, 2020 – 01 – 28.

在此背景下，OECD 与 WDS 共同资助一项旨在探讨如何促进国际科研数据合作网络有效和可持续发展的研究，于 2017 年 12 月发布了《协调和支持国际研究数据网络》（Co-ordination and Support of International Research Data Networks）的报告，从原则、政策和行动等方面提出了可行建议。①

随着开放科学运动的快速发展，OECD 成立了"走向数字化（Going Digital）"项目，通过对关键趋势、机遇和挑战的洞察，以提供政策方向建议。该项目于 2019 年 3 月发布了《数字时代的科技创新》（Fostering Science and Innovation in the Digital Age）的报告，指出：数字技术正在促成开放科学的新范式，其中，开放获取科学出版物与信息、增强科研数据的获取、利益相关者的广泛参与是这种范式的三个主要支柱。然而，截至目前，公共资助产生的研究数据的获取仍面临不少困难：一是数据管理的成本不断上升；二是政策一致性和信任的缺失阻碍了跨境数据共享；三是不合理的审查、隐私和伦理问题限制了数据共享；四是数据收集、整理和分析的技能严重不足。为此，报告提出了科研资助机构将科研数据存储库作为重要的科研基础设施加以支持、建立共同的法律和道德结构、建立透明负责和适当授权的治理机制、加强战略规划和国际合作等措施推动科研数据的获取与利用。②

（七）联机计算机图书馆中心

联机计算机图书馆中心（Online Computer Library Center，OCLC）是世界上最大的提供文献信息服务的机构之一，总部设在美国的俄亥俄州，是一个非营利的组织，以推动更多的人检索世界上的信息、实

---

① OECD, "Co-ordination and Support of International Research Data Networks", https://doi.org/10.1787/e92fa89e-en, 2020 – 01 – 28.

② OECD, "Fostering Science and Innovation in the Digital Age", http://www.oecd.org/going-digital/fostering-science-and-innovation.pdf, 2020 – 01 – 28.

现资源共享并减少使用信息的费用为主要目的。[①] 随着国际社会对科研数据越来越广泛的关注，2017 年 3 月至 2018 年 4 月，OCLC 相继发布了《科研数据管理的现实》（The Realities of Research Data Management）系列研究报告，选取英国爱丁堡大学、美国伊利诺伊大学厄巴纳—香槟分校、澳大利亚莫纳什大学、荷兰瓦格宁根大学等来自不同国家的四所大学的科研数据管理服务实践为对象，比较分析了不同背景下科研数据管理服务模式的异同。该系列报告将高校科研数据管理服务划分为数据素养教育（education）、专业知识服务（expertise）、数据监护支持（curation）三种类型，并指出高校科研数据管理的发展是由机构内外激励因素相互作用的结果，这些因素可归结为政策要求、学术规范的演变、机构战略和用户需求四个方面。该报告对我国大学及其图书馆、科研数据管理机构以及科研数据服务部门都具有较强的借鉴意义。[②]

（八）欧盟委员会

欧盟委员会积极支持开放科学和开放科研数据运动。2018 年 9 月 4 日，在欧盟委员会的支持下，包括欧洲研究委员会在内的二十多个欧洲研究资助机构共同组成开放存取联盟，发布"开放存取出版计划"，要求从 2021 年起，由公共资助的研究产生的科研成果（包括科研数据和其他相关研究成果）必须在合规的开放存取期刊或平台上发表。[③]

面对日益激烈的国际科技竞争，欧盟委员会自 1984 年以来已实施了八个研发框架计划（Framework Programme，FP），也是迄今为止世界上最大的公共财政科研资助计划，目的是通过整合资源、改革管

---

[①] 司莉、曾粤亮：《需求驱动的大学图书馆发展趋势研究》，《大学图书馆学报》2018 年第 36 卷第 3 期。

[②] 孟祥保、张璇：《OCLC〈科研数据管理的现实〉系列报告解读与启示》，《图书情报工作》2019 年第 63 卷第 7 期。

[③] "Plan S-Making Full and Immediate Open Access a Reality", 28th September 2018, https://www.coalition-s.org/, 2020 - 02 - 08.

理体制，以期在欧洲层面更有效地利用研发创新资源，着力提升科技创新能力，推动欧盟真正进入创新驱动发展的轨道。目前正在进行的第八个框架计划是于 2014 年 1 月 31 日启动的"地平线 2020"（Horizon 2020）计划。该计划的项目资助协议里明确要求对项目中产生的科研数据进行管理。① 为了对研究中产生的数据进行有效管理，该计划的资助手册（Online Manual）要求所有受资助的项目在正式开始后 6 个月内提交一份数据管理计划（Data Management Plan，DMP），并随着项目进展加以更新。② 该手册同时提供了一个遵循 FAIR 原则 (findable，accessible，interoperable and re-usable) 的数据管理计划模板，并指出开放研究数据所产生的成本可以申请经费资助。同时，该计划发布了《地平线 2020 科学出版物与研究数据开放获取指南》(Guidelines on Open Access to Scientific Publications and Research Data in Horizon 2020) ③、《地平线 2020 数据管理 FAIR 指南》(Guidelines on FAIR Data Management in Horizon 2020) 等指导性文件。④ 为了促进最大限度获取与再利用"地平线 2020 计划"产生的科研数据，该计划设立了一个开放研究数据实验项目（Open Research Data Pilot），所有产生并需要存储科研数据的人员遵循如下要求就可以获得经费支持：①制订（并保持更新）数据管理计划（Data Management Plan，DMP）；②把数据存放在研究数据仓库；③确保第三方可以自由访问、挖掘、使用、复制和传播所产生的数据；④提供数据的相关信息，以及使用

---

① H2020 Programme，"Annotated Model Grant Agreement"，26th June 2019，https：//ec. europa. eu/research/participants/data/ref/h2020/grants_ manual/amga/h2020-amga_ en. pdf#page = 243，2020 - 02 - 08.

② "H2020 Online Manual"，https：//ec. europa. eu/research/participants/docs/h2020-funding-guide/index_ en. htm，2020 - 02 - 08.

③ EU Open Data Portal，"Guidelines on Open Access to Scientific Publications and Research Data in Horizon 2020"，21th March 2017，https：//ec. europa. eu/research/participants/data/ref/h2020/grants_ manual/hi/oa_ pilot/h2020-hi-oa-pilot-guide_ en. pdf，2020 - 02 - 08.

④ H2020 Programme，"Guidelines on FAIR Data Management in Horizon 2020"，26th July 2016，https：//ec. europa. eu/research/participants/data/ref/h2020/grants _ manual/hi/oa _ pilot/h2020-hi-oa-data-mgt_ en. pdf，2020 - 02 - 08.

数据验证研究工作所需的工具。① 以此为基础，该试验项目对如何平衡科研信息的开放与保护、商业化与知识产权、隐私与安全、数据管理与保存等问题进行研究。

2019年1月，欧盟委员会发布了《FAIR研究数据：物超所值》（Cost of not having FAIR research data），运用定量方法对开放科研数据的成本与收益进行估计，指出开放研究数据从总体上降低了社会成本，为决策者采取短期与长期相结合的实际行动以支持FAIR原则提供了证据。②

（九）欧洲研究型大学联盟

欧洲研究大学联盟（League of European Research Universities，LERU）是欧洲领先研究型大学的联盟，也是促进欧洲研究型大学开展基础研究的重要倡导者，最初由12个欧洲顶级研究型大学于2002年共同成立，2017年扩展为23所高校。③ LERU认识到并认可开放研究数据对于科学研究的革命性意义，于2012年12月发表《欧洲研究型大学联盟开放研究数据声明》（LERU Statement on Open Kesearch Data），阐述了开放数据的好处、资助机构的政策要求以及开放研究数据可能涉及的版权问题，并对大学、图书馆、数据中心和数据科学家在支持研究数据开放方面提出倡议。④ 随着数据驱动的研究时代的到来，研究数据的开放与再利用变得越来越重要，为了促进研究数据的有意识与成功使用，LERU发布了《研究数据路线图》（LERU Road-

---

① OpenAIRE, "What is the EC Open Research Data Pilot?" 28th September 2018, https://www.openaire.eu/what-is-the-open-research-data-pilot, 2020 - 02 - 08. 程欢：《面向学生用户的高校图书馆科研支持服务研究》，硕士学位论文，河北大学，2020年。

② Publications Office of the European Union, *Cost-Benefit Analysis for FAIR Research Data*, https://op.europa.eu/en/publication-detail/-/publication/d3766478 - 1a09 - 11e9 - 8d04 - 01aa75ed71a1/language-en, 2020 - 02 - 08.

③ 孙维等：《英国博士教育多样化发展趋势分析及启示——基于对2015年UKCGE报告的解读》，《北京航空航天大学学报》（社会科学版）2019年第32卷第1期。

④ League of European Research Universities, "Open Research Data", https://www.leru.org/files/LERU-Statement-on-Open-Research-Data-Full-paper.pdf, 2020 - 01 - 08.

map for Research Data),对政策、领导力、研究数据基础设施、成本、宣传、法律问题、角色和责任等问题进行探讨,为研究人员、研究机构、支持服务机构和决策者应对研究数据带来的挑战提供指南。① 为了促进研究数据的开放共享和适当使用,LERU 于 2020 年 1 月 27 日在法国索邦大学举办"国际研究数据权利峰会"(Research Data Rights Summit),发表了《索邦宣言》(Sorbonne Declaration),申明各大学愿意分享其研究数据,呼吁各国政府通过一个明确的法律结构来规范这种分享,并提供落实分享的手段,同时要求政府和研究资助者承担责任,为大学开放数据提供财务支持和适当的法律结构。②

## 二 其他机构和组织的相关研究与实践

国外一些发达国家如美国、英国、澳大利亚、德国等早就认识到了科研数据管理与共享利用的重大价值,并在国际科技数据委员会(CODATA)、世界数据系统(WDS)、研究数据联盟(RDA)、联合国教科文组织(UNESCO)、经济合作与发展组织(OECD)等国际组织的宣言/声明/原则/指南,以及科研数据共享国际合作项目等的指导与推动下,制定了较完善的法规政策以促进和规范科研数据的管理与共享,并围绕政策的优化与实施进行了较丰富的研究。

(一)科研资助/管理机构的科研数据管理与共享政策研究与实践

在开放存取理念的指导下,科研资助/管理机构开始促进科研数据的共享与开放获取,美国、英国、澳大利亚、加拿大等国家的科研资助/管理机构相继制定了大量相关政策。不仅如此,科研资助/管理机构也致力于开展科研数据政策研究,为建立完善科研数据管理与共享政策提供支持。如英国数据监护中心(Digital Curation Centre,

---

① League of European Research Universities, "LERU Roadmap for Research Data", December 2013, https: //www. leru. org/publications/leru-roadmap-for-research-data, 2020 – 02 – 08.

② League of European Research Universities, "Data Summit in Paris", 28th January 2020, https: //www. leru. org/news/data-summit-in-paris, 2020 – 03 – 01.

DCC）于 2009 年 3 月发布了数据监护政策报告（A report on the Range of Policies Required for and Related to Digital Curation），对英国七大研究理事会以及维康信托基金会有关数据保存与共享的政策进行了深入调查分析，包括对科研人员的要求、对科研成果的规定、为数据监护与共享提供的支持等，并提出了制定数据监护政策时应考虑的事项：目的与范围、角色与责任、案例和最佳实践、实施措施与支持服务、评估等。[①]

研究者针对科研资助/管理机构政策的研究主要是对当前政策进行调查与分析，确定制定科研数据管理与共享政策的关键事项，提出制定新政策的建议。如 Kim（2013）对美国、英国、加拿大和澳大利亚 15 个政府资助机构发布的数据管理政策进行分析，概述了科研数据管理与共享政策的 5 个核心要素：科研数据的定义、数据管理的原则、数据管理计划、数据管理的实施、法律和伦理问题；并基于分析结果，提出了制定韩国科研资助机构科研数据政策的 5 个建议，包括：①数据政策提供科研数据的定义和类型；②数据政策包括适用于韩国数据实践的数据管理原则；③数据政策实施数据管理计划，促进研究人员管理数据的责任；④数据政策明确数据管理实施，以促进和支持数据共享实践；⑤通过审查相关法律法规的适用性及其改进，数据政策应尽量减少数据共享方面的法律和伦理挑战。[②]

部分研究者对科研资助/管理机构的科研数据管理与共享政策的实施效果与影响程度进行分析，指出政策实施中存在的问题，并提出解决措施或未来研究方向。如 Daniel Gardner 等（2003）通过分析 NIH 及其他相关机构的数据共享政策的实施效果指出，数据共享的障碍不仅在于数据生产者不愿无条件公开数据，还在于缺乏必要的描述

---

① Jones S., "A Report on the Range of Policies Required for and Related to Digital Curation", 30th March 2009, https://era.ed.ac.uk/handle/1842/3371, 2020 – 03 – 01.

② Kim J., "An Analysis of Data Management Policies of Governmental Funding Agencies in the U. S., the U. K., Canada and Australia", *Journal of the Korean Library and Information Science Society*, Vol. 47, No. 3, 2013, pp. 251 – 274.

信息（如元数据、数据产生的背景等）的数据也难以被其他研究人员所利用，建议数据共享政策应包含这方面的内容，以及建立数据发布机制，使得科研数据像论文一样能方便地被公众检索、评估和引用。[①] Sarah Jones（2012）回顾了2008年以来英国科研资助机构数据管理和共享政策的发展，并探讨他们对实践的影响程度。通过分析指出，科研数据管理与共享政策的重心向数据访问和共享、更加务实和有利的声明以及更清晰的角色和责任转移。基于这些变化，机构政策和基础设施正在日益发展。然而，关于这些变化是否影响实践的问题仍然存在，如何使政策有效付诸实践仍然是需要研究和解决的问题。[②]

（二）科研机构的科研数据管理与共享政策研究与实践

科研资助/管理机构和出版商的政策与要求推动了机构层面政策的发展。截至2019年，英国已经有80所高校制定了科研数据政策[③]，澳大利亚已经有39所高校制定了科研数据政策[④]，美国也有超过30所高校制定了科研数据管理与共享政策。这些高校的科研数据管理与共享政策是为响应科研资助/管理机构的倡导和要求而制定的，并借助一系列指南和工具形成。如澳大利亚科研数据管理服务中心（Australian National Data Service，ANDS）于2010年发布了《澳大利亚大学/研究机构科研数据管理政策大纲》（Outlines of Research Data Management Policy for Australian Universities/Institution）[⑤]，英国数据监护中心（Digital Curation Centre，DCC）于2014年发布了《制定科研数据政策

---

[①] Gardner D., Toga A. W., Ascoli G. A., et al., "Towards Effective and Rewarding Data Sharing", *Neuroinformatics*, Vol. 1, No. 3, 2003, pp. 289–295.

[②] Jones S., "Developments in Research Funder Data Policy", *The International Journal of Digital Curation*, Vol. 7, No. 1, 2012, pp. 114–125.

[③] Digital Curation Centre, "UK Institutional data policies", http://www.dcc.ac.uk/resources/policy-and-legal/institutional-data-policies, 2020–03–01.

[④] Australian National Data Service, "ANDS Project Registry", https://projects.ands.org.au/policy.php, 2020–03–01.

[⑤] Australian National Data Service, "Possible Outline of a Data Management Policy", https://www.ands.org.au/__data/assets/pdf_file/0004/382072/datamanagementpolicyoutline.pdf, 2020–03–01.

五步法》(Five Steps to Developing a Research Data Policy)①，瑞士数据生命周期管理项目 (Data Life-Cycle Management Project, DLCM) 也于2016年发布了修订版的《科研数据管理政策模板》(Research Data Management Policy Template)②，为高校的科研数据管理与共享政策制定提供了详细、具体的指导。

除相关指南和工具外，高校科研数据管理与共享政策的制定与发展也有赖于研究者的研究建议。相关研究主要包括：对高校科研数据政策的关键问题、构成要素、利益相关等进行分析。如Singh等（2018）讨论了与科研数据管理相关的一些关键问题：如科研机构以及研究者的角色和责任、成本和基础设施、数据共享政策、法律和伦理问题、版权问题，尝试用一个政策结构来描述和提出合适的政策，为成功的科研数据管理提供建议③；Naomi Waithira等（2019）概述了数据管理与共享政策的要素，包括与机构目标一致的数据管理程序、数据共享模型、请求程序、同意模型等，为帮助中低收入国家机构、部门或团体最大限度地利用其数据并保护机构及其成员的利益提供支持④；Ahmadi等（2016）对科研数据管理政策基本要素进行分析，得出大多数大学的科研数据管理政策都包括政策标题，政策目的、范围或目标，科研数据和记录的获取、责任、存储、保存、安全与保护，资助要求和相关事项等8个要素。⑤ 对高校科研数据政策发展现状进行调查，分析政策制定或实践存

---

① Digital Curation Centre, "Five Steps to Development a RDM Policy", http://www.dcc.ac.uk/sites/default/files/documents/publications/DCC-FiveStepsToDevelopingAnRDMpolicy.pdf, 2020-03-01.

② DLCM. "Research Data Management Policy Template", https://www.dlcm.ch/download_file/force/68/276, 2020-03-01.

③ Singh N. K., Monu H., Dhingra N., "Research Data Management: Policy and Institutional Framework", *Proceedings of the 5th International Symposium on Emerging Trends and Technologies in Libraries and Information Services (ETTLIS)*, Noida, 2018.

④ Waithira N., Mutinda B., Cheah P. Y., "Data Management and Sharing Policy: The First Step Towards Promoting Sata Sharin", *BMC MEDICINE*, Vol. 17, No. 1, 2019, pp. 1-5.

⑤ Ahmadi N. A., Jano Z., Khamis N., "Analyzing Crucial Elements of Research Data Management Policy", *International Business Management*, Vol. 10, No. 17, 2016, pp. 3847-3852.

在的问题与挑战，提出对应的解决措施。Mauthner 和 Parry（2013）从政策和实践两方面对科研数据开放共享的影响因素进行分析，指出机构的科研数据政策通常忽视了数据共享中面临的一些实际问题，如科研人员之间共享数据通常是基于彼此关系或者共同的话题，而对将自己的数据上传到数据存储中心进行公开共享存在排斥心理，因而作者建议机构在制定政策时考虑这些因素，给研究人员更多选择空间，以便更好地促进科研数据共享[①]；Briney 等（2015）对 206 所美国大学的机构数据政策制定现状进行调查，发现机构层面的政策要么不为人知，要么不存在，而学术图书馆在机构数据政策制定和修订方面的独特地位[②]；Amy Pham（2018）通过调查问卷、文献综述以及对网络资源和机构政策的分析来了解英国高等教育学院的数据管理现状，发现机构政策主要是定义角色和责任的文件，对后续工作的指导很少[③]；Piracha 和 Ameen（2019）对巴基斯坦的 30 所高校图书馆进行调查，了解大学图书馆科研数据政策现状，发现高校科研数据政策在巴基斯坦大学图书馆是一个非常新的领域，图书馆缺乏政策或制定政策的规划，为探索如何制定科研数据管理政策和计划提供依据[④]；Shim 和 Kim（2019）对首尔国立大学的研究人员进行深度访谈，发现研究人员对数据管理政策和资助机构及学术期刊出版商的数据共享义务缺乏认识，指出促进研究人员了解研究数据管理和开展数据管理教育的必要性。[⑤] 对高校科研数据管理与共享

---

[①] Mauthner N. S., Parry P., "Open Access Digital Data Sharing: Principles, Policies and Practices", *Social Epistemology*, Vol. 27, No. 1, 2013, pp. 47–67.

[②] Briney K., Goben A., Zilinski L., "Do You Have an Institutional Data Policy? A Review of the Current Landscape of Library Data Services and Institutional Data Policies", *Journal of Librarianship and Scholarly Communication*, Vol. 3, No. 2, eP1232.

[③] Amy Pham, Surveying the State of Data Curation: A Review of Policy and Practice in UK HEIs, Master Thesis, Scotland: University of Strathclyde, 2018.

[④] Piracha H. A., Ameen K., "Policy and Planning of Research Data Management in University Libraries of Pakistan", *Collection and Curation*, Vol. 38, No. 2, 2019, pp. 39–44.

[⑤] Shim Y., Kim J., "A Study on the Development of Research Data Management Service in a Domestic University Library: Focused on the Analysis on the Needs of Researchers Affiliated in Seoul National University", *Korean Society for Information Management*, Vol. 36, No. 3, 2019, pp. 61–80.

政策的制定和实施的实践进行回顾,分析其中的经验、挑战与问题。Rice 等(2013)讨论了爱丁堡大学研究数据管理(RDM)政策的实施工作,介绍了实现爱丁堡大学 RDM 路线图过程中的计划、成就和挑战[1];Takaaki Aoki 等回顾了日本京都大学应日本政府的声明与意见制定的促进研究完整性和数据保存的规则和指导方针,以及开发的科研数据保存原型系统[2];Hilde van Zeeland 和 Jacquelijn Ringersma 指出制定政策和战略必须参考特定的机构背景,为制定更有效的政策,荷兰瓦赫宁根大学通过确定一些研究小组为"最佳管理实践"的方法,在研究人员的帮助下制定了新的科研数据管理政策[3];Ashton 等(2013)介绍了海洋可再生能源集团如何制定和实施科研数据管理政策和程序,提出其他研究小组如何设计自己的研究数据管理政策的建议。[4] 高校科研数据政策制定的结构、步骤、策略研究。如 Kayleigh Bohemier 等通过对来自美国 20 个机构的 67 项政策文件进行内容分析,了解目前政策制定的成熟度,确定不同机构间数据政策的主题,建立机构数据政策的概念结构[5];Jones 等(2013)提出了高校教育机构制定科研数据政策三个关键步骤、制定政策的方法,以及数据政策

---

[1] Rice R., Ekmekcioglu C., Haywood J., et al., "Implementing the Research Data Management Policy: University of Edinburgh Roadmap", *The International Journal of Digital Curation*, Vol. 8, No. 2, 2013, pp. 194–204.

[2] Aoki T., Kajita S., Akasaka H., et al., "Development and Deployment of Research Data Preservation Policy at a Japanese Research University in 2016", *Proceedings of the 6th IIAI International Congress on Advanced Applied Informatics (IIAI-AAI)*, Hamamatsu, 2017.

[3] Zeeland v H., Ringesma J., "The Development of a Research Data Policy at Wageningen University & Research: Best Practices as a Framework", *LIBER Quarterly*, Vol. 27, No. 7, 2017, pp. 153–170.

[4] Ashton I., Lloyd-Jones H., Cowley A., "Developing Research Data Management Policy at Research Group Level: A Case Study with the Marine Renewable Energy Group", https://ore.exeter.ac.uk/repository/handle/10871/12501, 2020-03-01.

[5] Bohémier K. A., Atwood T., Kuehn A., et al., "A Content Analysis of Institutional Data Policies", *Proceedings of the 11th Annual Internatioanl ACM/IEEE Joint Conference on Digital Libraries*, Ottawa, 2011.

和策略的协调①；Ahmadi 等（2016）详细介绍了如何管理数据、分配角色和职责的指南。② 其他相关研究。Higman 和 Pinfield 对 37 项英国高等教育学院的科研数据管理政策进行内容分析，对参与制定政策和服务的工作人员进行访谈及案例研究，发现尽管实现科研数据共享应该是高校制定科研数据政策的出发点，但实际上，推动高校制定政策的主要因素却是管理者（科研资助/管理机构）的要求，为高校和科研资助/管理机构科研数据政策和实践发展提供信息。③

其他相关度较高的研究主要是针对高校科研数据管理服务的研究，但其中包含了数据管理政策相关内容。包括：高校科研数据管理政策的要素/关键。Ross 等对耶鲁大学开放数据获取项目进行概述，概述了政策发展过程及数据共享政策的关键方面，包括致力于提高透明度、完全的权威和独立、独立的指导委员会、数据使用协议、安全的数据访问或传输等④；Steinhart 概述了数据共享和发布协议的最常见要素，并概述了为康纳尔大学地理信息存储库制定的数据管理政策，指出该数据管理和发布政策包含数据和元数据管理、安全、使用、发布和权利等要素。⑤ 大学图书馆/图书馆员在科研数据管理政策制定和实施中的角色和责任。Corrall 等（2013）发现到 2012 年年中，近三分之一的澳大利亚图书馆表示它们参与了科研数据政策的制定，

---

① Jones S., Pryor G., Whyte A., "How to Develop Research Data Management Services-a guide for HEI's", http://www.dcc.ac.uk/resources/how-guides, 2020-03-02.

② Ahmadi N. A., Jano Z., Khamis N., "Analyzing Crucial Elements of Research Data Management Policy", *International Business Management*, Vol. 10, No. 17, 2016, pp. 3847-3852.

③ Higman R., Pinfield S., "Research Data Management and Openness the Role of Data Sharing in Developing Institutional Policies and Practices", *Program*, Vol. 49, No. 4, 2015, pp. 364-381.

④ Ross J S., Waldstreicher J., Bamford S., et al., "Overview and Experience of the YODA Project with Clinical Trial Data Sharing After 5 Years", *Scientific data*, Vol. 5, No. 1, 2018, pp. 1-14.

⑤ Steinhary G., "Libraries as Distributors of Geospatial Data: Data Management Policies as Tools for Managing Partnerships", *Library Trends*, Vol. 55, No. 2, 2006, pp. 264-284.

其次是英国（17.3%）、爱尔兰（12.5%）和新西兰（没有政策）[1]；Cox 和 Pinfield 对英国大学进行调查，了解图书馆目前参与科研数据管理的方式，发现图书馆目前正参与制定新的机构科研数据管理政策与服务，并将其视为未来发展的重要部分[2]；Cox 等对澳大利亚、加拿大、德国、爱尔兰、荷兰、新西兰和英国高等教育机构图书馆的科研数据管理活动、服务和能力进行调查，发现图书馆在科研数据管理方面发挥了领导作用，特别是在宣传和政策制定方面[3]；Andrew Cox 等（2015）描述了格里菲斯大学在科研数据政策等方面的演变和未来的方向，重点关注图书馆员的作用。[4] 对某个高校科研数据管理实践进行介绍，包括对科研数据管理政策制定和实施经验的介绍与总结。如 Verhaar 等（2017）介绍了莱顿大学的研究数据管理计划。计划首先制定了基本的中央政策，其中包含研究项目之前、之中和之后的活动的明确指南。该机构政策的主要目标是确保所有基于莱顿的研究项目都能有效地遵守资助/管理机构、学术出版商、荷兰标准评估协议和欧洲数据保护指令所规定的最普遍要求，作者还以莱顿大学的政策指南为标准，评估了每种服务的总体适用性[5]；JISC 开展了"为满足 EPSRC 的科研数据管理与共享政策，英国高校的活动、解决方案和经

---

[1] Corrall S., Kennan M. A., Afzal W., "Bibliometrics and Research Data Management Services: Emerging Trends in Library Support for Research", *Library Trends*, Vol. 61, No. 3, 2013, pp. 636 - 674.

[2] Cox A. M., Pinfield S., "Research Data Management and Libraries: Current Activities and Future Priorities", *Journal of Librarianship and Information Science*, Vol. 46, No. 4, 2014, pp. 299 - 316.

[3] Cox A. M., Kennan M. A., Lyon L., et al., "Developments in Research Data Management in Academic Libraries: Towards an Understanding of Research Data Service Maturity", *Journal of the Association for Information Science and Technology*, Vol. 68, No. 9, 2017, pp. 2182 - 2200.

[4] Cox A. M., Searle S., Wolaki M., et al., "Librarians as Partners in Research Data Service Development at Griffith University", *Program: Electronic Library and Information Systems*, Vol. 49, No. 4SI, 2015, pp. 440 - 460. 司莉、曾粤亮：《需求驱动的大学图书馆发展趋势研究》，《大学图书馆学报》2018 年第 36 卷第 3 期。

[5] Verhaar P., Schoots F., Sesink L., et al., "Fostering Effective Data Management Practices at Leiden University", *LIBER Quarterly*, Vol. 27, No. 1, 2017, pp. 1 - 22.

验"（Activities, solutions and experiences within UK universities to meet the EPSRC research data policy）项目，对英国东伦敦大学、利兹大学、圣安德鲁斯大学等高校为满足 EPSRC 科研数据管理与共享政策的活动、解决方案和经验进行调查与研究。①

（三）学术期刊的科研数据管理与共享政策研究与实践

与科研资助/管理机构的数据政策一样，学术期刊共享科研数据的要求在 20 世纪 90 年代开始出现。在学术交流体系中，出版商处于有利位置，可以通过实施数据共享政策来促进科研数据的共享。② 早期的一项研究发现，132 家自然科学、医学和工程期刊在其作者指南中对相关研究数据和资料的共享发表了一些声明；在随后的几年里，其他出版商也发布了类似的要求。③ 尽管要求数据共享的趋势正在增长，但并非所有期刊都要求在发表论文时共享数据，许多期刊没有明确的数据共享政策。④ 不仅如此，期刊数据政策要求也不相同：一些期刊要求数据必须共享，而另一些政策仅仅是建议，有些规定使用特定的数据存储库或公共数据库，有些要求将数据共享的证据作为发布的先决条件等。

当前，多数研究成果主要是对科技期刊的科研数据政策进行调查分析，在此基础上分析影响期刊制定科研数据政策的因素及推动期刊制定科研数据政策的建议。如 Piwowar 和 Chapman（2008）调查分析了基因领域期刊的数据共享政策，发现期刊是否制定数据共享政策与

---

① JISC, "Meeting the Requirements of the EPSRC Research Data Policy", https://www.jisc.ac.uk/guides/meeting-the-requirements-of-the-EPSRC-research-data-policy, 2020-03-03.

② Resnik D. B., "Morales M., Landrum R., et al. Effect of Impact Factor and Discipline On Journal Data Sharing Policies", *Accountability in Research*, Vol. 26, No. 3, 2019, pp. 139-156.

③ McCain K. W., "Mandating Sharing: Journal Policies in the Natural Sciences", *Science Communication*, Vol. 16, No. 4, 1995, pp. 403-431.

④ Briney K., Goben A., Zilinski L., "Do You Have an Institutional Data Policy? A Review of the Current Landscape of Library Data Services and Institutional Data Policies", *Journal of Librarianship and Scholarly Communication*, Vol. 3, No. 2, 2015, pp. 1-25.

其影响因子高度相关,且期刊数据政策的存在与作者之间的数据共享实践正相关[1];Resnik 等(2019)分析包括生物学、临床科学、数学、物理学和社会科学在内的多个科学学科的 447 种期刊的数据共享政策,发现只有一小部分期刊要求将数据共享作为发表的条件,影响因子较高的期刊更有可能制定数据共享政策,生物科学期刊比社会科学和数学期刊更有可能需要数据共享。[2] Naughton 和 Kernohan(2016)概述了目前正在进行的 JISC 期刊研究数据政策注册试点项目(JISC Journal Research Data Policy Registry Pilot,JRDPR)第一阶段的结果,JRDPR 项目分析了 250 份期刊的科研数据政策,评估了政策的可行性。但要通过建立政策注册表以协助和支持研究人员,则需要当前的科研数据政策生态系统标准化和统一化。[3]

### 三 我国相关研究与实践

(一)我国科研数据管理与共享的实践探索

1984 年,在耶路撒冷举办的国际科技数据委员会(CODATA)第十四届全会上,中国科学院代表中国作为国家会员加入了 CODATA,并于同年 10 月成立了 CODATA 中国全国委员会(简称 CODATA 中委会),标志着中国科研数据管理与共享事业的起步。CODATA 中委会的宗旨是提高我国在科研数据的采集、加工整理、传输、存储、处理、共享与应用等方面的能力与水平,促进科研数据在科学研究、教育和其他公共领域的广泛共享与应用,推动建立和健全我国的科研数据共享服务体系与质量评价体系。CODATA 中委会自成立后积极开展

---

[1] Piwowar H., Chapman W., "A Review of Journal Policies for Sharing Research Data", *Nature Precedings*, 2018, p. 1.

[2] Resnik D. B., Morales M., Landrum R., et al., "Effect of Impact Factor and Discipline on Journal Data Sharing Policies", *Accountability in Research*, Vol. 26, No. 3, 2019, pp. 139 – 156.

[3] Naughton L., Kernohan D., "Making Sense of Journal Research Data Policies", *Insights*, Vol. 29, No. 1, 2016, pp. 84 – 89.

数据共享服务，努力宣传和推动我国的科研数据共享工作。①

1. 科研数据管理与共享的试点与起步——科学数据共享工程

在 CODATA 的积极宣传推动下，1999 年，科技部在科技基础性工作和社会公益研究专项中，启动了科技基础数据库建设。② 2001 年，科技部基础司和国家自然科学基金委员会综合计划局联合组织成立"科学数据共享调研组"，在基础性、公益性行业领域开展科研数据资源调研、共享机制研究，提出"实施科学数据共享工程，增强国家科技创新能力"的意见。③ 2001 年 12 月，在科技部的领导下，中国气象局发布《气象资料管理办法》，开始实施气象资料共享试点工作，在科技部的重点项目"气象资料共享系统"中，完成了 22 个基础数据集，研究制定了《气象资料共享实施细则》《气象科学元数据标准》《气象资料分级分类标准》④；2002 年 6 月，科技部向国务院提出了关于启动科学数据共享工程的建议，同时联合教育部、中国科学院、中国工程院、国家自然科学基金委员会下发了《关于进一步增强原始性创新能力的意见》（国科发基字〔2002〕180 号），提出建立重要科研设备和科研数据资料共享机制，实施科学数据共享工程。⑤

2002 年 11 月 28—30 日，以"中国科学数据共享"为主题的第 196 次香山科学会议学术研讨会在北京香山饭店召开，目的是探讨我国科研数据共享的实际问题。会后确立了我国将正式开始实施科学数

---

① 邵玉昆：《科技数据资源的开放共享机制研究》，《科技管理研究》2019 年第 13 期。郭增艳主编，黄鼎成著：《科学数据共享管理研究》，科学技术出版社 2002 年版，第 244—266 页。

② 徐冠华：《实施科学数据共享，增强国家科技竞争力》，《中国基础科学》2003 年第 1 期。

③ 杨雅萍等：《科学数据共享实践：以国家地球系统科学数据中心为例》，《地球信息科学学报》2020 年第 22 卷第 6 期。

④ 黄铭等：《国家科学数据中心管理模式的国际对比研究》，《农业大数据学报》2020 年第 1 卷第 4 期。

⑤ 徐冠华：《实施科学数据共享，增强国家科技竞争力》，《中国基础科学》2003 年第 1 期。中华人民共和国科学技术部：《关于进一步增强原始性创新能力的意见》，2002 年 6 月 11 日，http://www.most.gov.cn/ztzl/jqzzcx/zzcxczzo/zzcxczzz/zzcxgncxzz/200504/t20050427_21158.htm，2020 年 2 月 9 日。

据共享工程,并将其纳入科技基础条件平台建设的总体结构中,探讨了科研数据共享工程的技术标准、政策法规体系及数据发布策略,初步完成了《国家科技计划项目科学数据汇交管理办法》讨论稿;重点安排了一批项目以支持科学数据共享工程的建设,开展了包括气象科学在内的 6 个数据中心和 3 个数据共享服务网建设试点。① 2002 年 12 月,科技部在基础性工作专项中又启动和支持了 8 个共享试点,分别是农业、林业、水文水资源、地震、测绘、地球系统科学、中国可持续发展、中国农村现代科技信息等共享试点。② 2003 年,国家设立了科技基础条件平台建设专项,包含六大领域:研究实验基地和大型科学仪器设备共享平台、自然科技资源共享平台、网络科技环境平台、科研数据共享平台、科技文献共享平台、成果转化公共服务平台。③科学数据共享工程作为重要组成部分纳入科技基础条件平台建设。

2006 年 10 月 20 日,CODATA 中国委员会和 CODATA 美国委员会在北京召开首届中美科研数据合作圆桌会议,科技部基础研究司张先恩司长与 CODATA 美国委员会主席、哥伦比亚大学罗伯塔·巴尔斯塔德(Roberta Balstad)教授共同主持了科研数据共享政策研讨会。来自美国科学院、美国科学共享学会、中国科学院、北京大学、国家海洋局、中国地震局及科技部政策法规与体制改革司、基础研究司、科技基础条件平台等单位的专家参加了研讨。中美双方分别介绍了各自在科研数据共享中的法律与政策方面的建设和实践情况,重点对科研数据共享的激励机制、评估政策、数据中心长效运行机制等方面进行了热烈讨论,同时会议商讨了中美科技界未来在科研数据共享政策研究方面的合作前景。会议一致认为,中美在科研数据共享政策领域

---

① 科学技术部基础研究司:《2002 年我国基础研究工作回顾》,《中国基础科学》2003 年第 2 期。
② 国家林业和草原局政府网:《信息资源开发利用与共享》,2009 年 3 月 27 日,http://www.forestry.gov.cn/xxb/2519/content-397546.html,2020 年 2 月 9 日。
③ 戴国强:《加强科技平台建设推动科技资源共享》,《中国科学院院刊》2013 年第 28 卷第 4 期。

的研讨非常必要，中美双方在不同文化背景下开展科研数据共享面临的问题有共性的一面，可以相互借鉴和学习，今后在科研数据共享效果评估方面可以开展进一步研讨与合作。

为了科学、公正地组织实施科学数据共享工程，科技部于 2003 年成立了科学数据共享工程第一届专家委员会，并起草了《科学数据共享工程专家委员会章程（草案）》，希望通过专家委员会推动科学数据共享工程的实施。同时，为规范科学数据共享工程的运行，科技部先后发布了《国家科技计划项目科学数据汇交暂行办法（草案）》《科技基础性工作专项项目科学数据汇交管理办法（试行）》《科学数据共享工程技术标准（征求意见稿）》《国家重点基础研究发展计划资源环境领域项目数据汇交暂行办法》等规范文件。[1] 2009 年 10 月，科技部下发通知：973 计划资源环境领域新立项项目按照《国家重点基础研究发展计划资源环境领域项目数据汇交暂行办法》的要求，在编制项目任务书的同时，制订数据汇交计划；从 2009 年开始，凡申请验收的项目在正式结题验收前必须完成数据汇交工作，未汇交数据或汇交的数据未通过审核的项目将不得进行项目结题验收[2]。截至 2009 年 9 月，科学数据共享工程整合可共享数据资源总量超过 140TB，建立了 3000 多个体系化数据，吸引注册用户超过 16 万，数据下载量超过 430TB，为载人航天工程、国家海洋权益、青藏铁路建设等 1500 多个国家科技项目和重大工程提供了科研数据支撑[3]，共享成效逐步显现。同时，科技部对科研数据共享项目陆续进行评估，通过评估的项目将转为国家科技基础条件平台，给予稳定、持续的支

---

[1] 邢文明：《我国科研数据管理与共享政策保障研究》，博士学位论文，武汉大学，2014 年。
[2] 中华人民共和国科学技术部：《关于 973 计划资源环境领域项目开展数据汇交等有关工作的通知》，2009 年 10 月 12 日，http://www.most.gov.cn/tztg/200910/t20091012_73594.htm，2020 年 3 月 3 日。
[3] 张晶：《共享工程让科学数据价值最大化（上）》，《科技日报》2011 年 11 月第 2 版，第 2 页。

持。这意味着我国科研数据共享管理进入了常态化建设、运行和服务的新阶段。

2. 科研数据管理与共享的探索发展——国家科技资源共享体系建设

建设国家科技基础条件平台是我国推动科技资源共享的另一重要途径和方式。国家科技基础条件平台是国家创新体系的重要组成部分，是从国家层面服务于全社会科技进步与技术创新的基础支撑体系，其主要内容包括大型科学仪器设备和研究实验基地、自然科技资源保存和利用体系、科研数据和文献资源共享服务网络、科技成果转化公共服务平台、网络科技环境、物质与信息保障系统、以共享为核心的制度体系的建设，以及服务于平台建设和运作的专业化技术人才队伍建设等方面。[①] 2002 年年底，科技部在资源调查和战略研究的基础上，向国务院提交了《关于国家科技基础条件平台建设的建议》，得到了国务院的充分肯定，也得到了科技界和社会公众的支持和拥护。2003 年起，科技部与发改委、财政部、教育部等有关部门联合启动了科技平台建设重点领域试点项目，推进科技基础条件资源共享网络平台和机制建设。[②] 之后国家相继发布了《2004—2010 年国家科技基础条件平台建设纲要》和《"十一五"国家科技基础条件平台实施意见》，对科技资源共享平台建设进行了整体规划和布局。[③] 2005 年，科技部和财政部正式启动"国家科技基础条件平台建设专项"，推进研究实验基地和大型科学仪器设备、自然科技资源、科研数据、科技文献、科技成果转化、网络科技环境六大类科技资源共享平台建设，大力推进各类科技基础条件资源开放共享。平台建设试点及启动以

---

[①] 戴国强：《加强科技平台建设推动科技资源共享》，《中国科学院院刊》2013 年第 28 卷第 4 期。

[②] 戴国强：《加强科技平台建设推动科技资源共享》，《中国科学院院刊》2013 年第 28 卷第 4 期。

[③] 黄铭瑞等：《国家科学数据中心管理模式的国际对比研究》，《农业大数据学报》2020 年第 1 卷第 4 期。

来，各地方、部门立足实际制定了一些促进科技资源共享的地方性法规、部门规章。如2001年，中国气象局发布了《气象资料共享管理办法》；2006年6月，中国地震局发布了《地震科学数据共享管理办法》；2006年8月，国家海洋局极地考察办公室发布了《中国极地科学考察数据管理办法实施细则》。①

为推动科技资源共享的规范化与制度化，2011年，科技部、财政部面向国家科技基础条件平台建设专项支持的科技平台开展首批认定工作试点，认定了23家国家科技平台（其中有关科研数据共享的平台有6个，分别是：林业科学数据平台、地球系统科学数据共享中心、人口与健康科学数据共享平台、农业科学数据共享中心、地震科学数据共享中心、气象科学数据共享中心），并发布了《关于国家生态系统观测研究网络等23个国家科技基础条件平台通过认定的通知》（国科发计〔2011〕572号），明确了国家科技平台以"开放共享服务"为根本宗旨，推进国家科技平台从项目建设向运行服务转变②，为逐步建立国家、部门、地方相互衔接、互为支持、分层建设、分级管理的国家科技平台体系奠定了基础。为进一步规范管理国家科技资源共享服务平台（简称国家平台），完善科技资源共享服务体系，推动科技资源向社会开放共享，科技部、财政部对原有国家平台进行了优化调整，于2019年6月5日联合发布《关于国家科技资源共享服务平台优化调整名单的通知》（国科发基〔2019〕194号）③，确定了"国家高能物理科学数据中心"等20个国家科学数据中心、"国家重

---

① 黄铭瑞等：《国家科学数据中心管理模式的国际对比研究》，《农业大数据学报》2020年第1卷第4期。

② 中华人民共和国科学技术部：《关于国家生态系统观测研究网络等23个国家科技基础条件平台通过认定的通知》，2011年11月15日，http://www.most.gov.cn/tztg/201111/t20111115_90870.htm，2020年3月3日。

③ 叶春波：《"国家材料腐蚀与防护科学数据中心"正式成为20个国家科学数据中心之一》，《石油化工腐蚀与防护》2020年第1期。

要野生植物种质资源库"等 30 个国家生物种质与实验材料资源库。①科技资源共享平台的认定推动了科研数据平台的规范化管理。2011 年 7 月,中国水利部水文局为促进水文水资源科研数据共享,加强数据共享建设与管理,发布了《水文水资源科学数据共享管理办法(试行)》;2012 年 7 月,人口健康科学数据共享平台管理中心发布了《人口健康科学数据共享平台科学数据汇交管理办法》。2011 年 12 月,科技部、财政部对《国家重点基础研究发展计划管理办法》进行了修订,其第 43 条明确规定,项目(课题)承担单位应建立规范、健全的项目科研数据和科技报告档案,按照科技部有关科研数据共享和科技计划项目信息管理的规定和要求,按时上报项目和课题的有关数据。在科技部的推动下,国内一些行业系统的科研数据共享取得较大进展,如水利、地震及资源环境领域的科研数据共享和数据汇交已初见规模。② 2012 年 9 月,973 计划资源环境领域 2012 年立项项目数据汇交计划培训会议在南京召开。科技部基础司处长张军在讲话中指出,未来科技部要在多个领域继续推进数据汇交工作,进一步从条例层面完善数据共享环境。

3. 科研数据管理与共享的重要践行者——中国科学院

作为科研数据的重要产出者和国家科研数据共享的积极探索者,中国科学院系统早在 2003 年就启动了中国科学院科研数据网格示范项目,目标是基于丰富的科研数据资源、海量存储环境和计算资源,利用网格技术,整合物理上分布的科研数据资源,为科研工作者提供可靠、易用的数据服务平台,加速科学研究进程,推动我国科研水平的提升。③ "十二五"期间,中国科学院面向科技创新和科研信息化

---

① 刘垠:《国家科技资源共享服务平台优化调整名单出炉》,《科技日报》2019 年 6 月 11 日第 1 版。

② 谢春枝、燕今伟:《国内外高校科学数据管理和机制建设研究》,《图书情报工作》2013 年第 57 卷第 6 期。

③ 谢春枝、燕今伟:《国内外高校科学数据管理和机制建设研究》,《图书情报工作》2013 年第 57 卷第 6 期。

需求，启动"科技数据资源整合与共享工程"建设，目标是全面推动全院科技数据基础资源、海量存储与处理基础设施、数据集成与应用先进环境的建设与服务。①"十三五"期间，中科院的工作重点是完善科学大数据资源体系和公共服务云平台，显著提升科研数据资源共享开放水平，发展大数据驱动科研创新的应用示范，推动国家科学大数据中心建设。结合我国项目数据汇交的现实状况，中科院地理所孙九林院士牵头起草了《973 计划资源环境领域项目数据汇交方案》。2008 年，国家重点基础研究发展计划（973）资源环境领域项目数据汇交工作正式启动，依托中科院地理资源所资源与环境信息系统国家重点实验室成立"973 计划资源环境领域项目数据汇交管理中心"，开展项目数据的接收、保存、管理和服务。② 2019 年 2 月，中国科学院印发了《中国科学院科学数据管理与开放共享办法（试行）》，为进一步加强中国科学院的科研数据管理，保障科研数据安全，提高科研数据开放共享水平提供了制度规范。

（二）我国科研数据管理与共享政策的理论探讨

1. 国外科研数据管理与共享机制特点的研究借鉴

与美国等发达国家相比，我国的科研数据管理与共享实践起步相对较晚，因而，学习国外先进经验是加快我国科研数据共享进程的重要途径之一。在此背景下，国内学者从战略举措、政策法规、基础设施等多角度对发达国家的有益经验进行探讨，为我国的科研数据共享工作提供借鉴。如孙枢等（2002）通过对美国科研数据共享的实地考察，指出美国对于国有科研数据采取"完全开放"的政策和公益性共享机制，对于私有科研数据则采取自由竞争政策和市场化共享机制，取得了较好的效果，并建议我国尽快实施科研数据共享工程，建立我

---

① 郭佳璟、樊欣：《国外科学数据管理经验及其对我国"双一流"高校图书馆的启示》，《文献与数据学报》2019 年第 1 卷第 3 期。

② 谢春枝、燕今伟：《国内外高校科学数据管理和机制建设研究》，《图书情报工作》2013 年第 57 卷第 6 期。

国国有科研数据共享机制和保障体系。① 刘闯（2003）进一步指出，美国的科研数据共享存在着三种不同的运行机制：①保密管理机制，对有可能危及国家安全、有可能影响政府政务、有可能涉及个人隐私的数据和信息纳入保密管理机制，对这些内容给予严格和明确的规定；②"完全与开放"管理机制，对国家所有和国家投资产生的、不会危及国家安全、影响政府政务、不会涉及个人隐私的全部数据和信息纳入"完全与开放"的运行机制管理，并建立配套的强制性、鼓励性和奖励措施以保障该机制的畅通运行；③市场管理机制，对私营企业投资产生的科研数据，纳入市场运行的管理体系，通过经营许可、税收、反垄断等途径加强管理。② 陈传夫、曾明（2006）也介绍了美国科研数据共享的"完全与公开"原则，梳理了其政策起源、意义、内容和应用情况。③ 凌晓良等（2007）介绍了澳大利亚南极科研数据的政策、组织机构、管理模式和实施策略，指出建立一个有效的组织结构是顺利开展数据管理与共享工作的基础，国家层面的数据管理工作必须有明确的国家数据政策作引导，建立各种相应的数据标准与规范以及基于 Web 的数据管理、共享与服务平台，同时也离不开一支进行数据管理、服务与技术支持的专业队伍。④ 王巧玲等（2010）梳理了英国科研数据共享的法律基础、指导思想与原则、相关政策法规等。⑤

除了单个国家，部分学者从多国和国际组织等更为宏观的角度考察国外有益经验。如科技部基础研究司综合与基础性工作处傅小锋（2006）指出，国际科学组织以及美国、欧盟等科技发达国家和地区

---

① 孙枢等：《美国科学数据共享政策考察报告》，《中国基础科学》2002 年第 5 期。
② 刘闯：《美国国有科学数据共享管理机制及对我国的启示》，《中国基础科学》2003 年第 1 期。
③ 陈传夫、曾明：《科学数据完全与公开获取政策及其借鉴意义》，《图书馆论坛》2006 年第 2 期。
④ 凌晓良等：《澳大利亚南极科学数据管理综述》，《地球科学进展》2007 年第 5 期。
⑤ 王巧玲等：《英国科学数据共享政策法规研究》，《图书馆杂志》2010 年第 3 期。

通过制定科研数据共享的政策法律法规体系、运用立法、政策和实际运作密切结合的综合管理模式、重视基础设施和平台建设、注重国际合作与交流、注重标准化建设等多种措施，从政策、法律、管理、技术、标准等多方面保证了科研数据共享的正常运行。① 刘可静（2006）分析指出欧美等国保障科研数据共享法律规制的四大特点：鲜明的法制思想和政策原则、完善的法律法规体系、运用有效的立法手段来完善科研数据共享法制、将立法手段与管理手段相结合来完善科研数据共享法制。② 李娟等（2008）指出，科研数据共享受到国际组织和国家政府两个层面的高度重视，国际组织通过制定共享原则协调内部成员的共享行为，国家政府部门则以政策法规为手段保障国内共享活动的顺利开展。③ 邢文明（2013）考察了国际科技数据委员会等国际组织有关科研数据的行动、会议与政策声明。④ 黄如花、周志峰（2016）系统梳理了联合国、欧盟、经济合作与发展组织、国际科学技术数据委员会、研究数据联盟、国际图联等国际组织在科研数据管理领域的实践与活动，指出国际组织的实践活动在世界范围内推进了科研数据的管理、共享与利用，其中综合性国际组织如 UN、EU、OECD 等主要制定宏观性、原则性战略、倡议与计划，而专业性的数据共享组织如 CODATA、RDA 等则从具体操作层面推动科研数据管理实践的开展。⑤ 江洪、钟永恒（2018）分别介绍了国际组织推动科研数据共享的计划、世界著名科研数据中心的数据共享情况、欧美国家科研数据共享发展现状。⑥

---

① 傅小锋：《关于促进科学数据共享管理的一些思考》，《中国基础科学》2006 年第 6 期。
② 刘可静：《欧美保障科学数据共享法制探究》，《科技与法律》2006 年第 3 期。
③ 李娟：《国际科学数据共享原则和政策研究》，《图书情报工作》2008 年第 12 期。
④ 邢文明：《国际组织关于科学数据的实践、会议与政策及对我国的启示》，《国家图书馆学刊》2013 年第 2 期。
⑤ 黄如花、周志峰：《近十五年来科学数据管理领域国际组织实践研究》，《国家图书馆学刊》2016 年第 3 期。
⑥ 江洪、钟永恒：《国际科学数据共享研究》，《现代情报》2008 年第 11 期。

2. 国际组织及政府层面的科研数据管理与共享政策研究

随着研究的深入，研究人员开始集中关注某一层面的科研数据管理与共享政策，如国际组织、各国政府、科研资助/管理机构、科研机构、数据中心、数据期刊等层面的科研数据管理与共享政策。刘细文、熊瑞（2009）通过调研指出，国外主要国家与机构制定的有关科研数据的政策主要包括数据开放资助、数据质量控制、数据合法保护、数据保存以及数据共享利用五个方面。[①] 司莉、邢文明（2013）从政府、科研管理机构、高校三个层面考察美国、英国、澳大利亚三个国家科研数据管理与共享政策的特点。[②] 张瑶、吕俊生（2015）采用文献调研法与信息分析法对国外科研数据管理与共享政策发展情况进行调查分析指出：国外从宏观（政府层面）到微观层面（高校）都对科研数据管理的各个环节进行规定，制定的科研数据共享政策将科研人员与数据管理紧密联系起来，保障了科研数据的管理与利用。[③] 何青芳（2016）采用文献调研、网站调查和内容分析法，从类型及内容两个方面对英国、美国和澳大利亚三个国家的科研数据管理政策的发展历程和核心要素进行分析，发现国外的科研数据管理政策从政府层面的宏观政策到高校的微观政策，已经形成一套在内容上相互补充、相互支撑的比较完善的政策体系，有效地保障了科研数据的管理和利用。[④]

温芳芳（2017）从国际组织、国家及政府、科研资助机构、社会慈善机构、科研机构等层面考察国外科研数据开放共享政策。[⑤] 尤霞

---

[①] 刘细文、熊瑞：《国外科学数据开放获取政策特点分析》，《情报理论与实践》2009年第9期。
[②] 司莉、邢文明：《国外科学数据管理与共享政策调查及对我国的启示》，《情报资料工作》2013年第1期。
[③] 张瑶、吕俊生：《国外科研数据管理与共享政策研究综述》，《图书馆与理论实践》2015年第11期。
[④] 何青芳：《国外科学数据管理政策的调查与分析》，《上海高校图书情报工作研究》2016年第2期。
[⑤] 温芳芳：《国外科学数据开放共享政策研究》，《图书馆学研究》2017年第9期。

光、盛小平（2017）对经合组织、联合国教科文组织、国际科学联盟、欧盟委员会等 8 个国际组织的科研数据开放共享政策文本的内容与主题进行分析，发现国际组织的科研数据开放共享政策既注重科研数据开放共享的价值，也重视科研数据的高质量、互操作与知识产权保护，还强调利益相关者的责任担当。① 张晓青、盛小平（2018）对国际组织和英、美等国的科研数据开放共享政策进行调研指出：国外科研数据开放共享政策内容主要包含三类要素：政策要求，包括对数据质量与标准、数据获取与共享、数据保护与保存、数据管理计划的要求；政策规定，包括对隐私、传统知识、敏感数据、知识产权或数据所有权的规定；其他说明，包括对科研数据开放共享目的、原则、范围、角色与责任、监管和实施的描述。②

3. 科研资助/管理机构层面的科研数据管理与共享政策研究

如陈大庆（2013）从发布时间和政策内容两方面对英国主要科研资助/管理机构的科研数据管理与共享政策进行分析，指出政策中提及最多的内容是数据访问、数据保存、数据共享等。③ 张瑶等（2015）对国际主要科研资助/管理机构的科研数据管理与共享政策的要素进行分析，发现国外科研资助/管理机构的科研数据存储政策包括：类型、标准、位置、期限；科研资助/管理机构的科研数据质量监管政策包括：管理计划、权责机制、监督机制、奖惩机制；科研资助机构的科研数据传播政策包括：隐私保护、知识产权界定、开放程度等。④ 李向阳等（2016）对国外主要科研资助机构颁布的数据管理计划

---

① 尤霞光、盛小平：《8 个国际组织科学数据开放共享政策的比较与特征分析》，《情报理论与实践》2017 年第 40 卷第 12 期。
② 张晓青、盛小平：《国外科学数据开放共享政策述评》，《图书馆论坛》2018 年第 38 卷第 8 期；毕达天等：《科学数据共享研究现状与展望》，《图书情报工作》2019 年第 63 卷第 24 期。
③ 陈大庆：《英国科研资助机构的数据管理与共享政策调查及启示》，《图书情报工作》2013 年第 8 期。
④ 张瑶等：《国外科研资助机构数据政策的调研与分析——以英美研究理事会为例》，《图书情报工作》2015 年第 6 期。

（DMP）政策进行了调研分析，研究表明，国外 DMP 政策主要包含数据选择与标识（包括数据描述、数据版权、元数据标准、数据监管、数据检索）、数据存储与保存（包括存储格式、存储地点、存储期限、数据备份、数据安全）、数据共享与传播（包括数据共享、权限管理、伦理与隐私）等内容。① 彭鑫等（2016）通过网络调研和文献调研，对英国主要的 9 个基金机构的数据管理计划实践情况进行了分析和总结。② 黄国彬、屈亚杰（2017）对英国科研资助/管理机构的科研数据共享政策在共享整体规划、共享主客体对象、共享条件、共享方式和共享期限等方面的规定进行分析介绍。③

4. 高校层面的科研数据管理与共享政策研究

司莉、辛娟娟（2014）等采用内容分析方法，对英美 20 所大学的科研数据管理与共享政策进行分析，发现其政策内容集中在数据访问、数据保存、数据共享及数据所有权这几项内容。④ 杨云秀等（2015）对国外科研教育机构的数据政策进行调研分析，指出科研教育机构的科研数据政策应着重提供科研数据存储规范（存储义务、存储数据类型、存储强制性要求、存储地点、存储其他要求）、质量保障规范（政策关联、适用范围、管理对象、权责机制、管理工具）以及传播规范（传播义务、数据所有权管理、数据知识产权管理、开放共享要求、开放共享限制、发布机制、引用要求）等。⑤ 丁培（2016）对美国、澳大利亚、英国等国高校科研数据管理政策的内容要素及制定科

---

① 李向阳等：《国外科研资助机构数据管理计划政策的调研与分析》，《情报资料工作》2016 年第 1 期。
② 彭鑫等：《英国基金机构数据管理计划的实践调查与分析》，《图书情报工作》2016 年第 17 期。
③ 黄国彬、屈亚杰：《英国科研资助机构的科学数据共享政策调研》，《图书馆论坛》2017 年第 5 期。
④ 司莉、辛娟娟：《英美高校科学数据管理与共享政策的调查分析》，《图书馆论坛》2014 年第 9 期。
⑤ 杨云秀等：《国外科研教育机构数据政策的调研与分析——以英国 10 所高校为例》，《图书情报工作》2015 年第 59 卷第 5 期。

研数据管理政策的策略进行解读。① 魏悦、刘桂锋（2016）采用网络调查和内容分析法，对英国高校科研数据管理政策内容进行分析②；王琼、曹冉（2016）采用内容分析方法，从保存内容、元数据、格式、位置、期限与销毁、机构与责任、保存权益、安全与隐私8个方面，对英国28所高校的科研数据保存政策进行调研，发现其科研数据保存政策不同保存阶段内容完备程度不同，具有学科差异的数据保存规定仍需进一步细化和完善。③ 周晓燕、宰冰欣（2016）通过文献调研法和内容分析法对澳大利亚22所高校科研数据管理政策中的科研数据保存政策进行调研和分析。④ 完颜邓邓（2016）也考察了澳大利亚高校科研数据管理与共享政策。⑤ 邢文明、华小琴（2018）以27所澳大利亚高校的科研数据管理与共享政策为样本，从政策的基本情况（政策的制定者、制定时间、修订周期）、政策的主要内容（包括前言、适用范围、相关概念与定义、数据管理主体及责任、数据管理计划、数据所有权、数据的存储与保存、数据的获取与共享利用、数据的转移、政策实施负责人等）以及与本政策相关的政策等方面分析了澳大利亚高校的科研数据管理与共享政策内容及特点。⑥

5. 科研数据中心的管理与共享政策研究

在科研数据共享体系中，数据中心是关键角色之一。王卷乐、孙九林（2009）对世界数据中心（WDC）进行了全面介绍，提出中国

---

① 丁培：《国外大学科研数据管理政策研究》，《图书馆论坛》2014年第5期。
② 魏悦、刘桂锋：《英国高校科研数据管理政策内容调查及启示》，《图书情报研究》，2016年第4期。
③ 王琼、曹冉：《英国高校科研数据保存政策调查与分析》，《中国图书馆学报》2016年第5期。
④ 周晓燕、宰冰欣：《澳大利亚高校科研数据保存政策分析》，《图书情报知识》2016年第2期。
⑤ 完颜邓邓：《澳大利亚高校科学数据管理与共享政策研究》，《信息资源管理学报》2016年第1期。
⑥ 邢文明、华小琴：《澳大利亚高校科研数据政策内容分析》，《知识管理论坛》2018年第3卷第5期。

WDC 学科中心发展的 6 点具体建议。① 陈秀娟、吴鸣（2015）对化学领域的科研数据知识库的服务内容进行调研分析。② 孙轶楠等（2015）进一步对有明确政策声明的 38 个生命科学领域的数据知识库进行调研，指出良好的学科数据知识库政策体系应当包括：数据提交政策（内容界定、格式规范、来源要求、归属说明）、数据管理声明（数据公开、数据注册、免责声明、数据版本管理），以及数据使用规范（数据访问、数据推荐引用、数据授权许可）等。③ 刘晶晶等（2015）对国外通用型数据知识库的政策进行了调研，从管理者的权益与义务、提交者的权益与义务、使用者的权益与义务等角度进行分析。④ 崔雁（2016）对国际科研数据中心发展的现状、基本政策进行分析，为进一步推进科研数据的开放共享提出相关建议。⑤ 王明明等（2017）从组织机制、政策标准、数据获取、数据归档、数据认证、数据引用和数据服务等方面对美国密西根大学的大学间政治社会研究联盟（ICPSR）进行调研，并结合我国科研数据中心数据管理现状，给出我国数据中心发展的启示，为我国学科领域的科研数据中心建设、数据管理和国际化发展等方面提供参考和借鉴。⑥ 袁红卫等（2019）从数据组织与检索服务、数据管理服务以及附加服务等方面对麻省理工学院科研数据管理与共享平台进行调研分析，并从信息生态、平台建设过程、高效利用图书馆资源、创新服务理念等视角提出

---

① 王卷乐、孙九林：《世界数据中心（WDC）回顾、变革与展望》，《地球科学进展》2009 年第 6 期。

② 陈秀娟、吴鸣：《学科领域科研数据知识库调研与分析——以化学领域为例》，《图书情报工作》2015 年第 59 卷第 9 期。

③ 孙轶楠等：《学科数据知识库的政策调研与分析——以生命科学领域为例》，《现代图书情报技术》2015 年第 12 期。

④ 刘晶晶等：《国外通用型数据知识库的政策调研与分析》，《现代图书情报技术》2015 年第 11 期。

⑤ 崔雁：《科学数据开放中数据中心政策分析与建议》，《图书情报工作》2016 年第 60 卷第 8 期。

⑥ 王明明等：《ICPSR 科学数据中心的建设经验与启示》，《中国科技资源导刊》2017 年第 49 卷第 6 期。

相应建议。①

6. 科研数据出版与引用政策研究

随着科研数据共享和可获取呼声的高涨，国际上越来越多的期刊开始重视科研数据的提交与出版，纷纷制定相关政策，要求作者在发表论文时公开相关原始数据，或以补充文件形式实现论文与数据的实时关联和集成出版。如国际知名学术期刊 Science 与 Nature 要求作者在提交论文的同时必须将与文章结论相关的研究数据一并上传或存储于公共数据仓储，文章正式发表后将研究数据完全开放共享。研究人员也积极围绕相关政策展开研究。傅天珍、陈妙贞（2014）对我国学术期刊的数据出版政策进行考察并提出修改建议。② 吴蓉、顾立平（2015）对国外学术期刊的数据政策进行了调研分析。③ 陈全平（2015）分析了国际学术期刊数据政策制定实施的主体、客体与主要内容，以及期刊数据政策实施的效果，以期为我国期刊制定数据政策提供参考。④ 雷秋雨、马建玲（2016）选取 JCR 中收录的 46 种进化生物学核心期刊，从数据存缴方式、数据质量控制、数据格式、存储位置、开放性与权益等方面对数据出版政策进行分析与研究，提出了该领域学术期刊数据出版政策制定与执行中存在的问题以及需要发展完善的地方。⑤ 刘颖、王旋（2017）对国际医学领域学术期刊的数据出版政策进行调研，发现94%的期刊发布了数据出版政策，但政策要求力度较弱，仅有部分期刊将数据出版作为论文发表的条件之一。⑥

---

① 袁红卫等：《麻省理工学院科学数据管理与共享平台调研及启示》，《图书馆学研究》2019 年第 13 期。

② 傅天珍、陈妙贞：《我国学术期刊数据出版政策分析及建议》，《中国出版》2014 年第 23 期。

③ 吴蓉、顾立平：《国外学术期刊数据政策的调研与分析》，《图书情报工作》2015 年第 59 卷第 7 期。

④ 陈全平：《学术期刊数据政策及相关研究》，《图书与情报》2015 年第 5 期。

⑤ 雷秋雨、马建玲：《学术期刊数据出版政策研究综述——以 JCR 中进化生物学领域期刊为例》，《图书馆理论与实践》2016 年第 1 期。

⑥ 刘颖、王旋：《医学领域国际学术期刊数据出版政策分析》，《中国科技期刊研究》2017 年第 28 卷第 8 期。

李莉、王朝晖（2019）以国外化学类期刊为例，从提交科研数据的类型、格式和方式等角度对国外期刊科研数据发表政策进行分析。[1] 彭琳、韩燕丽（2019）对我国科技期刊数据政策进行分析指出：我国科技期刊可根据实际状况制定符合期刊自身发展以及学科发展的数据政策，针对数据提交、审查、存储和引用等做出相关规定，并建立数据相关权益的保障机制。[2]

与此同时，随着数据出版概念的提出，专门出版科研数据的数据期刊如雨后春笋般迅速增长。雷秋雨、马建玲（2015）考察了国际数据期刊出版的模式，包括以出版短数据文章为特征的数据期刊、以整合出版为特征的数据期刊、数据以补充资料出版特征的数据期刊等。[3] 刘晶晶、顾立平（2015）以 *Scientific Data* 为例，调研分析了国外数据期刊的政策，指出数据期刊应该着重数据提交规范（提交对象、内容格式要求、确保数据真实可查证）、质量管理流程（数据描述符内容信息、数据描述符产生流程、数据知识库的审核）以及保障各方权益的声明（读者的权益、作者的权益、科研机构与资助机构等的权益）等内容。[4] 黄如花、李楠（2017）基于数据生命周期理论分析了国外数据期刊在数据计划、数据确认、数据描述、数据保存、数据整合利用5个阶段的数据政策内容。[5] 刘灿等（2019）考察了国外数据期刊发展的现状及出版政策，为探究我国数据期刊发展的途径和措施提供了依据。[6]

---

[1] 李莉、王朝晖：《国外期刊科研数据发表政策分析与比较——以化学类期刊为例》，《情报探索》2019年第9期。

[2] 彭琳、韩燕丽：《我国科技期刊数据政策分析及启示——以中国科学院主办英文期刊为例》，《中国科技期刊研究》2019年第30卷第8期。

[3] 雷秋雨、马建玲：《数据期刊的出版模式与发展研究》，《图书与情报》2015年第1期。

[4] 刘晶晶、顾立平：《数据期刊的政策调研与分析——以 *Scientific Data* 为例》，《中国科技期刊研究》2015年第4期。

[5] 黄如花、李楠：《基于数据生命周期模型的国外数据期刊政策研究》，《图书与情报》2017年第3期。

[6] 刘灿等：《数据期刊的发展现状及趋势分析》，《编辑学报》2018年第30卷第4期。

科研数据的引用有助于鼓励和保护科研人员共享数据的积极性，从而推动科研数据的共享。张静蓓等（2014）梳理了科研数据引用规范的研究进展①，宋宇等（2015）探讨了数据引用的共同原则②，王丹丹（2015）探讨了科研数据规范引用的关键问题③，黄如花、李楠（2016）调研分析了国外科研数据引用规范④，邱弘阳等（2017）分析了科研数据引用规范的内容特点⑤，韩蓓蓓（2018）对国内外数据仓储和学术期刊的数据引用要求与规范进行了调研⑥。2017 年 12 月，我国《科学数据引用》国家标准（标准号为 GB/T 35294 – 2017）正式发布，标志着科研数据可以像学术论文一样被研究者引用，将在一定程度上促进数据拥有者开放共享其数据。⑦ 朱艳华等（2018）介绍了该国家标准的研制背景、过程与主要内容⑧，史雅莉（2019）探讨了科研数据引用标准实施的关键问题。⑨

7. 建立与完善我国科研数据管理与共享政策的研究

建立和完善我国科研数据共享的政策法规是国内学者关注的重点，也是研究的热点。徐枫（2003）探讨了我国科研数据共享的标准规范体系结构。⑩ 黄鼎成等（2003）指出科研数据共享过程中需要运用法律调整的 4 个关键问题：协调科研数据同时作为社会公有

---

① 张静蓓等：《科学数据引用规范研究进展》，《图书与情报》2014 年第 5 期。
② 宋宇等：《数据引用的共同原则》，《情报理论与实践》2015 年第 38 卷第 8 期。
③ 王丹丹：《科学数据规范引用关键问题探析》，《图书情报工作》2015 年第 59 卷第 8 期。
④ 黄如花、李楠：《国外科学数据引用规范调查分析与启示》，《图书馆学研究》2016 年第 10 期。
⑤ 邱弘阳：《科学数据引用规范的内容特点分析》，《数字图书馆论坛》2017 年第 6 期。
⑥ 韩蓓蓓：《国内外科学数据引用要求的现状调查》，《图书馆界》2018 年第 6 期。
⑦ 张恬、刘凤红：《数据出版新进展》，《中国科技期刊研究》2018 年第 29 卷第 5 期。
⑧ 朱艳华：《科学数据引用国家标准研制与推广》，《科研信息化技术与应用》2018 年第 9 卷第 6 期。
⑨ 史雅莉：《科学数据引用标准实施的关键问题探析》，《现代情报》2019 年第 39 卷第 4 期。
⑩ 徐枫：《科学数据共享标准体系框架》，《中国基础科学》2003 年第 1 期。

物品和市场商品两者之间的关系、协调和界定知识产权保护范围和社会公共功能范围、确定和调整共享过程中当事各方之间以权利和义务为内容的各种社会关系、确立科研数据共享技术的地位等。[1] 阎保平、肖云（2004）介绍了中国科学院科研数据共享的技术与政策。[2] 朱雪忠、徐先东（2007）指出，目前我国科研数据共享存在着共享意识薄弱、产权界定不清、利益分配不当、宏观引导不够等问题，应通过建立政府引导机制、健全共享法规体系、明晰产权界定、规范产权交易机制、建立利益协调机制等措施来解决。[3] 以路鹏为核心的研究团队围绕构建我国的科研数据共享政策体系形成了一系列有价值的研究成果，指出科研数据共享的政策法规体系应包括科研数据共享的法律、行政法规、部门规章、地方性法规及地方政府规章和政策文件等不同层次、相互补充和配合的完整体系。[4] 围绕科研数据共享活动的环节和领域，他指出科研数据共享活动包含数据产生与汇交、数据保管与使用、数据共享评估与监督、数据共享保障四个领域，应针对四个领域出台不同的政策规范，建立相应的法律法规。[5] 此外，他还探讨了我国科研数据汇交的法律制度，指出科研数据汇交法律应包括汇交计划制度、汇交义务人制度、汇交审核制度、汇交数据保管制度、汇交工作管理制度、汇交奖惩制度等具体内容。[6] 任红娟（2008）认为宏观层面的政策法规、法律

---

[1] 黄鼎成等：《科学数据共享法规体系建设的若干思考》，《中国基础科学》2003 年第 6 期。
[2] 阎保平、肖云：《中国科学院科学数据库共享技术与政策》，《科学中国人》2004 年第 9 期。
[3] 朱雪忠、徐先东：《浅析我国科学数据共享与知识产权保护的冲突与协调》，《管理学报》2007 年第 4 期。
[4] 路鹏等：《构建完善合理的科学数据共享政策法规体系》，《国际地震动态》2008 年第 3 期。
[5] 路鹏等：《科学数据共享领域的政策规范和法律规范》，《国际地震动态》2008 年第 4 期。
[6] 路鹏等：《国家科技计划项目科学数据汇交的法律制度建设构想》，《国际地震动态》2007 年第 10 期。

体系和微观层面的人员素质、技术手段、利益驱动等因素都是科研数据共享保障体系的组成部分。[①] 刘润达、彭洁（2010）对我国、美国、欧盟以及国际科学理事会（ICSU）、国际科学院组织（IAP）等制定的有关科研数据共享的政策法规进行考察和对比分析，指出，与国外相比，我国科研数据共享相关政策法规的制定整体比较滞后，缺乏系统性和明确性，特别是缺少国家层面的政策法规。作者建议我国在借鉴国外科研数据共享成功经验的基础上，制定《科技资源法》，并以此为中心构建我国科研数据共享的政策法规体系。[②] 元数据是实现科研数据共享的重要保障之一，周波（2012）提出了高校科研数据元数据设计原则，并在参考借鉴都柏林核心元数据的基础上，设计了一套高校科研数据元数据方案，包括核心元素集、核心元素限制属性、著录规则等。[③] 邢文明（2014）在全面搜集整理和深入分析国内外现有科研数据管理与共享政策的基础上，从系统论角度出发，提出了我国的科研数据管理与共享政策体系，包括国家、科研资助管理机构和科研单位三个层面的政策法规。[④]

2018年3月，我国国务院办公厅印发了《科学数据管理办法》（以下简称《办法》），对进一步加强和规范我国科研数据管理，提升我国科研数据开放共享水平，促进国家科技创新、经济社会发展和国家安全都具有重要意义。《办法》出台后，相关学者从多角度对其进行解读阐释，如邢文明、洪程（2019）对有关科研数据共享与利用的部分进行解读[⑤]，张洋、肖燕珠（2019）从生命周期视角对《办法》

---

[①] 任红娟：《科学研究数据共享保障体系研究》，《科学管理研究》2008年第4期。
[②] 刘润达、彭洁：《我国科学数据共享政策法规建设现状与展望》，《科技管理研究》2010年第13期。
[③] 周波：《高校科学数据元数据方案初探》，《图书馆学研究》2012年第1期。
[④] 邢文明：《我国科研数据管理与共享政策保障研究》，博士学位论文，武汉大学，2014年。
[⑤] 邢文明、洪程：《开放为常态，不开放为例外——解读〈科学数据管理办法〉中的科学数据共享与利用》，《图书馆论坛》2018年第1期。

进行解读[①]，秦顺、邢文明（2019）从管理体制、共享机制、安全措施三个方面对《办法》进行解读[②]，邢文明等（2019）从数据生命周期和责任相关者二维视角对其进行阐释。[③] 随着我国《科学数据管理办法》的出台，各省相继出台了实施细则。高瑜蔚等（2019）对收集到的11份政策文件从多角度进行分析，发现这些实施细则具有形式规范、权责明晰、形成具有自身特色的管理模式、注重标准规范建设、强调数据保密和安全管理等特点。[④]

综上，学者围绕建立和完善我国科研数据管理与共享政策法规，促进和规范我国的科研数据共享实践等目标，进行了多角度探讨，产生了丰富的研究成果，为研究提供了厚实的基础和参考借鉴。本研究将在前人的基础上，从信息生命周期和利益相关者二维视角出发，系统探讨我国科研数据管理与共享的政策体系及政策内容，为相关部门制定和实施科研数据管理与共享政策，推动科研数据管理与共享实践提供参考建议。

## 第三节 研究思路与方法

### 一 研究思路

本书以探讨我国科研数据管理与共享政策体系以及政策的主要内容，为相关部门建立健全科研数据管理与共享政策、推动我国科研数据管理与共享实践为目标，以信息生命周期和利益相关者为理论指导，在梳理科研数据管理与共享的相关概念、调研分析国内外已有科

---

[①] 张洋、肖燕珠：《生命周期视角下〈科学数据管理办法〉解读及其启示》，《图书馆学研究》2019年第15期。

[②] 秦顺、邢文明：《开放·共享·安全：我国科学数据共享进入新时代——对〈科学数据管理办法〉的解读》，《图书馆》2019年第6期。

[③] 邢文明等：《科学数据管理体系的二维视角——〈科学数据管理办法〉解读》，《图书情报工作》2019年第63卷第23期。

[④] 高瑜蔚等：《〈科学数据管理办法〉实施细则比较研究——以正式发布的11份细则为例》，《中国科技资源导刊》2019年第3期。

研数据管理与共享政策及政策实践现状的基础上,从循证决策和利益相关者理论出发,通过对相关证据的全面搜集梳理,识别出管理型责任主体,并基于其政策需求构建我国科研数据管理与共享政策的体系;进一步从科研数据生命周期和责任相关者两个维度探讨我国科研数据管理与共享政策的大纲和政策的主要内容,从而为推进我国科研数据科研数据管理与共享实践提供参考借鉴。本书整体思路与结构见图 1-1。

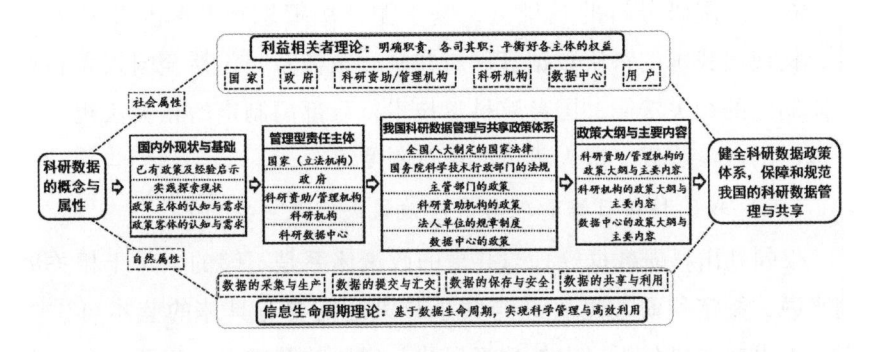

**图 1-1 本书整体思路与结构**

(一) 国内外科研数据管理与共享的实践与研究现状梳理

了解现状有助于更全面地看待和审视问题,从而有助于问题的解决。本书通过对国内外有关科研数据管理与共享的实践与研究进行全面梳理和总结,把握现状,总结相关研究成果,为制定我国的科研数据管理与共享政策提供参考和借鉴。

(二) 科研数据管理与共享的相关概念及理论基础

本部分重点对科研数据管理与共享的相关概念进行明确,并提出本书的理论基础。本书以信息生命周期理论和利益相关者理论为基础。其中,信息生命周期理论强调科研数据作为一种重要的信息资源,在科研过程的不同阶段有着不同的特点与属性,应围绕其生命周期阶段进行管理和共享,以实现科研数据价值的最大化;利益相关者理论有助于理顺政策中相关利益主体的权责并平衡好各主体的权益,确保政策的科学合理性以及政策的顺利实施。

（三）国内外科研数据管理与共享政策的内容分析

对国内外已有的科研数据管理与共享政策进行全面调研，并进行深入分析和经验总结。通过梳理总结其政策体系与内容特点，提炼出科研数据管理与共享政策的政策大纲、政策内容和具体要求，为制定我国的科研数据管理与共享政策提供参考借鉴。

（四）我国科研数据管理与共享政策体系构建

在上述调研分析的基础上，基于循证决策思想和利益相关者理论，构建出我国的科研数据管理与共享政策体系，包括全国人大和国务院制定的相关法律、国务院科学技术行政部门制定的相关法规、主管部门的政策法规、法人单位的规章制度等。

（五）我国科研数据管理与共享政策大纲及主要内容

仅勾勒出科研数据管理与共享的政策体系是不够的，对于相关部门来说，制定科研数据管理与共享政策还需要有具体的蓝本可供参考。本书在调研分析国内外政策现状及经验的基础上，基于信息生命周期和利益相关者视角探讨我国科研数据管理与共享政策的大纲及主要内容，为政策制定者提供参考借鉴。

## 二 研究方法

本书主要采用以下几种研究方法：

（一）文献调查法

为全面了解国内外科研数据管理与共享的研究与实践现状，特别是北美、欧洲等发达国家的科研数据研究前沿与趋势，本书对国内外有关科研数据共享的政策法规及相关研究与实践进行全面调查，作为全书的研究基础，同时相关系统资料也可作为相关部门的参考依据。

（二）访谈调查法

通过对我国科研人员科研数据管理与共享现状的问卷调查和访

谈，了解他们管理和共享科研数据的现状、特点与规律，政策需求及对科研数据共享的态度等，从而为制定科研数据管理与共享政策提供实践基础。

（三）内容分析法

在全面系统的政策与实践现状调研的基础上，运用内容分析法对国内外科研数据共享政策进行分析，提炼政策的原则、指导思想、内容要点和具体要求，总结一般规律，为我国科研数据共享政策提供参考借鉴。

（四）比较研究法

为全面了解国内外科研数据管理与共享政策的特点与各自优势，吸取借鉴国外有益经验，本书运用比较研究法对国内外不同国家的科研数据管理与共享政策进行比较分析，从而为我国科研数据管理与共享政策的制定提供经验借鉴。

## 第四节　研究的创新与不足

### 一　创新之处

本书的创新点主要体现在：从信息生命周期和利益相关者相结合的角度构建我国的科研数据管理与共享政策体系。具体来说，主要包括如下三个方面：

（一）从信息生命周期和利益相关者相结合的角度探讨我国科研数据管理与共享政策

当前，国内外已有学者从不同角度对科研数据管理与共享政策进行探讨，既有对现有政策的总结与借鉴，也有对我国科研数据管理与共享政策的建构探索，但从信息生命周期和利益相关者相结合的角度探讨我国科研数据管理与共享政策的尚不多见。笔者认为，从二者相结合的角度探讨我国科研数据管理与共享政策，一方面有助于我们从信息生命周期的角度划分科研数据的管理与共享的环节流程，实现科学高效管理；另一方面有助于我们从利益相关者的角度理顺政策中相关利益主体的权责并平衡好各主体的权益，确保政策的科学合理性以及政策的顺利实施。

（二）基于利益相关者的角度提出我国科研数据管理与共享政策体系

政策学理论指出：任何一项法规政策通常都难以涵盖所追求目标/问题的所有方面，而必须由多项相关政策相互协同配合，共同达成总体目标。我国的科研数据管理与共享政策也必须由一系列相关政策形成协同配合、严密有序的政策体系，才能实现科研数据管理与共享的目标。笔者从循证决策和利益相关者理论出发，在广泛搜集梳理相关证据的基础上识别出管理型责任主体，并基于其政策需求构建出我国科研数据管理与共享的政策体系，有利于确保政策体系的科学合理性。

（三）从生命周期和责任相关者视角探讨科研数据管理与共享政策的大纲及主要内容

对于相关部门来说，制定科研数据管理与共享政策还需要有具体的蓝本可供参考。本书从科研数据生命周期和责任相关者两个维度来探讨我国科研数据管理与共享政策的大纲，并在此基础上进一步探讨科研数据管理与共享政策的主要内容，形成了包含政策体系、政策大纲及政策主要内容的较全面的政策法规体系，可供相关部门制定和实施科研数据管理与共享政策参考借鉴。

## 二 不足之处

在对科研数据管理与共享的政策主体（科研管理部门人员）进行调研时，存在着部分科研管理部门人员不愿意接受调研，不少调研对象将科研管理工作中的统计数据视为科研数据，使得调研效果不够理想；同时，在对科研数据管理与共享的政策客体（科研人员）进行问卷调查时，由于是通过学术文献的邮箱进行问卷发放，回收率较低，调查对象难以覆盖所有学科领域。此外，科研数据管理与共享政策具有较强的实践性，然而由于本书项目执行周期有限，且实践应用的功效检验具有长期性，本书结果暂时未应用在实践中，因而有待未来进一步检验与修正完善。

# 第二章 科研数据管理与共享的核心概念与理论基础

科研数据是在科研过程中搜集或产生的基础性数据资料，它既是科学研究的基础性资源，也是一类重要的科研成果。厘清科研数据管理与共享的核心概念有助于明确本书的研究对象与范围，从而进一步明晰全书的研究思路。同时，深入辨析科研数据的内涵与性质又是寻找全文理论依据的基础。笔者认为：科研数据具有自然和社会双重属性。从自然属性出发，科研数据是一类重要的信息资源，从信息管理的角度引入信息生命周期理论，从科研数据的产生、保管与利用的不同环节考察其具体特点和管理利用措施；从社会属性出发，科研数据是一种重要的社会资源，科研数据的生产、管理与利用必然会涉及数据的生产者、组织管理者和利用者等不同角色与利益群体，因而从组织管理的角度引入利益相关者理论，分析不同利益相关者的角色职责、利益均衡机制以及协作协同机制，以确保科研数据管理与共享政策的科学合理性，促进政策的顺利实施。

## 第一节 科研数据管理与共享的核心概念

### 一 科研数据

科研数据，也称研究数据，来源于英文"Research Data"，顾名思义，指与科学研究相关的数据，既包括为进行科学研究而收集和获取的相关数据，也包括科学研究中产出的数据。与科研数据密切相关并且经常相互混用的另一概念是科学数据，译自英文"Scientific Data"。两个概念中，"科研数据"多出现于国外的相关政策文件中，也多出现于国内外学者的相关论著中；而我国的官方表述则多用"科学数据"这一名称。如2002年科技部开始建设科学数据共享工程，先后支持建立了一系列科学数据共享网站和共享服务平台，2006年6月，中国地震局发布《地震科学数据共享管理办法》[1]，2008年3月科技部发布《国家重点基础研究发展计划资源环境领域项目数据汇交暂行办法》[2]，2018年3月国务院办公厅印发《科学数据管理办法》，2019年6月，科技部、财政部联合发布《国家科技资源共享服务平台优化调整名单》的通知[3]等，均使用"科学数据"这一术语。

对于科研数据与科学数据两者之间的异同国内外学者尚未达成一致意见，代表性的观点主要有三种：第一种是对两个概念不做区分或认为两者可以互用，如刘玉敏和张群（2017）[4]、莫崇和菊廖球（2017）[5]、张闪闪等（2018）[6]、姜鑫（2018）[7]、司莉和王雨娃

---

[1] 中国地震局：《地震科学数据共享管理办法》，2014年12月27日，https://www.cea.gov.cn/cea/zwgk/zcfg/369272/1228635/index.html，2020年3月5日。

[2] 中华人民共和国科学技术部：《国家重点基础研究发展计划资源环境领域项目数据汇交暂行办法》，2008年3月18日，http://www.most.gov.cn/kjzc/gjkjzc/kjtjybz/201308/P020130823579533591568.pdf，2020年3月5日。

[3] 中华人民共和国中央人民政府：《科技部、财政部关于发布国家科技资源共享服务平台优化调整名单的通知》，2019年6月11日，http://www.gov.cn/xinwen/2019-06/11/content_5399105.htm，2020年3月5日。

[4] 刘玉敏、张群：《中美高校图书馆科学数据服务调查与分析》，《图书馆论坛》2017年第37卷第11期。

[5] 莫崇、菊廖球：《地方高校科研数据的集中管理与服务》，《农业图书情报学刊》2017年第7期。

[6] 张闪闪等：《科研数据内容重用中的权益问题研究》，《图书情报知识》2018年第1期。

[7] 姜鑫：《国际图书情报领域"科学数据"研究进展述评——基于SCI/SSCI期刊论文的内容分析》，《现代情报》2018年第38卷第12期。

（2019）[①]、王继娜（2019）[②]、张贵香等（2019）[③]、胡媛等（2019）[④] 均指出科研数据也称作科学数据，或认为科学数据也指科研数据。第二种观点认为两者既有交叉又各有侧重，如邢文明（2014）指出科学数据侧重于指政府及行业部门长期采集和管理的各类业务数据，而科研数据侧重指科学研究过程中产生的数据。第三种观点认为与科研数据相比，科学数据的概念内涵相对更宽一些，如庄晓喆（2017）指出，科研数据与科学数据两者的范畴存在较大重叠，均包含科学研究过程中人工及自动产生的各类型数字资料，且并非仅限于数据形式。但前者侧重于可以作为研究基础或能够为研究提供证据记录的结构化、非结构化数字资料，后者还囊括非科研活动产生的反映客观世界本质、规律的数据（如政府及行业部门长期采集和管理的业务数据），因此其范畴大于前者。[⑤] 刘桂锋（2017）认为：科研数据的产生主要源自科研过程，科学数据则来自各类科学研究与实践过程，因此，科学数据的外延比科研数据相对宽泛。[⑥] 陈晋（2019）指出二者是息息相关且互为融合的关系，不过科学数据还包含了一些政府部门采集的业务数据，科技活动中产生的基础数据、研究信息等。[⑦]

笔者赞成第二种看法，即两个概念存在交叉但又各有侧重，其中"科学数据"多出现于政府文件及相关表述中，侧重指政府部门长期

---

[①] 司莉、王雨娃：《科研数据机构库联盟服务现状与启示》，《图书馆学研究》2019年第10期。

[②] 王继娜：《国外高校图书馆科学数据管理服务的调研与思考》，《情报理论与实践》2019年第42卷第8期。

[③] 张贵香等：《我国科研数据管理理论与服务研究进展述评》，《情报理论与实践》2020年第43卷第6期。

[④] 胡媛等：《科研数据管理研究综述——基于词频分析和阶段分布统计》，《科技管理研究》2019年第18期。

[⑤] 庄晓喆：《我国高校科研数据机构库联盟的建设模式研究》，博士学位论文，武汉大学，2017年。

[⑥] 刘桂锋：《高校科研数据管理理论与实践》，江苏大学出版社2017年版，第1页。

[⑦] 陈晋：《2008—2018年我国科研数据管理服务研究述评》，《图书馆工作与研究》2019年第11期。

采集与积累的业务数据及行业性数据,如气象数据、水文数据、地质地球数据等,"科研数据"多出现于学术文献中,侧重指科学研究过程中产生的数据。但两者并没有本质区别,在大部分情况下,科学数据也包含了科学研究过程中产生的数据,科研数据也包含了政府业务数据和行业数据,两者可以互用。

还有学者认为,科研数据的概念有广义与狭义之分,狭义的科研数据主要指科学研究过程中产生的相关数据,如刘兹恒、曾丽莹(2017)指出,科研数据是学术研究过程中的重要产出,是科研人员为分析或验证研究结果所搜集、创建和保留的记录事实的原始材料,如观察、调查、实验、模拟等的科研过程数据、半成品或成果数据等,是支撑研究论文和科研项目成果的基础。[1] 刘玉敏、张群(2017)认为,科研数据指科研人员在科学研究过程中通过科学实验、实际调查等方式产生和获得的数据资料,包括数字、图表、图片、文本、声音、影像等形式;它伴随科研活动的全周期产生,真实记录了科学研究的全过程,对科学研究成果具有直接的支撑和佐证作用。[2] 姜鑫(2018)指出,科研数据与科学论文一样也被视为重要的科研产出,既是科学研究不可或缺的主要组成部分,也是数字化科研时代的重要战略资源。[3] 刘敬仪、江洪(2018)指出,科研数据是由科研人员收集或创建的,其目的是分析和验证原始研究结果。[4] 周雷、刘利永(2019)指出,科研数据是学术研究过程中的重要产出,是支撑研究论文和科研项目的重要依据。[5] 广义的科研数据概念则不仅包括科

---

[1] 刘兹恒、曾丽莹:《我国高校科研数据管理与共享平台调研与比较分析》,《情报资料工作》2017年第6期。

[2] 刘玉敏、张群:《中美高校图书馆科学数据服务调查与分析》,《图书馆论坛》2017年第37卷第11期。

[3] 姜鑫:《国际图书情报领域"科学数据"研究进展述评——基于SCI/SSCI期刊论文的内容分析》,《现代情报》2018年第38卷第12期。

[4] 刘敬仪、江洪:《开放科学环境下国外高校图书馆科研数据管理服务启示》,《图书馆工作与研究》2018年第10期。

[5] 周雷、刘利永:《德国RISE-DE科研数据管理服务自评估模型的研究》,《图书馆学研究》2019年第21期。

研过程中产生的数据,也包括其他类型和来源的数据,如刘莉等(2019)指出:科研数据是指在科研活动中获取的原始数据以及根据不同需求加工整理得到的各类数据集,其中包括统计数据、实验结果、测量数据、调查结果、访谈记录、图像等。①

由上述分析可知,科学数据更多出现在官方文件和相关表述中,且其内涵更多的指由政府相关机构长期搜集整理的业务及行业性数据,而科研数据多出现于学者的学术文献中,更多指科学研究中产生的数据。但从大多数人的用法看,科研数据与科学数据的内涵有合流的趋势。本书中笔者重点探讨科学研究过程中产生的那部分数据,因而用"科研数据"这一名称。

## 二 科研数据管理

检索发现,目前国内外尚未有学者对"科研数据管理"的概念的进行专文探讨,一些国内学者在相关文献中给出了基于自己理解的表述,笔者整理如下,见表2-1。

表2-1 国内外相关文献对科研数据管理概念的界定

| 序号 | 作者及文献 | 科研数据管理概念 |
| --- | --- | --- |
| 1 | 项英、赖剑菲、丁宇(2013):《高校图书馆科学数据管理服务实践探索——以武汉大学社会科学数据管理为例》 | 科研数据管理是指在科学数据生命周期内对科研数据持续进行的组织和管理活动,其目标是通过对科研数据的共享、长期保存与增值,促进科学研究,提高科研数据的价值,增强数据再利用效益。② |

---

① 刘莉等:《基于DEMATEL的科研数据共享关键影响因素识别与分析》,《图书馆学研究》2019年第18期。

② 项英等:《高校图书馆科学数据管理服务实践探索——以武汉大学社会科学数据管理为例》,《情报理论与实践》2013年第36卷第12期。

续表

| 序号 | 作者及文献 | 科研数据管理概念 |
|---|---|---|
| 2 | 王婉（2014）：《澳大利亚高校图书馆参与科研数据管理服务研究》 | 科研数据管理是基于研究数据所产生的相关服务，贯穿于数据的整个生命周期，是一项持续性的任务。[①] |
| 3 | 周力虹、段欣余、宋雅倩（2017）：《我国高校图书馆科研数据管理服务调查与分析》 | 普遍意义上的科研数据管理包括数据文件化、数据存储、数据备份、数据访问和再使用的所有过程，其对象是科学研究完成前的所有过程数据、半成品以及科学研究完成后的成果。[②] |
| 4 | 刘桂锋（2017）：《高校科研数据管理理论与实践》 | 科研数据管理是管理主体借助管理学的理论与方法对科研数据的数据获取、数据组织、数据保存、数据共享、数据分析、数据再利用等数据生命周期活动不同要素组成的系统性、目的性与增值性的循环过程。[③] |
| 5 | 韩金凤（2017）：《加拿大高校图书馆科研数据管理服务调研及启示》 | 科研数据管理是指通过对科研数据进行计划、组织、分析、存储、获取、分享、再利用的一系列活动，实现避免数据丢失、验证科研成果、提升科研成果的曝光度和影响力、实现科研数据共享、提高科研效率等目的。[④] |
| 6 | 程结晶、刘佳美、杨起虹（2018）：《基于耗散结构理论的科研数据管理系统概念模型及运行策略》 | 科研数据的管理是以数据共享与利用为目标，利用异构数据选择、整合、描述、评价、格式转换、存储、链接可用性维护等，实现数据增值，保存高价值数据，提供数据的再利用。[⑤] |

---

① 王婉：《澳大利亚高校图书馆参与科研数据管理服务研究》，《图书馆论坛》2014年第34卷第3期。

② 周力虹等：《我国高校图书馆科研数据管理服务调查与分析》，《图书情报工作》2017年第61卷第20期。

③ 刘桂锋：《高校科研数据管理理论与实践》，江苏大学出版社2017年版。

④ 韩金凤：《加拿大高校图书馆科研数据管理服务调研及启示》，《国家图书馆学刊》2017年第1期。

⑤ 程结晶等：《基于耗散结构理论的科研数据管理系统概念模型及运行策略》，《现代情报》2018年第38卷第1期。

续表

| 序号 | 作者及文献 | 科研数据管理概念 |
| --- | --- | --- |
| 7 | 胡媛、虞佳玲、艾文华（2019）：《科研数据管理研究综述——基于词频分析和阶段分布统计》 | 科研数据管理涵盖整个数据生命周期，其中包括制订数据管理计划与标准，数据生产与构造，以及数据的检索、识别、收集、处理、存储、共享、安全、出版、监控、重用设计创作等过程，同时需要考虑基础设施建设、技术能力的提升、道德法律的监管保障等内容，以实现数据共享、节约成本、提高效率等目的。① |
| 8 | 马波等（2019）：《高校图书馆科研数据管理服务的保障机制研究》 | 科研数据管理是指对科研数据进行计划、组织、存储、分析、整合、获取、共享及再利用的一系列活动。② |
| 9 | 杜琪、高波（2019）：《英国高校图书馆科研数据管理现状及启示》 | 科研数据管理是一个通用术语，涵盖如何组织、构建、存储和引用研究项目中生成的信息。③ |
| 10 | 王晓文等（2019）：《高校科学数据管理服务中利益相关者合作博弈研究》 | 科学数据管理（Research Data Management，RDM）是指为了实现科学数据的现存价值和价值增值，通过统一的服务平台，对科学数据进行收集、整合、分析、保存、共享和再利用的一系列活动，是基于科学数据的管理和利用而开展的一种服务形式。④ |
| 11 | 王怡、邵波（2019）：《我国高校科研数据管理现状、困境及未来发展路径》 | 科研数据管理主要指对科研过程中搜集和产生的数据进行组织整理、保存，并实现分享、分析和再利用的全部活动的总称。⑤ |

① 胡媛等：《科研数据管理研究综述——基于词频分析和阶段分布统计》，《科技管理研究》2019年第18期。

② 马波等：《高校图书馆科研数据管理服务的保障机制研究》，《四川图书馆学报》2019年第5期。

③ 杜琪、高波：《英国高校图书馆科研数据管理现状及启示》，《图书馆工作与研究》2019年第11期。

④ 王晓文等：《高校科学数据管理服务中利益相关者合作博弈研究》，《大学图书情报学刊》2019年第37卷第6期。

⑤ 王怡、邵波：《我国高校科研数据管理现状、困境及未来发展路径》，《图书馆学研究》2019年第19期。

续表

| 序号 | 作者及文献 | 科研数据管理概念 |
|---|---|---|
| 12 | 陈晋（2019）：《2008—2018 年我国科研数据管理服务研究述评》 | 科研数据管理是贯穿科研生命周期的不可或缺的组织过程，因此对于它的定义，研究者普遍认为它不是单纯的数据管理行为，而是包含了数据描述、数据存储、数据保存、出版共享等内容。① |
| 13 | 刘倩（2019）：《论国外高校图书馆科研数据管理服务调查及启示》 | 科研数据管理是指与科研数据资源相关的全部管理活动，包括采用一定的技术方法和手段采集、组织、存储科研数据，实现科研数据的资源整合、发现、共享和再利用。② |

注：由于大部分学者并未对"科学数据"和"科研数据"的概念作明确区分，而是将两者等同视之，因而，笔者在调研时，对那些将两者视作同一概念的文献均纳入调研范围。下同。

调查发现，国外学者的相关文献对该概念的探讨尚不多见，然而，国外一些图书馆/科研服务机构在介绍科研数据管理与共享服务时对"科研数据管理"的内涵进行了说明。笔者利用谷歌、必应等搜索引擎以"research data management"为关键词进行检索，结果见表 2-2。

表 2-2　　国外相关机构对科研数据管理概念的界定

| 序号 | 机构 | 栏目 | 科研数据管理概念/内涵 |
|---|---|---|---|
| 1 | Association of College & Research Libraries | What is Research Data Management? | 科研数据管理（RDM）是一个内涵丰富的概念，包括创建经过描述与组织的，可访问和可重用的高质量研究数据的过程。③ |

---

① 陈晋：《2008—2018 年我国科研数据管理服务研究述评》，《图书馆工作与研究》2019 年第 11 期。

② 刘倩：《论国外高校图书馆科研数据管理服务调查及启示》，《才智》2019 年第 22 期。

③ The Association of College & Research Libraries, "Research Data Management", http://www.ala.org/acrl/publications/keeping_up_with/rdm, 2020-03-06.

续表

| 序号 | 机构 | 栏目 | 科研数据管理概念/内涵 |
|---|---|---|---|
| 2 | Deakin University | Research Data Management | 科研数据管理指除使用数据外与数据相关的所有活动，包括：对数据集进行描述以供将来发布、重用与发现；数据的存储（组织、存档、确保安全）；数据的备份；数据的共享。[①] |
| 3 | DePaul University Library | What is Research Data Management? | 科研数据管理指对研究周期过程中产生的数据的管理和维护，它是研究过程中不可或缺的一部分，有助于确保您的数据得到正确的组织、描述、保存和共享。[②] |
| 4 | Eindhoven University of Technology Library | What is Research Data Management? | 科研数据管理（RDM）指在整个研究生命周期中认真管理和组织研究数据，目的是有效开展研究活动并允许与他人的协作。其目标包括：保护研究数据不受损失；可与他人共享研究数据；使研究数据可发现、可访问和可重用。[③] |
| 5 | Lancaster University | Research Data Management | 科研数据管理是指对研究数据进行存储，管理，保存和提供持续访问。[④] |

---

[①] Deakin University, "Research Data Management", https://www.deakin.edu.au/library/research/manage-data/plan/what-is-research-data-management, 2020 - 03 - 06.

[②] DePaul University Library, "What is Research Data Management?" https://libguides.depaul.edu/c.php?g=620925&p=4324498, 2020 - 03 - 06.

[③] Eindhoven University of Technology Library, "Research Data Management", https://www.tue.nl/en/our-university/library/education-research-support/scientific-publishing/data-coach/general-terms-and-background/what-is-research-data-management/, 2020 - 03 - 06.

[④] Lancaster University, Research Data Management, https://www.lancaster.ac.uk/library/research-data-management/what-is-rdm/, 2020 - 03 - 06.

续表

| 序号 | 机构 | 栏目 | 科研数据管理概念/内涵 |
| --- | --- | --- | --- |
| 6 | National Network of Libraries of Medicine | Research Data Management | 科研数据管理指对研究数据进行管理、存档和共享，使其更易于被更广泛的研究社区访问。研究数据管理为研究人员提供了通过制订计划以确保其数据得以组织和存档，以便长期保存并与其他研究人员共享的机会。① |
| 7 | The University of Leicester | What is Research Data Management? | 科研数据管理是研究过程的一部分，旨在使研究过程尽可能高效，并满足大学、研究资助者和立法机构的期望和要求。它涉及从开始研究到有价值结果的传播与存档过程中的数据管理，具体包括：创建数据并对其使用进行计划；组织、结构化和命名数据；确保数据的安全，提供访问，存储与备份；与合作者共享数据，或发布并获得引用。② |
| 8 | The University of Ottawa | Research Data Management | 科研数据管理是贯穿数据生命周期的持续活动，包括在整个研究过程中对数据进行积极的组织与维护，并在项目完成时对数据进行适当的归档。③ |
| 9 | The University of Sheffield Library | What is Research Data Management? | 科研数据管理（RDM）指对研究项目中创建的数据的组织、存储和保存。它涵盖了初始规划、日常处理以及长期存档和共享。④ |

---

① National Network of Libraries of Medicine, "Research Data Management", https://nnlm.gov/data/thesaurus/research-data-management, 2020 – 03 – 06.

② The University of Leicester, "Research Data Management", 11th December 2019, https://www2.le.ac.uk/services/research-data/old – 2019 – 12 – 11/rdm/what-is-rdm, 2020 – 03 – 06.

③ The University of Ottawa, "Research Data Management", https://biblio.uottawa.ca/en/services/faculty/research-data-management/what-research-data-management, 2020 – 03 – 06.

④ The University of Sheffield Library, "What is Research Data Management?" https://www.sheffield.ac.uk/library/rdm/whatisrdm, 2020 – 03 – 06.

续表

| 序号 | 机构 | 栏目 | 科研数据管理概念/内涵 |
| --- | --- | --- | --- |
| 10 | UC Berkeley Library | Research Data Management | 科研数据管理是对研究过程中产生的数据的管理与维护,它是研究过程中不可或缺的一部分,有助于确保数据得到适当的组织、描述、保存和共享。[1] |
| 11 | University College London | What is Research Data Management? | 科研数据管理涵盖研究生命周期中为处理研究数据而做出的所有决策,从项目的规划阶段到数据的长期保存。[2] |
| 12 | University of Chicago Library | Research Data Management | 科研数据管理(RDM)是指在研究项目中创建和使用的研究数据的组织、存储、保存和共享,它涉及研究人员处理数据的日常策略(例如使用一致的文件命名约定)和在项目完成后如何处理数据的决策(例如将数据存放在专业数据存储库中以供长期访问和存档)。[3] |
| 13 | University of Hong Kong | What is Research Data Management? | 科研数据管理(RDM)是一个通用术语,涵盖了您如何组织,存储和维护研究项目期间使用或生成的信息。[4] |

---

[1] UC Berkeley Library,"Research Data Management",https://guides.lib.berkeley.edu/researchdata,2020-03-07.

[2] University College London,"What is Research Data Management?" https://www.ucl.ac.uk/library/research-support/research-data-management/best-practices,2020-03-07.

[3] University of Chicago Library,"Research Data Management",http://guides.lib.uchicago.edu/datamanagement,2020-3-07.

[4] University of Hong Kong,"Research Data Management",https://hub.hku.hk/researchdata/rdm.htm,2020-03-07.

第二章　科研数据管理与共享的核心概念与理论基础　　65

续表

| 序号 | 机构 | 栏目 | 科研数据管理概念/内涵 |
| --- | --- | --- | --- |
| 14 | University of Oxford | About RDM | 科研数据管理（Research data management）是一个通用术语，涵盖如何组织、构建、存储和照护研究项目期间所使用或生成的信息。它包括：①数据管理计划——许多资助者将数据管理计划作为资助申请的一部分；②如何在项目生命周期中处理日常产生的数据；③数据的长远规划——在项目结束后，您将如何处理它？① |
| 15 | University of Pittsburgh | What is Research Data Management? | 科研数据管理（RDM）是指对在研究项目中收集和使用的数据进行组织、存储、保存和共享的活动，既涉及研究项目生命周期中的日常数据管理（例如，使用一致的文件命名约定），还涉及在项目完成后如何保存和共享数据的决策（例如，将数据存放在存储库中以便长期存档和访问）。② |
| 16 | University of Reading | What is Research Data Management? | 科研数据管理（RDM）是指在整个研究生命周期中，与研究数据的收集、处理、保存和共享有关的活动的总和，包括研究人员和研究机构开展的活动。③ |

---

① University of Oxford, "About RDM", http://researchdata.ox.ac.uk/home/introduction-to-rdm/, 2020 – 03 – 07.

② University of Pittsburgh, "Research Data Management", https://pitt.libguides.com/managedata, 2020 – 03 – 07.

③ University of Reading, "What is Research Data Management?", https://www.reading.ac.uk/internal/res/ResearchDataManagement/AboutRDM/reas-WhatisRDM.aspx, 2020 – 03 – 07.

续表

| 序号 | 机构 | 栏目 | 科研数据管理概念/内涵 |
|---|---|---|---|
| 17 | University of York | Research Data Management | 科研数据管理是指在整个研究生命周期中积极的数据管理行为，包括如下内容：<br>①为研究项目创建数据管理计划。这可能是研究资助者的要求，也可能是资助申请的一部分；<br>②在项目执行过程中考虑如何组织、存储、保护数据并与研究合作者共享数据；<br>③在研究项目结束时，整理和记录数据，并对数据的保存与共享做出选择。① |

注：表中资料来自笔者的搜集整理，按机构名称的字母顺序排序

由表 2-1 和表 2-2 可看出，尽管国内外对于科研数据管理的界定有所不同，但主要是文字表述方面的差异，对于科研数据管理的内涵界定基本一致，即认为科研数据管理是以再利用为目的，对科研过程中搜集或产生的数据进行计划、组织、存储、获取、分享、再利用的一系列活动。②

### 三 科研数据共享

为了解科研数据共享的概念，笔者对国内外相关文献进行了调研，见表 2-3。

---

① University of York, "Research Data Management", https://www.york.ac.uk/library/info-for-researchers/data/management/#tab-2, 2020-02-12.

② 王怡、邵波:《我国高校科研数据管理现状、困境及未来发展路径》,《图书馆学研究》2019 年第 19 期。濮静蓉:《高校科研数据开放机理研究》,硕士学位论文,江苏大学,2019 年。

表2-3　　国内外相关文献对科研数据共享概念的界定

| 序号 | 作者及文献 | 科研数据共享概念 |
| --- | --- | --- |
| 1 | 张莉（2006）：《中国农业科学数据共享发展研究》 | 将群体（单位、部门、组织、项目、课题）以及个人采集、加工整理、存贮所建立的科学数据资源，提供给数据持有者以外的人群使用的行为。[1] |
| 2 | Christine L. Borgman（2012）："The Conundrum of Sharing Research Data" | 发布研究数据为他人使用。[2] |
| 3 | Christine L. Borgman、青秀玲（2013）：《科研数据共享的挑战》 | 发布研究数据为他人所用。[3] |
| 4 | 张静蓓、吕俊生、田野（2014）：《国外数据共享行为影响因素研究综述》 | 研究人员个人以正式或非正式方式将自己的原始（或者预处理）数据与其他人共享。[4] |
| 5 | 何琳、常颖聪（2014）：《科研人员数据共享意愿研究》 | 科研人员将支撑其研究的科学数据在互联网上进行公开，并支持免费获取的行为，允许任何用户以任何目的免费通过互联网进行下载、复制、分析及重新处理利用，不受资金、法律或其他技术壁垒的制约。[5] |

---

[1] 张莉：《中国农业科学数据共享发展研究》，博士学位论文，中国农业科学院，2006年。

[2] Christine L., Borgman., "The Conundrum of Sharing Research Data", *Journal of the American Society for Information Science and Technology*, Vol. 63, No. 6, 2012, pp. 1059–1078.

[3] Christine L., Borgman、青秀玲：《科研数据共享的挑战》，《现代图书情报技术》2013年第5期。

[4] 张静蓓等：《国外数据共享行为影响因素研究综述》，《图书情报工作》2014年第58卷第4期。

[5] 何琳、常颖聪：《科研人员数据共享意愿研究》，《图书与情报》2014年第5期。

续表

| 序号 | 作者及文献 | 科研数据共享概念 |
| --- | --- | --- |
| 6 | 汪俊（2016）：《美国科学数据共享的经验借鉴及其对我国科学基金启示：以 NSF 和 NIH 为例》 | 通过多种形式公开发布科学研究数据为他人所用。① |
| 7 | 黄国彬、屈亚杰（2017）：《英国科研资助机构的科学数据共享政策调研》 | 研究者将有价值的科学数据存储起来，然后以直接或间接的方式提供给后续研究者以重复利用。② |
| 8 | 孙晓燕等（2019）：《面向科研人员的科学数据共享影响因素的调查分析——基于计划行为理论》 | 将政府机构等掌握的数据通过科学专业的方式对数据进行公开和开放，使得政府、企业和公众能够无偿共同使用。③ |
| 9 | 孙俐丽、赵乃瑄（2020）：《基于元人种志的科学数据共享关键影响因素识别》 | 科研人员将其研究数据进行公开发布，允许任何人以任何目的进行免费下载、复制、分析和重新利用，不受任何其他因素制约。④ |
| 10 | 马慧萍（2020）：《2010—2019 年国内图书馆科学数据共享研究综述》 | 科研人员将再现和验证科学研究的成果拿出来与其他科研用户分享与交流。⑤ |

---

① 汪俊：《美国科学数据共享的经验借鉴及其对我国科学基金启示：以 NSF 和 NIH 为例》，《中国科学基金》2016 年第 1 期。

② 黄国彬、屈亚杰：《英国科研资助机构的科学数据共享政策调研》，《图书馆论坛》2017 年第 5 期。

③ 孙晓燕等：《面向科研人员的科学数据共享影响因素的调查分析——基于计划行为理论》，《图书馆学研究》2019 年第 5 期。

④ 孙俐丽、赵乃瑄：《基于元人种志的科学数据共享关键影响因素识别》，《情报理论与实践》2020 年第 43 卷第 3 期。

⑤ 马慧萍：《2010—2019 年国内图书馆科学数据共享研究综述》，《图书馆学研究》2020 年第 8 期。

续表

| 序号 | 作者及文献 | 科研数据共享概念 |
|---|---|---|
| 11 | 陈媛媛、王苑颖（2020）：《科研数据开放共享的利益相关者互动关系》 | 科研人员以正式或非正式途径将数据分享给其他科研人员及公众。① |

注：表中资料来自笔者的搜集整理，按成果发表时间顺序排序。

由表2-3可知，最早论述"科研数据共享"这一概念的是中国农业科学院的张莉在其博士论文中指出："科研数据共享的含义通常是指，将群体（单位、部门、组织、项目、课题）以及个人采集、加工整理、存贮所建立的科研数据资源，提供给数据持有者以外的人群使用的行为。"② 这一定义清楚地揭示了科研数据共享的本质内涵，也是本研究认同的定义。文献4、7、10、11与该定义的表述有所不同，但其表达的基本内涵相同，即科研人员通过正式或非正式的方式将数据分享给其他科研人员及公众的过程。

另外一些文献对"科研数据共享"概念的定义则来自Christine L. Borgman（2012）的论文和国际开放科研数据领域著名的潘顿原则（Panton Principles），强调数据的公开发布并允许任何人以任何目的进行免费下载、复制、分析和重新利用，不受任何其他因素制约。该定义强调科研数据通过互联网公开发布，供他人免费自由获取和使用，与前一定义相比，其概念的外延有所缩小（即排除了通过收费共享、面对面共享等方式），但却更有利于科研数据的再利用，因而也是我国科研数据共享的未来发展方向。

---

① 陈媛媛、王苑颖：《科研数据开放共享的利益相关者互动关系》，《图书馆论坛》2020年第40卷第5期。

② 张莉：《中国农业科学数据共享发展研究》，博士学位论文，中国农业科学院，2006年。

## 第二节　科研数据管理与共享的理论基础

### 一　信息生命周期理论

生命周期（Life Cycle）的概念源于生物学领域，指生物体从出生到生命终结所经历的整个过程。1981 年，美国学者利维坦（Levitan）首次将"生命周期"概念引入信息管理中，认为信息或信息资源是具有生命周期特征的"特殊商品"，其生命周期包括信息的生产、组织、维护、增长和分配几个阶段。[①] 1985 年，美国学者 Horton 认为生命周期是信息资源运动的客观规律，由一系列逻辑上相关的阶段组成。[②]

我国学者对信息生命周期（Information Lifecycle）理论的研究集中在近些年。马费成、望俊成（2010）区分了两种不同视角的生命周期研究：基于信息价值视角的信息生命周期和基于管理视角的生命周期。前者指信息的价值随时间推移而不断变化的过程[③]，后者指依据信息产品的加工业务流程将其划分为不同阶段[④]。索传军（2010）认为信息生命周期是信息自产生到消亡整个过程中运动的客观规律，并辨析了信息生命周期和信息生命周期管理两个概念的区别与联系：信息生命周期研究是从信息运动视角出发，考察信息在生命周期中的运动状态、阶段与特征，从而揭示信息在整个生命周期内运动的本质及规律；信息生命周期管理是从管理的视角出发，将信息生命周期理论应用于信息管理活动，将信息生命周期视为一种管理过程或一系列信

---

① Levitan K. B., "Information Resources as Goods in the Life Cycle of Information Production", *Journal of the American Society for Information Science*, Vol. 33, No. 1, 1981, pp. 44–45. 杜彦峰等：《大数据背景下信息生命周期理论的再思考》，《情报理论与实践》2015 年第 38 卷第 5 期。

② Horton F. W., *Information Resources Management*, London: Prentice-Hall, 1985.

③ 马费成、望俊成：《信息生命周期研究述评（Ⅰ）——价值视角》，《情报学报》2010 年第 5 期。

④ 马费成、望俊成：《信息生命周期研究述评（Ⅱ）——管理视角》，《情报学报》2010 年第 6 期。

息处理程序的组合，目的是对信息进行贯穿整个生命周期的有效管理，帮助组织以最小的整体成本获取最大的效益。① 钱鹏（2013）进一步指出了信息生命周期管理的两重特性：一方面要考察信息本身的属性及其运动规律，另一方面应将作为管理对象的信息与其所在领域的活动结合起来。② 笔者赞成管理视角的信息生命周期说，即从信息管理的角度出发，将信息生命周期理论应用于信息管理活动中，研究如何在信息生命周期的各个阶段采用适当的策略与措施对其进行管理③，以实现对信息进行贯穿整个生命周期的有效管理，帮助人们以最小的成本获取最大的效益。

科研数据是一类重要的学术信息资源，将信息生命周期思想运用于科研数据的管理具有较好的适用性。④ 科研数据生命周期是指从数据产生、经数据加工和发布，最终实现数据再利用的一个循环过程。⑤ 科研数据生命周期管理是研究如何在科研数据生命周期各个阶段采用适当的操作与策略对其进行管理，科研数据生命周期与科学研究工作紧密联系，因而其本质是依据科研过程管理数据。⑥ 笔者认为，将生命周期理论引入科研数据管理与共享政策研究不仅有着理论上的合理性，也有重要的现实意义。科研数据从采集生产到汇交保存再到开放利用，每个环节都有着不同的目标与特点，应根据每个阶段的具体要求进行管理和利用。而科研数据管理与共享政策是为了协调和规范科研数据管理与利用过程中各主体的行为，理应遵循各阶段的特点与规律，只有这样才能确保政策的合理性与有效性，才能发挥规范和促进

---

① 索传军：《试论信息生命周期的概念及研究内容》，《图书情报工作》2010年第13期。
② 钱鹏：《信息生命周期管理两重性辨析：以科学数据管理为例》，《情报理论与实践》2013年第3期。
③ 索传军：《试论信息生命周期的概念及研究内容》，《图书情报工作》2010年第13期。
④ 耿冰：《高校图书馆科学数据服务模式研究》，硕士学位论文，吉林大学，2020年。
⑤ 武彤：《基于数据生命周期的美国研究图书馆科学数据开放共享服务研究》，《图书与情报》2019年第1期。
⑥ 丁宁、马浩琴：《国外高校科学数据生命周期管理模型比较研究及借鉴》，《图书情报工作》2013年第57卷第6期。

科研数据共享的作用。

目前，国内外学者和相关机构提出了多种不同的科研数据生命周期模型，仅地球观测卫星委员会（Committee on Earth Observation Satellites，CEOS）在研究报告《数据生命周期模型与概念》中就介绍了55种不同类型的数据生命周期模型。[1] Sarah Higgins（2008）介绍了英国数字监护中心（DCC）的数据监护生命周期模型[2]，Alexander Ball（2012）归纳出的8种科研数据生命周期模型[3]。国内学者也从不同角度提出了科研数据生命周期模型，如梅清银（2010）的硕士学位论文《气象信息共享管理系统的设计与实现》从气象信息共享管理系统的需求分析的角度分析了3种典型的数据的生命周期[4]，张春芳、卫军朝（2015）从生命周期的角度调研国外科研数据监管工具[5]，孟祥保、钱鹏（2017）从生命周期视角研究了人文社会科学领域科研数据的结构特征[6]，刘佳美（2018）基于生命周期视角分析高校科研数据监护流程[7]，张洋（2019）从生命周期的角度对我国《科学数据管理办法》进行解读。[8] 这些数据生命周期模型从不同角度对科研数据的

---

[1] CEOS,"Data Life Cycle Models and Concept", 26th September 2011, http://ceos.org/ourwork/workinggroups/wgiss/documents/, 2020-03-09. 戴舒：《美国高校图书馆科研数据管理服务调查研究》，《图书馆学研究》2016年第11期。

[2] Sarah H., "The DCC Curation Lifecycle Model", *The International Journal of Digital Curation*, Vol.3, No.1, 2008, pp.134-140.

[3] Ball, A., "Review of Data Management Lifecycle Models. Bath", UK: University of Bath, 2012, https://researchportal.bath.ac.uk/files/206543/redm1rep120110ab10.pdf, 2020-03-06.

[4] 梅清银：《气象信息共享管理系统的设计与实现》，硕士学位论文，电子科技大学，2010年。

[5] 张春芳、卫军朝：《生命周期视角下的科学数据监管工具研究及启示》，《情报资料工作》2015年第5期。

[6] 孟祥保、钱鹏：《数据生命周期视角下人文社会科学数据特征研究》，《图书情报知识》2017年第1期。

[7] 刘佳美：《生命周期视角下高校科研数据监护流程分析》，硕士学位论文，曲阜师范大学，2018年。

[8] 张洋、肖燕珠：《生命周期视角下〈科学数据管理办法〉解读及其启示》，《图书馆学研究》2019年第15期。

管理进行了阶段划分，为我们从生命周期角度分析科研数据的管理与共享提供了参考。

## 二 利益相关者理论

利益相关者理论起源于20世纪60年代公司治理领域，该理论认为，企业发展离不开各个利益相关者（如股东、债权人、雇员、消费者、供应商等）的投入或参与，企业应追求的是利益相关者的整体利益，而不只是某些主体的利益。[①] 利益相关者本质是权益与责任的统一体，获得相应利益就应该承担相应责任。在科研数据管理与共享的过程中，存在着多个不同的权益主体，如科研数据生产者、科研资助/管理机构、科研数据存储中心、数据出版者等，不同的主体承担着不同的职责，也有着各自的利益诉求，带来了相应的权力竞争与利益分配的问题，因而，必须通过政策法规的方式加以平衡与协调。基于利益相关者理论，厘清科研数据管理过程中不同主体的角色与职责，明确各主体的权益与责任，能够避免科研数据管理过程中的可能冲突[②]，保障科研数据管理与共享的顺利进行。有研究指出：数据生命周期管理远不止生命周期阶段的划分，识别各个阶段参与的行为主体、政策标准等要素，进而研究各阶段各要素之间的竞争协调机制，以便于在不同的生命周期阶段实施不同的管理和利用策略，实现数据资源的合理规划和高效配置，以简单、可靠、经济、有效的方式实现数据的最大价值是非常重要的。[③]

目前，国内外已有不少研究者对科研数据管理与共享的利益相关者进行了探讨。Liz Lyon（2007）在《数据管理：角色、权利、责任

---

① 张旭：《国际智库评价图谱：基于利益相关者的演化述评》，《情报理论与实践》2019年第42卷第3期。

② 张贵香等：《我国科研数据管理理论与服务研究进展述评》，《情报理论与实践》2020年第43卷第6期。

③ 马费成、望俊成：《信息生命周期研究述评（Ⅱ）——管理视角》，《情报学报》2010年第6期。

及关系》一文中对研究人员、科研机构、数据中心、数据使用者、资助者、出版者等六类主体进行了分析。① Ricky Erway（2013）将高校科研数据管理的利益相关者分为学校、科研管理部门、IT部门、学术机构、图书馆、研究者等。② 国内孟祥保、高凡（2016）从数据生命周期角度将科研数据的利益相关主体概括为科研人员、科研资助者、科研数据组织、科研机构、数据中心、图书馆和学术出版者。③ 笔者梳理了相关研究文献中界定的利益相关者，见表2-4。

表2-4　相关文献中界定的科研数据管理与共享的利益相关者

| 序号 | 作者及文献 | 利益相关者 |
| --- | --- | --- |
| 1 | Lyon, L.（2007）："Dealing with Data: Roles, Rights, Responsibilities and Relationships" | 研究人员、科研机构、数据中心、用户、资助者、出版者。④ |
| 2 | Erway R.（2013）："Starting the Conversation: University-wide Research Data Management Policy" | 学校、科研管理部门、IT部门、学术机构、研究者、图书馆。⑤ |

---

① Lyon L., "Dealing with Data: Roles, Rights, Responsibilities and Relationships", 19th June 2007, http://opus.bath.ac.uk/412/, 2020-03-10.

② Erway R., "Starting the Conversation: University-wide Research Data Management Policy", December 2013, http://www.oclc.org/content/dam/research/publications/library/2013/2013-08.pdf, 2020-03-12.

③ 孟祥保、高凡：《利益相关者视角下科研数据战略规划研究》，《图书情报工作》2016年第9期。

④ Lyon L., "Dealing with Data: Roles, Rights, Responsibilities and Relationships", 19th June 2007, http://opus.bath.ac.uk/412/, 2020-03-12.

⑤ Erway R., "Starting the Conversation: University-wide Research Data Management Policy", December 2013, http://www.oclc.org/content/dam/research/publications/library/2013/2013-08.pdf, 2020-03-12.

续表

| 序号 | 作者及文献 | 利益相关者 |
| --- | --- | --- |
| 3 | Mayernik M. S. (2013): "Bridging Data Lifecycles: Tracking Data Use via Data Citations Workshop Report" | 科研资助机构、研究机构、数据中心、图书馆、学术出版者、数据生产者、数据使用者。[1] |
| 4 | Macmillan D. (2014): "Data Sharing and Discovery: What Librarians Need to Know" | 科研机构、数据中心、图书馆员、出版者。[2] |
| 5 | 樊俊豪（2014）：《图书馆在科学数据管理中的角色定位研究》 | 政府和基金组织、研究者和研究机构、数据中心、数据出版机构、机构IT部门、图书馆。[3] |
| 6 | 谢艳秋（2015）：《高校科学数据共建共享实现机制研究》 | 学校决策层、科研院和社科处、档案馆、研究者和研究单位、图书馆、信息技术部口、资助机构、其他。[4] |
| 7 | 司莉、辛娟娟（2015）：《科学数据共享中的利益平衡机制研究》 | 研究人员、科研机构、数据中心、用户、资助者、出版者。[5] |

---

[1] Mayernik M. S., "Bridging Data Lifecycles: Tracking Data Use Via Data Citations Workshop Report", https://opensky.ucar.edu/islandora/object/technotes%3A505/datastream/PDF/view, 2020 – 03 – 12.

[2] Macmillan D., "Data Sharing and Discovery: What Librarians Need to Know", *The Journal of Academic Librarianship*, 2014 (5): 541 – 549.

[3] 樊俊豪：《图书馆在科学数据管理中的角色定位研究》，《图书情报工作》2014年第6期。

[4] 谢艳秋：《高校科学数据共建共享实现机制研究》，硕士学位论文，东南大学，2015年。

[5] 司莉、辛娟娟：《科学数据共享中的利益平衡机制研究》，《图书馆学研究》2015年第1期。

续表

| 序号 | 作者及文献 | 利益相关者 |
| --- | --- | --- |
| 8 | 孟祥保、高凡（2016）：《利益相关者视角下科研数据战略规划研究》 | 科研人员、科研资助者、科研数据组织、科研机构、数据中心、图书馆和学术出版者。[1] |
| 9 | 张闪闪等（2018）：《科研数据内容重用中的权益问题研究》 | 科研数据内容重用的权益相关者包括科研资助机构、科研机构、科研人员、图书馆和数据中心。[2] |
| 10 | 郭仕琳（2018）：《政策视角下科学数据开放共享的利益平衡机制研究》 | 科研人员、科研机构、科研资助机构、图书馆、数据中心、数据出版商。[3] |
| 11 | 盛小平、王毅（2019）：《利益相关者在科学数据开放共享中的责任与作用——基于国际组织科学数据开放共享政策的分析》 | 政府、研究人员、研究机构、研究资助机构、图书馆及档案馆、数据中心、出版商、专业协会或学会、用户、企业。[4] |
| 12 | 王晓文等（2019）：《高校科学数据管理服务中利益相关者合作博弈研究》 | 分为内部利益相关者和外部利益相关者，其中内部利益相关者包括科研人员和科研单位、高校决策层、高校图书馆、科研管理部门、信息技术部门；外部利益相关者包括科研资助机构、数据出版商、政府等。[5] |

---

[1] 孟祥保、高凡：《利益相关者视角下科研数据战略规划研究》，《图书情报工作》2016年第60卷第9期。
[2] 张闪闪等：《科研数据内容重用中的权益问题研究》，《图书情报知识》2018年第1期。
[3] 郭仕琳：《政策视角下科学数据开放共享的利益平衡机制研究》，硕士学位论文，黑龙江大学，2018年。
[4] 盛小平、王毅：《利益相关者在科学数据开放共享中的责任与作用——基于国际组织科学数据开放共享政策的分析》，《图书情报工作》2019年第63卷第17期。
[5] 王晓文等：《高校科学数据管理服务中利益相关者合作博弈研究》，《大学图书情报学刊》2019年第6期。

续表

| 序号 | 作者及文献 | 利益相关者 |
|---|---|---|
| 13 | 盛小平、吴红（2019）：《科学数据开放共享活动中不同利益相关者动力分析》 | 政府、研究机构、研究资助机构、图书情报机构、数据中心、行业协会、出版社、研究人员、其他企业、用户。[①] |
| 14 | 陈媛媛、王苑颖（2019）：《科研数据开放共享的利益相关者互动关系》 | 首要关键利益相关者（科研人员和科研机构）、次要关键利益相关者（科研资助机构、数据出版商、图书馆）、首要非关键利益相关者（数据中心）、次要非关键利益相关者（政府及公共部门、行业协会）。[②] |

上述研究者从不同角度提出了不同的利益相关者。此外，一些学者还将角色理论引入利益相关者研究中，指出不同的利益相关者承担着不同的角色。如谢艳秋（2015）将高校科研数据共享的利益相关者分为核心利益相关者（主要包括研究者和研究单位、学校图书馆）、重要利益相关者（主要包括学校决策层、科研院和社科处、学校档案馆、信息技术部门、资助/管理机构）、次要利益相关者（图书馆协会和科研数据协会，出版社、政府等社会机构）三类。[③] 盛小平、吴红（2019）将科研数据开放共享的利益相关者分为科研数据的生产者、资助者、组织者、发布者、传播者、管理者、利用者等不同类型。[④] 一些研究者进一步识别了不同利益相关者的利益诉求，如张闪闪等（2018）指出：科研数据共享过程中不同的利益相关者有着不同的利

---

[①] 盛小平、吴红：《科学数据开放共享活动中不同利益相关者动力分析》，《图书情报工作》2019年第63卷第17期。

[②] 陈媛媛、王苑颖：《科研数据开放共享的利益相关者互动关系》，《图书馆论坛》2020年第40卷第5期。

[③] 谢艳秋：《高校科学数据共建共享实现机制研究》，硕士学位论文，东南大学，2015年。

[④] 盛小平、吴红：《科学数据开放共享活动中不同利益相关者动力分析》，《图书情报工作》2019年第63卷第17期。

益诉求,科研资助/管理机构较关注所资助内容的有效性,科研机构注重数据资源的管理,科研人员从个人角度出发,关注通过提交科研数据所能获取的荣誉、奖励及晋升等,图书馆是科研数据开放共享的主要推动者,通过加强与其他机构、科研人员、数据中心的合作以及自身宣传,推动数据的开放共享,数据中心是科研数据的主要存储地,不同的数据中心根据自身需求及不同学科科研数据的特征,制定不同的元数据存储标准,提出数据存储和引用的标准化措施,并为数据重用提供工具和培训。①

笔者认为,将利益相关者理论引入科研数据管理与共享政策研究具有重要的理论与实际意义:一方面,科研数据的管理与共享涉及数据生产者、数据管理者、数据服务机构、数据中心、数据出版商、数据使用者等不同利益主体,不同主体都有着自己的利益诉求,只有尊重各利益主体的合理诉求并通过法规的方式加以明确和保障,才能有效保护和激发各方的积极性,促进科研数据共享的进行;另一方面,仅强调利益是不够的,利益相关者理论同时指出,不同利益主体都有不断扩大自身利益的倾向,如果不通过政策法规的方式加以协调和规范,明确各自的权利边界和责任义务,同样会使科研数据共享实践变得混乱无序而阻碍共享的顺利进行。而制定科研数据管理与共享政策的目的正是为了规范和促进科研数据管理与共享实践的顺利进行,与利益相关者理论的逻辑高度吻合。

由此可见,运用利益相关者理论来指导科研数据管理与共享政策的制定不仅具有内在的逻辑合理性,也具有较强的实际可行性,有助于政策制定者明确各主体的角色与职责,通过法规的方式对各责任主体的权利与义务(责任)进行平衡协调,使政策更加契合实际,确保政策的顺利实施。

综上所述,在科研数据管理与共享过程中,信息生命周期理论和

---

① 张闪闪等:《科研数据内容重用中的权益问题研究》,《图书情报知识》2018年第1期。

利益相关者理论都具有重要的指导意义，且二者缺一不可。信息生命周期理论有助于我们合理划分科研数据管理与共享的工作环节流程，针对每一环节制定相应的工作措施，从而使政策更加明确细化；而每一阶段的具体工作又离不开相关利益主体的执行实施，这就需要借助利益相关者理论明晰不同主体的权利与职责，平衡好不同主体的权利与义务，从而保障科研数据共享的顺利进行。在后续章节中，笔者将在这两者的指导下，通过调研分析国内外已有相关政策，梳理总结政策特点和利益相关者，从而构建我国的科研数据管理与共享政策体系，并探讨各具体政策的内容要点。

# 第三章　我国科研数据管理与共享政策的实践现状

全面深入的现状调研是解决问题的前提与基础。为确保我国科研数据管理与共享政策的科学合理性，就必须对我国科研数据管理与共享的政策与实践现状进行全面充分的了解把握。因而，本部分将对我国有关科研数据管理与共享的政策、支持科研数据管理与共享的基础设施、政策主体（科研管理者）和政策客体（科研人员）进行调研，了解我国科研数据管理与共享的现有政策与实践现状，以及政策主体和客体的数据管理与共享现状及其对科研数据管理与共享的认知，从而为政策的制定提供参考和依据。

## 第一节　我国科研数据管理与共享政策现状考察

### 一　我国科研数据管理与共享政策梳理

我国科技部于 2002 年就开始实施科学数据共享工程，经过近 20 年的探索，在基础科学、农业、林业、海洋、气象、地震、地球系统科学、人口与健康等领域建成了一批资源优势明显的科研数据中心[1]，先后发布了《气象资料共享管理办法》[2]（2001）、《水利科学数据共

---

[1] 邢文明等：《科学数据管理体系的二维视角——〈科学数据管理办法〉解读》，《图书情报工作》2019 年第 63 卷第 23 期。

[2] 中国气象局：《气象资料共享管理办法》，2001 年 11 月 27 日，http://www.cma.gov.cn/root7/auto13139/201612/t20161220_351261.html，2020 年 5 月 4 日。

享管理办法（试行）》①（2004）、《测绘科学数据共享实施办法》②（2006）、《地震科学数据共享管理办法》③（2006）、《农业科学数据共享管理办法》④（2006）、《林业科学数据共享管理办法（试行）》⑤（2006）、《国土资源数据管理暂行办法》⑥（2010）、《水文水资源科学数据共享管理办法（试行）》⑦（2011）等系列数据共享管理办法，为我国科研数据管理与共享政策作了有益探索。为了解我国科研数据管理与共享政策的现状，笔者从全国人大及其常委会通过的法律、国务院出台的法规、国务院各部门出台的部门规章、各地方制定出台的法规及规范性文件、科研数据共享中心出台的规章以及科研单位出台的政策等方面对我国科研数据相关政策进行调研。

（一）国家相关法律

在我国科技法规体系中，法律是最具有权威和效力的规范，是相关行政法规、部门规章和地方性法规的基础与依据。调研发现，我国与科研数据直接相关的法律主要有 2007 年 12 月 29 日修订发布的《中华人民共和国科技进步法》，其中第四十六条指出："利用财政性资金设立的科学技术研究开发机构，应当建立有利于科学技术资源共享的机制，促进科学技术资源的有效利用。"究竟哪些属于科学技术资源（以下简称"科技资源"）？该法第六十五条指出，"科学技术研

---

① 邢文明：《我国科研数据管理与共享政策保障研究》，博士学位论文，武汉大学，2014 年。
② 唐素琴、赵宇：《〈数据安全法〉突出科学数据的必要性研究》，《中国科技资源导刊》2021 年第 53 卷第 2 期。
③ 中国地震科学数据中心：《地震科学数据共享管理办法》，http://www.seisdmc.ac.cn/class/view?id=8，2020 年 5 月 4 日。
④ 国家农业科学数据共享中心：《农业科学数据共享管理办法》，https://www.cgris.net/crop/crops_fgbz.asp，2020 年 5 月 4 日。
⑤ 纪平等：《林业科学数据管理的探索与实践》，《农业大数据学报》，2019 年第 1 卷第 3 期。
⑥ 《国土资源数据管理暂行办法》，《黑龙江国土资源》2010 年第 10 期。
⑦ 唐素琴、赵宇：《〈数据安全法〉突出科学数据的必要性研究》，《中国科技资源导刊》2021 年第 53 卷第 2 期。

究基地、科学仪器设备和科学技术文献、科学技术数据、科学技术自然资源、科学技术普及资源等"都属于科学技术资源。可见,科学技术数据是一类重要的科技资源,应建立共享机制,促进资源的有效利用,这成为我国科研数据共享利用的法律依据。

(二) 相关行政法规

在我国,国务院根据宪法和法律,按照法定程序制定的行政法规具有重要的法律效力。调研发现,早在 2006 年 2 月,国务院印发《实施〈国家中长期科学和技术发展规划纲要 (2006—2020 年)〉若干配套政策》的通知指出:"重点建设一批科研基础设施和大型科学仪器、设备共享平台,自然科技资源共享平台,科研数据共享平台,科技文献共享平台,成果转化公共服务平台,网络科技环境平台等,全面加强对自主创新的支撑。"2012 年 9 月 23 日发布的《中共中央国务院关于深化科技体制改革加快国家创新体系建设的意见》第十条指出:"整合各类科技资源,推进大型科学仪器设备、科技文献、科研数据等科技基础条件平台建设,加快建立健全开放共享的运行服务管理模式和支持方式,制定相应的评价标准和监督奖惩办法。"此后,国务院先后发布《国务院关于改进加强中央财政科研项目和资金管理的若干意见》(国发〔2014〕11 号)、《国务院关于国家重大科研基础设施和大型科研仪器向社会开放的意见》(国发〔2014〕70 号)、《"十三五"国家科技创新规划》(国发〔2016〕43 号) 等政策文件均将科研数据开放共享写入文件。

2018 年 3 月,国务院办公厅发布了《科学数据管理办法》(以下简称《办法》),是专门规范我国科研数据管理与共享的国家层面的行政法规。科研数据是国家科技创新发展和经济社会发展的重要基础性战略资源,科技创新越来越依赖于大量、系统、高可信度的数据支撑。我国政府非常重视科研数据的建设与管理,但与欧美等发达国家相比,我国一直缺少国家层面的制度保障。《办法》明确了我国科研数据管理的总体原则、主要职责、数据采集汇交与保存、共享利用、保密与安全等方面的内容，着重从五个方面提出了具体管理措施：一是明确各方职责分工，强化法人单位主体责任，明确主管部门职责，体现"谁拥有、谁负责""谁开放、谁受益"；二是按照"分级分类管理，确保安全可控"的原则，主管部门和法人单位依法确定数据的密级及开放条件，加强共享和利用的监管；三是加强知识产权保护，对数据使用者和生产者的行为进行规范，体现对知识产权的尊重；四是要求科技计划项目产生的科研数据进行强制性汇交，并通过科研数据中心进行规范管理和长期保存，加强数据积累和开放共享；五是提出法人单位要在岗位设置、绩效收入、职称评定等方面建立激励机制，加强科研数据管理能力建设。[①]《办法》的出台，对于加强与规范科研数据管理，进一步提升我国科研数据工作水平，推动我国科研数据的共享利用，发挥国家财政投入产出效益，提高科技创新、经济社会发展和国家安全支撑保障能力具有重要意义。[②]

（三）相关部门规章

我国科学技术部（以下简称"科技部"）是贯彻落实党中央关于科技创新工作的方针政策和决策部署，统筹推进国家创新体系建设和科技体制改革，推动科研条件保障建设和科技资源开放共享的国务院部门。作为主管科技工作的部门，科技部高度重视科技资源特别是科研数据的开放共享，先后制定出台了一系列规章制度和指导意见，促进和规范科研数据的管理与共享。如 2005 年 7 月发布的《"十一五"国家科技基础条件平台建设实施意见》对国家科技基础条件平台的建设与发展进行了规划，提出到 2010 年要建成 20 余个科研数据共享平台。2008 年颁布的《国家重点基础研究发展计划资源环境领域项目数据汇交暂行办法》，对国家重点基础研究发展计划（973）计划资

---

① 张保钢：《国务院办公厅印发〈科学数据管理办法〉》，《北京测绘》2018 年第 5 期。刘文婷：《数据权利研究》，硕士学位论文，武汉理工大学，2018 年。

② 中华人民共和国中央人民政府：《国务院办公厅关于印发科学数据管理办法的通知》，2018 年 4 月 2 日，http://www.gov.cn/zhengce/content/2018 - 04/02/content_ 5279272.htm，2020 年 5 月 6 日。

源环境领域项目数据的汇交进行了规范。2011年先后颁布《国家高技术研究发展计划（863计划）管理办法》《国家科技支撑计划管理办法》《国家重点基础研究发展计划管理办法》，要求这些科技项目要"建立规范、健全的项目科研数据和科技报告档案，建立项目科技资源的汇交和共享机制"，确保了国家重大科技项目产生的科研数据的汇交，为科研数据的开放共享奠定了基础。①

表3-1　　我国有关科研数据管理与共享的部门规章

| 政策名称 | 相关表述 | 发布机构 | 发布日期 |
| --- | --- | --- | --- |
| 《国家科技计划项目科学数据汇交暂行办法（草案）》 | 为了规范国家科技计划项目数据的汇交工作，加强对科研数据的管理，充分发挥数据的作用，制定本办法。② | 科技部 | 2003-10 |
| 《"十一五"国家科技基础条件平台建设实施意见》 | 建成以20余个资源、环境等领域的观测、考察数据中心和科研数据网为主构成的科研数据共享平台。③ | 科技部、财政部、发改委、教育部 | 2005-7 |
| 《国家重点基础研究发展计划资源环境领域项目数据汇交暂行办法》 | 973计划资源环境领域项目数据按数据汇交的标准和规范，进行项目数据的汇交，形成完整的项目数据集，开展共享服务，为国家科技计划项目数据汇交管理提供示范。④ | 科技部、财政部 | 2008-3 |

---

① 周玉琴、邢文明：《我国科研数据管理与共享政策体系研究》，《中华医学图书情报杂志》2018年第8期。

② 百度文库：《国家科技计划项目科学数据汇交暂行办法（草案）》，2006年3月27日，https://wenku.baidu.com/view/8bf10bf86137ee06eef91839.html，2020年5月4日。

③ 中华人民共和国科技部：《关于印发〈"十一五"国家科技基础条件平台建设实施意见〉的通知》，2005年5月18日，http://www.most.gov.cn/fggw/zfwj/zfwj2005/200512/t20051214_54855.htm，2020年5月4日。

④ 中华人民共和国科学技术部：《国家重点基础研究发展计划资源环境领域项目数据汇交暂行办法》，2008年3月18日，http://www.most.gov.cn/kjzc/gjkjzc/kjtjybz/201308/P020130823579533591568.pdf，2020年5月4日。

续表

| 政策名称 | 相关表述 | 发布机构 | 发布日期 |
|---|---|---|---|
| 《关于加强"十一五"科技计划项目总结验收相关管理工作的通知》 | 项目课题在执行中形成的科技文献、科研数据、研究实验报告,以及购置使用的大型科学仪器、设备等科技资源,其所属关系不变,承担单位应将其描述性信息汇交到主管部门指定的数据中心,同时向国家科技基础条件平台门户备份。① | 科技部 | 2010-6-29 |
| 《国家高技术研究发展计划(863计划)管理办法》 | 建立规范、健全的项目科研数据和科技报告档案,建立项目科技资源的汇交和共享机制。② | 科技部、财政部、中国人民解放军总装备部 | 2011-8 |
| 《国家科技支撑计划管理办法》 | 建立规范、健全的项目科研数据和科技报告档案,建立项目科技资源的汇交和共享机制。③ | 科技部、财政部 | 2011-9 |
| 《国家重点基础研究发展计划管理办法》 | 项目(课题)承担单位应建立规范、健全的项目科研数据和科技报告档案,按照科技部有关科研数据共享和科技计划项目信息管理的规定和要求,按时上报项目和课题有关数据。④ | 科技部、财政部 | 2011-11 |

---

① 中华人民共和国科学技术部:《关于加强"十一五"科技计划项目总结验收相关管理工作的通知》,2010年6月29日,http://www.most.gov.cn/tztg/201006/t20100629_78173.htm,2020年5月4日。

② 中华人民共和国科学技术部:《关于印发〈国家高技术研究发展计划(863计划)管理办法〉的通知》,2011年8月25日,http://www.most.gov.cn/fggw/zfwj/zfwj2011/201109/t20110906_89492.htm,2020年5月4日。

③ 中华人民共和国科学技术部:《关于印发国家科技支撑计划管理办法的通知》,2011年9月16日,http://www.most.gov.cn/tztg/201109/t20110916_89660.htm,2020年5月5日。

④ 中华人民共和国科学技术部:《关于印发国家重点基础研究发展计划管理办法的通知》,2011年12月9日,http://www.most.gov.cn/tztg/201112/t20111209_91296.htm,2020年5月5日。

续表

| 政策名称 | 相关表述 | 发布机构 | 发布日期 |
| --- | --- | --- | --- |
| 《国家科技资源共享服务平台管理办法》 | 本办法所称的国家平台主要指围绕国家或区域发展战略，重点利用科研数据、生物种质与实验材料等科技资源在国家层面设立的专业化、综合性公共服务平台。① | 科技部、财政部 | 2018-2-13 |
| 《科技基础性工作专项项目科学数据汇交管理办法（试行）》 | 项目承担单位应按时完成科研数据汇交方案的制定和科研数据的整理工作，并在正式提出结题验收申请前向科研数据管机构汇交数据。② | 科技部 | — |
| 《气象资料共享管理办法》 | 各级气象主管机构组织提供气象资料共享，以及用户使用其提供共享的气象资料，应当遵守本办法。③ | 中国气象局 | 2001-12 |
| 《气象探测资料汇交管理办法》 | 为规范气象探测资料汇交工作，促进资料共享，根据《中华人民共和国气象法》《气象行业管理若干规定》《涉外气象探测和资料管理办法》《气象信息服务管理办法》等法律规章，制定本办法。④ | 中国气象局 | 2017-5-2 |

---

① 中华人民共和国科学技术部：《科技部财政部关于印发〈国家科技资源共享服务平台管理办法〉的通知》，2018年2月13日，http://www.most.gov.cn/mostinfo/xinxifenlei/fgzc/gfxwj/gfxwj2018/201802/t20180224_138207.htm，2020年5月5日。

② 中华人民共和国科学技术部：《科技基础性工作专项项目科学数据汇交管理办法（试行）》，2017年，http://www.most.gov.cn/tztg/201405/W020140521318416401810.doc，2020年5月5日。

③ 中华人民共和国中央人民政府：《气象资料共享管理办法》，2001年11月27日，http://www.gov.cn/gongbao/content/2002/content_75610.htm，2020年5月5日。

④ 中国气象局：《气象探测资料汇交管理办法》，2018年2月13日，http://www.gov.cn/gongbao/content/2017/content_5240121.htm，2020年5月6日。

续表

| 政策名称 | 相关表述 | 发布机构 | 发布日期 |
| --- | --- | --- | --- |
| 《地震科学数据共享管理办法》 | 为加强和规范地震科研数据共享的管理,促进地震科研数据共享,使地震科研数据更好地为科学研究、经济建设、社会发展和国家安全服务,制定本办法。① | 中国地震局 | 2006-6 |
| 《国土资源数据管理暂行办法》 | 为了加强国土资源数据的管理,规范国土资源数据的生产、汇交、保管和利用等工作,提高国土资源数据的应用水平,充分发挥各类数据在国土资源管理和社会经济发展工作中的作用,制定本办法。② | 国土资源部 | 2010-9-10 |
| 《中国极地科学考察样品和数据管理办法(试行)》 | 为保全和规范管理我国极地科学考察样品和数据,实现样品和数据资源共享和合理有效使用,促进我国极地科学研究水平的不断提高,制定本管理办法。③ | 自然资源部 | 2010-11 |
| 《交通运输行业野外科学观测研究基地管理办法》 | 野外观测基地是交通运输行业重点科研平台的重要组成部分,是面向交通运输发展需求,为发现自然规律、获取长期野外定位观测研究数据等科学研究工作,提供公益性、共享性、开放性基础支撑和科技资源共享服务的行业重点科研平台。④ | 交通运输部 | 2019-10-15 |

---

① 中华人民共和国中央人民政府:《地震科学数据共享管理办法》,2014年12月27日,https://www.cea.gov.cn/cea/zwgk/zcfg/369272/1228635/index.html,2020年5月6日。

② 中华人民共和国自然资源部:《国土资源部关于印发〈国土资源数据管理暂行办法〉的通知》,2010年9月15日,http://www.mnr.gov.cn/zt/kj/xxh/xw/201009/t20100915_2017882.html,2020年5月6日。

③ 中华人民共和国自然资源部:《中国极地科学考察样品和数据管理办法(试行)》,2011年1月27日,http://f.mnr.gov.cn/201807/t20180710_2076769.html,2020年5月6日。

④ 中华人民共和国交通运输部:《交通运输行业野外科学观测研究基地管理办法》,2019年10月15日,http://www.mot.gov.cn/zhengcejiedu/yewaijd/xiangguanzhengce/201910/t20191016_3284287.html,2020年5月6日。

续表

| 政策名称 | 相关表述 | 发布机构 | 发布日期 |
| --- | --- | --- | --- |
| 《交通运输行业野外科学观测研究基地建设发展方案（2019—2025年）》 | 野外科学观测研究基地（以下简称野外观测基地）是重要的国家科技创新基地，是国家创新体系的重要组成部分，其主要任务是通过长期野外定位观测获取科研数据，开展野外科学试验研究，加强科技资源共享，为科技创新提供基础支撑和条件保障。① | 交通运输部 | 2019-10-15 |

注：表中"—"表示相关信息缺失或无法确定。下同。

除了科技部，我国其他一些与科技活动有关的部门也先后制定了所分管行业领域的科研数据管理与共享政策规范，如中国气象局早在2001年就制定了《气象资料共享管理办法》，中国地震局于2006年颁布了《地震科学数据共享管理办法》，自然资源部于2010年出台了《中国极地科学考察样品和数据管理办法（试行）》，交通运输部于2019年先后颁布了《交通运输行业野外科学观测研究基地管理办法》《交通运输行业野外科学观测研究基地建设发展方案（2019—2025年）》等。这些部门规章对我国科研数据的管理机制、共享平台，以及各行业领域的数据管理与共享进行了规范，与国务院行政法规共同构成了我国科研数据的管理与共享的政策规范，详见表3-1。

（四）相关地方规章

随着国家《科学数据管理办法》的出台，各省市按照《办法》的要求，纷纷制定了本地区的科研数据管理办法或实施细则。调查发现，截至目前，共有陕西省、黑龙江省、甘肃省、云南省、湖北省、吉林省、安徽省、内蒙古自治区、广西壮族自治区、重庆市、江苏省、海南省、山东省、四川省14省份出台了本省科研数据管理办法

---

① 中华人民共和国交通运输部：《交通运输行业野外科学观测研究基地建设发展方案（2019—2025年）》，2019年10月15日，http://xxgk.mot.gov.cn/jigou/kjs/201910/t20191015_3284135.html，2020年5月6日。

或实施细则。昆明市和太原市出台了本市科研数据管理办法或实施细则。这些地方规章与《科学数据管理办法》及相关部门规章一起构成了我国科研数据管理与共享的法规体系，将大大推进我国科研数据管理与共享的实践，见表3-2。

表3-2　我国有关科研数据管理与共享的地方规章及机构政策

| 类型 | 政策名称 | 发布机构 | 发布时间 |
| --- | --- | --- | --- |
| 地方规章 | 《江西省地理信息数据管理办法》① | 江西省人民政府 | 2017-12-26 |
| | 《陕西省科学数据管理实施细则》② | 陕西省人民政府办公厅 | 2018-8-2 |
| | 《黑龙江省贯彻落实〈科学数据管理办法〉实施细则》③ | 黑龙江省人民政府办公厅 | 2018-8-17 |
| | 《甘肃省科学数据管理实施细则》④ | 甘肃省人民政府办公厅 | 2018-8-29 |
| | 《云南省科学数据管理实施细则》⑤ | 云南省人民政府办公厅 | 2018-9-28 |
| | 《湖北省科学数据管理实施细则》⑥ | 湖北省人民政府办公厅 | 2018-11-1 |
| | 《吉林省科学数据管理办法》⑦ | 吉林省人民政府办公厅 | 2018-11-16 |
| | 《安徽省科学数据管理实施办法》⑧ | 安徽省人民政府办公厅 | 2018-11-18 |

---

① 江西省人民政府：《江西省地理信息数据管理办法》，2018年2月1日，http://bnr.jiangxi.gov.cn/News.shtml?p5=86955677，2020年5月9日。

② 陕西省人民政府办公厅：《陕西省科学数据管理实施细则》，2018年8月14日，http://www.shaanxi.gov.cn/gk/zfwj/118759.htm，2020年5月9日。

③ 黑龙江省人民政府办公厅：《黑龙江省贯彻落实〈科学数据管理办法〉实施细则》，2018年8月25日，http://www.hljkjt.gov.cn/html/ZWGK/ZCFG/heilongjiang/show-27173.html，2020年5月9日。

④ 甘肃省人民政府办公厅：《甘肃省科学数据管理实施细则》，2018年9月3日，http://www.gansu.gov.cn/art/2018/9/3/art_4786_390341.html，2020年5月9日。

⑤ 云南省人民政府办公厅：《云南省科学数据管理实施细则》，2018年10月9日，http://kjt.yn.gov.cn/show-34-99-1.html，2020年5月9日。

⑥ 中国科学院成都文献情报中心：《湖北省科学数据管理实施细则》，2018年11月23日，http://www.clas.cas.cn/xwzx2016/ttxw2016/201811/t20181123_5192559.html，2020年5月9日。

⑦ 吉林省人民政府办公厅：《吉林省科学数据管理办法》，2018年11月16日，http://zb.jl.gov.cn/2018/2017_85674/szfwj/201901/P020190109543847080343.pdf，2020年5月9日。

⑧ 安徽省人民政府办公厅：《安徽省科学数据管理实施办法》，2018年11月23日，http://xxgk.ah.gov.cn/UserData/DocHtml/731/2018/11/28/623138207202.html，2020年5月9日。

续表

| 类型 | 政策名称 | 发布机构 | 发布时间 |
|---|---|---|---|
| 地方规章 | 《内蒙古自治区科学数据管理办法》[1] | 内蒙古自治区办公厅 | 2018-11-20 |
| | 《广西科学数据管理实施办法》[2] | 广西壮族自治区人民政府办公厅 | 2018-12-24 |
| | 《重庆市人民政府办公厅关于贯彻落实科学数据管理办法的通知》[3] | 重庆市人民政府办公厅 | 2018-12-29 |
| | 《江苏省科学数据管理实施细则》[4] | 江苏省人民政府办公厅 | 2019-2-19 |
| | 《海南省科学数据管理实施细则》[5] | 海南省科学技术厅 | 2019-4-10 |
| | 《山东省科学数据管理实施细则》[6] | 山东省科学技术厅等 | 2019-10-23 |
| | 《四川省科学数据管理实施细则》[7] | 四川省人民政府办公厅 | 2019-12-26 |
| | 《昆明市科学数据管理实施办法》[8] | 昆明市人民政府办公厅 | 2019-1-17 |
| | 《太原市科技资源开放共享条例》[9] | 太原市人大常委会 | 2010-11-29 |
| | 《重庆市科技资源开放共享管理办法》[10] | 重庆市科学技术委员会、财政局、教育委员会、人力资源和社会保障局、物价局 | 2016-9-29 |

[1] 内蒙古自治区办公厅:《内蒙古自治区科学数据管理办法》,2018年11月30日,http://www.nmg.gov.cn/art/2018/11/30/art_1686_241858.html,2020年5月9日。

[2] 广西科技厅:《广西科学数据管理实施办法》,2019年1月31日,http://kjt.gxzf.gov.cn/gxkjt/xxgk/20190131/002004001_5a75ef7e-c703-4149-821c-ec2fe0e11e83.htm,2020年5月9日。

[3] 重庆市人民政府办公厅:《重庆市人民政府办公厅关于贯彻落实科学数据管理办法的通知》,2019年1月8日,http://jda.cq.gov.cn/szfwj/53918.htm,2020年5月9日。

[4] 江苏省人民政府办公厅:《江苏省科学数据管理实施细则》,2019年2月26日,http://www.js.gov.cn/art/2019/2/26/art_64797_8239962.html,2020年5月9日。

[5] 海南省科学技术厅:《海南省科学数据管理实施细则》,2019年7月25日,http://dost.hainan.gov.cn/xxgk/zfwj/201907/t20190725_2637387.html,2020年5月10日。

[6] 山东省科学技术厅等:《山东省科学数据管理实施细则》,2019年11月14日,http://kjt.shandong.gov.cn/art/2019/11/14/art_103585_7759974.html,2020年5月10日。

[7] 四川省科学技术厅:《四川省科学数据管理实施细则》,2019年12月26日,http://kjt.sc.gov.cn/u/cms/www/202001/03164440owq8.rar,2020年1月3日。

[8] 昆明市人民政府办公厅:《昆明市科学数据管理实施办法》,2019年3月14日,http://www.km.gov.cn/c/2019-03-14/2943668.shtml,2020年5月10日。

[9] 太原市人大常委会:《太原市科技资源开放共享条例》,2010年11月29日,http://www.wanfangdata.com.cn/details/detail.do?_type=legislations&id=D140015311,2020年5月10日。

[10] 重庆市科学技术委员会:《关于印发〈重庆市科技资源开放共享管理办法〉的通知》,2018年2月27日,http://www.csti.cn/govwebnew/detail.htm?newsId=244。

续表

| 类型 | 政策名称 | 发布机构 | 发布时间 |
|---|---|---|---|
| 数据共享中心政策 | 《农业科学数据汇交管理办法》① | 农业科学数据共享中心 | — |
| | 《农业科学数据共享管理办法》② | 农业科学数据共享中心 | — |
| | 《国家海洋科学数据共享服务平台暂行管理办法》③ | 国家海洋科学数据中心 | — |
| | 《国家人口健康科学数据中心运行服务管理办法》④ | 国家人口健康科学数据中心 | — |
| | 《气象资料汇交服务指南》⑤ | 国家气象科学数据中心 | — |
| | 《气象资料汇交协议》⑥ | 国家气象科学数据中心 | 2017 - 5 |
| | 《地球系统科学数据共享平台章程》⑦ | 国家地球系统科学数据中心 | 2012 - 1 |
| 科研机构政策 | 《中国科学院科学数据管理与开放共享办法（试行）》 | 中国科学院办公厅 | 2019 - 2 - 11 |
| | 《中国农业科学院农业科学数据管理与开放共享办法》⑧ | 中国农业科学院 | 2019 - 7 |
| | 《海洋研究所科学数据管理与开放共享办法（试行）》⑨ | 中国科学院海洋研究所 | 2019 - 10 |

---

① 国家农业科学数据共享中心：《农业科学数据汇交管理办法》，http://fishery.agridata.cn/ch_law.asp，2020 年 5 月 10 日。

② 国家农业科学数据共享中心：《农业科学数据共享管理办法》，http://fishery.agridata.cn/ch_law.asp，2020 年 5 月 10 日。

③ 国家海洋科学数据中心：《国家海洋科学数据共享服务平台暂行管理办法》，http://mds.nmdis.org.cn/pages/regulation.html，2020 年 5 月 10 日。

④ 国家人口健康科学数据中心：《人口健康科学数据共享平台科学数据汇交管理办法》，2019 年 5 月 30 日，http://www.ncmi.cn/shareDocument/findContentManagementRulesDetail.do?id=2767，2020 年 5 月 10 日。

⑤ 国家气象科学数据中心：《气象资料汇交服务指南》，2017 年 5 月，http://data.cma.cn/DataCollect/ConcurrentGuide/licode/5.html，2020 年 5 月 10 日。

⑥ 国家气象科学数据中心：《气象资料汇交协议》，2012 年 1 月，http://data.cma.cn/DataCollect/ConcurrentProtocol/licode/7.html，2020 年 5 月 10 日。

⑦ 国家地球系统科学数据中心：《地球系统科学数据共享平台章程》，2019 年 11 月 19 日，http://www.geodata.cn/aboutus.html，2020 年 5 月 10 日。

⑧ 中国农业科学院：《中国农业科学院开放获取与科学数据管理办法印发》，2019 年 11 月 19 日，http://aii.caas.net.cn/bsdt/zhdt/216208.htm，2020 年 5 月 10 日。

⑨ 中国科学院海洋研究所：《海洋研究所科学数据管理与开放共享办法（试行）》，2019 年 10 月 9 日，http://msdc.qdio.ac.cn/Public/Uploads/attach/1575258288.pdf，2020 年 5 月 10 日。

(五) 数据共享中心和科研机构的相关政策

数据共享中心方面，2019年6月，科技部和财政部联合发布《国家科技资源共享服务平台优化调整名单的通知》（国科发基〔2019〕194号），指出：为落实《科学数据管理办法》和《国家科技资源共享服务平台管理办法》的要求，规范管理国家科技资源共享服务平台，完善科技资源共享服务体系，推动科技资源向社会开放共享，科技部、财政部对原有国家平台进行了优化调整，形成了"国家高能物理科学数据中心"等20个国家科研数据中心、"国家重要野生植物种质资源库"等30个国家生物种质与实验材料资源库。[①] 笔者对上述20个国家科研数据中心调研发现，目前有农业科学数据共享中心、国家海洋科学数据中心、国家人口健康科学数据中心、国家气象科学数据中心、国家地球系统科学数据中心5个科研数据中心发布了平台数据共享管理办法或数据汇交指南（见表3-2）。[②] 其中，国家人口健康科学数据中心制定的《国家人口健康科学数据中心运行服务管理办法》和国家海洋科学数据中心制定的《国家海洋科学数据共享服务平台暂行管理办法》较完整规范。《国家人口健康科学数据中心运行服务管理办法》分为总则、组织保障体系、标准与规范、数据资源建设、共享服务模式、监督与评价、人力资源管理、经费管理、附则等九部分；《国家海洋科学数据共享服务平台暂行管理办法》分为总则、组织管理与职责、数据资源建设与汇交管理、平台建设与共享服务、考核评价、经费使用、附则等七部分。两个办法均对数据的汇交管理、共享与服务的相关管理制度、各方职责、经费保障、考核评价等问题进行了明确，能有效地确保数据共享中心的持续稳定运行。

---

① 叶春波：《"国家材料腐蚀与防护科学数据中心"正式成为20个国家科学数据中心之一》，《石油化工腐蚀与防护》2020年第37卷第1期。
② 周玉琴、邢文明：《我国科研数据管理与共享政策体系研究》，《中华医学图书情报杂志》2018年第8期。

机构层面，中国科学院于 2019 年 12 月发布了《中国科学院科学数据管理与开放共享办法（试行）》，中国农业科学院于 2019 年 7 月发布了《中国农业科学院农业科学数据管理与开放共享办法》（只有相关报道，没有找到原文），其他机构或单位未查到科研数据相关政策。虽然有研究指出武汉大学发布了《武汉大学数据管理办法》，但笔者查阅其内容发现，该办法主要是规范武汉大学有关教学、科研、管理方面的信息系统中的数据（可称为管理数据），并非科研数据。因此，可以认为，目前我国科研机构仅有中国科学院和中国农业科学院发布了相关政策。

（六）科技计划项目的相关规章

我国的科技计划（专项、基金等）是政府在科技创新领域发挥引领和指导作用的重要载体，对全社会的科技创新具有风向标的作用。[①]当前，我国各类科技计划项目是最重要的科研数据产出者，我国《科学数据管理办法》第十三条指出："政府预算资金资助的各级科技计划（专项、基金等）项目所形成的科研数据，应由项目牵头单位汇交到相关科研数据中心……建立先汇交科研数据、再验收科技计划（专项、基金等）项目的机制。"[②] 因而，应尽快建立健全相关政策，推动和规范各类科技计划项目产生的科研数据的管理与共享。

为落实国家创新驱动发展战略，按照《中共中央国务院关于深化科技体制改革加快国家创新体系建设的意见》（中发〔2012〕6 号）、《国务院关于改进加强中央财政科研项目和资金管理的若干意见》（国发〔2014〕11 号）的精神，国务院于 2014 年 12 月 3 日发布了《关于深化中央财政科技计划（专项、基金等）管理改革的方案》（以下简称《改革方案》），对中央各部门管理的科技计划（专项、基

---

[①] 国务院：《关于深化中央财政科技计划（专项、基金等）管理改革的方案》，2015 年 1 月 12 日，http://www.gov.cn/zhengce/content/2015-01/12/content_9383.htm，2014，2020 年 8 月 14 日。

[②] 王安然等：《我国科学数据管理相关政策解读与人口健康科学数据管理的启示》，《医学信息学杂志》2019 年第 12 期。

金等）进行系统梳理和优化整合，将近百项国家科技计划优化整合为：国家自然科学基金、国家科技重大专项、国家重点研发计划、技术创新引导专项（基金）、基地与人才专项5类计划。①

为了解我国科研资助/管理机构有关科研数据的政策现状，笔者对上述5类科技计划的资助指南进行调研，了解是否有关于科研数据的相关规定（结果见表3-3）。检索发现，这些科技计划项目并没有制定专门的科研数据管理规定。进一步对这些项目的申报指南、项目管理、结题验收等相关规章制度调研发现，国家近年发布的有关国家科技重大专项、国家重点研发计划和基地与人才专项相关工作规范中涉及科研数据的内容有：

1. 国家科技重大专项：2017年11月发布的《国家科技重大专项（民口）档案管理规定》中涉及数据汇交（见表3-3），但2018年2月9日发布的《国家科技重大专项（民口）验收管理办法》② 却未将科研数据的汇交纳入验收要求。

2. 国家重点研究计划：科技部财政部于2017年6月发布的《国家重点研发计划管理暂行办法》未涉及科研数据，但科技部资源配置与管理司于2018年2月发布的《国家重点研发计划项目验收工作规范（试行）》对项目中产生的科研数据的汇交作了规定（见表3-3）。

3. 基地与人才专项：科技部于2019年7月11日发布的《关于发布科技基础资源调查专项2019年度项目指南的通知》（国科发基〔2019〕236号），指出：在原"科技基础性工作专项"基础上，重新整合设立"科技基础资源调查专项"，其中"科技基础资源调查是指面向科学目标和国家战略需求开展的对自然本底数据和材料的获取、

---

① 国务院：《关于深化中央财政科技计划（专项、基金等）管理改革的方案》，2015年1月12日，http://www.gov.cn/zhengce/content/2015-01/12/content_9383.htm，2014，2020年8月14日。

② 国家科技重大专项：《科技部、发展改革委、财政部关于印发〈国家科技重大专项（民口）验收管理办法〉的通知》，2018年2月1日，http://most.gov.cn/mostinfo/xinxifenlei/fgzc/gfxwj/gfxwj2018/201802/t20180208_138084.htm，2020年5月15日。

对已有数据和材料的整理与编研等科技基础性工作，主要目标是产出权威系统的科研数据、调查报告、科技资料、图集图件等基础性成果，并实现开放共享，以推进基础学科发展、支撑科技创新活动、支撑国家宏观决策等"。

表3-3　　　　国家科技计划有关科研数据的规章制度

| 科技计划 | 相关规章制度 | 相关规定 |
| --- | --- | --- |
| 国家科技重大专项 | 《国家科技重大专项（民口）档案管理规定》 | 第七条　科技部重大专项办公室（以下简称重大办）具体落实三部门的决策。主要职责是：<br>（五）对重大专项档案管理工作定期通报，包括各专项档案管理情况、档案移交及数据汇交情况等。<br>第十二条　重大专项档案的归档范围主要包括：<br>（四）过程管理阶段：实验任务书、实验大纲、实验、探测、测试、观测、观察、野外调查、考察等原始记录、整理记录和综合分析报告等，各类协议、合同等，样机、样品、标本等实物，设计文件和图纸，计算文件、数据处理文件，照片、底片、录音带、录像带等声像文件，项目（课题）调整、变更材料，三部门监督评估报告，年度、阶段执行情况自评价报告、检查报告，专项阶段执行情况报告/专项阶段总结报告等。① |
| 国家重点研发计划 | 《国家重点研发计划项目验收工作规范（试行）》 | 3. 项目牵头单位在项目验收前需提供如下验收材料：<br>（6）科技资源汇交方案，对于项目实施过程中形成的科技文献、科研数据、具有宣传与保存价值的影视资料、照片图表、购置使用的大型科学仪器、设备、实验生物等各类科技资源，应提出明确的处置、归属、保存、保持等处理方案。② |

---

① 国家科技重大专项：《科技部关于印发〈国家科技重大专项（民口）档案管理规定〉的通知》，2017年11月23日，http://www.nmp.gov.cn/zcwj/201711/t20171123_5509.htm，2020年5月15日。

② 科技部：《国家重点研发计划项目验收工作规范（试行）》，2018年2月12日，https://service.most.gov.cn/u/cms/static/201806/12145654y1jn.pdf，2020年5月15日。

续表

| 科技计划 | 相关规章制度 | 相关规定 |
| --- | --- | --- |
| 科技基础资源调查专项 | 《科技部关于发布科技基础资源调查专项2019年度项目指南的通知》 | 项目组织时应注意加强与国家主体科技计划、国家野外科学观测研究站、国家科技资源共享服务平台建设等的衔接，具有详细明确的数据、资料汇交和共享计划，项目完成后所有数据要按照有关要求实行开放共享。① |

可见，我国整合后的科技计划项目虽有部分规定涉及项目中产生的科研数据的提交与管理，但尚不够系统严密，有待进一步完善。因而，我国科研数据管理与共享政策应着力弥补这一短板。

由上述调研可知，目前，我国已初步形成了一个以国家法律、国务院行政法规、部门及地方规章、数据共享中心与科研机构等不同层面的科研数据管理与共享政策体系，且覆盖了我国科研数据管理与共享的关键领域，为我国科研数据的共享奠定了基础。但正如相关专家指出的，我国科研数据管理与共享政策还不够完善，在科学技术主管部门层面，围绕《科学数据管理办法》的相关实施细则和配套政策措施亟待健全完善；在资助/管理机构层面，仅有中国科学院和国家自然科学基金委要求将受公共资助产生的科研论文在发表后12个月内实行开放获取②，而我国各类科技计划项目作为科研数据的最主要产出者，尚未形成系统完善的科研数据管理与共享利用政策；在科研机构层面，目前仅有中国科学院和中国农业科学院发布了相关政策，作为科研数据重要产出主体的高校尚未出台相关政策，缺乏系统的政策指引和协助，难以形成有效的管理规范和共识③；在科研数据共享中

---

① 科技部：《科技部关于发布科技基础资源调查专项2019年度项目指南的通知》，2019年7月11日，http://www.gov.cn/zhengce/content/2014-03/12/content_8711.htm，2020年5月15日。

② 刘莉等：《英国科研数据管理与共享政策研究》，《情报资料工作》2019年第40卷第5期。

③ 顾立平：《科学数据开放获取的政策研究》，科学技术文献出版社2016年版，第70页。

心/平台方面，国家确定的 20 个科研数据共享中心仅有 5 个发布了共享服务规范。因而，我国应从上述各个方面完善我国的科研数据管理与共享政策体系。

**二 我国科研数据管理与共享政策内容分析**

在上述调研的基础上，本部分将进一步对我国科研数据管理与共享政策的内容进行考察，了解政策的成就与不足，从而为后续研究提供基础和依据。

（一）分析框架

借鉴国内学者顾立平在《前瞻导论——推动政策与形塑未来》[①]一书中提出的政策内容分析方法，本部分拟从信息生命周期的角度，设置若干观测点，对政策进行梳理分析。具体来说，在考虑科研数据生命周期以及科学研究过程的基础上，从科研数据的收集与产生、提交与汇交、保存与安全、开放与公开、共享与使用等方面考察我国的科研数据政策内容中存在的问题与不足。

（二）考察对象

根据研究目标，参照政策的重要程度，笔者将重点分析我国国务院办公厅印发的《科学数据管理办法》、各部门发布的领域科研数据管理与共享办法（各省市发布的科学数据管理办法实施细则在指导原则与主要内容上与《科学数据管理办法》基本一致，因而不单独考察）等政策进行考察。

1. 科研数据管理与共享政策的内容分析

（1）规范对象以政府部门收集和管理的数据为主

为了解已有科研数据政策的规范对象是否包含与科学研究相关的数据，笔者梳理了这些政策对科研数据的概念的界定，见表 3-4。

---

[①] 顾立平：《前瞻导论——推动政策与形塑未来》，设计家出版社 2013 年版。

表 3 – 4　　我国现有科研数据政策对"科研数据"概念的界定

| 发布机构 | 发布时间 | 政策名称 | 对科研数据的界定 |
| --- | --- | --- | --- |
| 中国气象局 | 2001 – 11 – 27 | 《气象资料共享管理办法》 | 第三条　本办法所称气象资料，是指各级气象主管机构组织收集并存档的各种气象观（探）测记录，以及由这些记录加工处理而成的各类气象数据集、各种气候统计值和数值分析资料等。① |
| 中国地震局 | 2006 – 6 – 20 | 《地震科学数据共享管理办法》 | 第三条　在中华人民共和国境内从事地震科学数据的采集、处理、汇交、保管、服务、使用的单位和个人，应当遵守本办法。<br>第四条　地震工作部门各单位收集并存档的各种地震科学数据，其他部门或单位为保障重大工程的地震安全而专门建设和管理的专用地震监测台网和强震动监测设施所收集并存档的地震科学数据，均属于共享范围。② |
| 国土资源部 | 2010 – 9 – 10 | 《国土资源数据管理暂行办法》 | 第三条　本办法所称数据，是指各级国土资源管理部门在履行国土资源规划、管理、保护与合理利用职能过程中需要使用的数字化成果。主要包括：<br>（一）各级国土资源管理部门组织实施的国土资源规划、调查、监测、评价等重大专项形成的各类国土资源基础和专题数字化成果数据；<br>（二）各级国土资源管理部门在国土资源规划、管理、保护与合理利用工作中形成的国土资源政务管理数字化成果数据，包括本级产生以及逐级上报汇总的数据；<br>（三）各级国土资源管理部门在履行管理职责中依照法律法规的相关规定和有关合同约定，由管理相对人向管理部门报送的国土资源数字化成果数据。③ |

---

① 中华人民共和国中央人民政府：《气象资料共享管理办法》，2002 年 11 月 27 日，http：//www.gov.cn/gongbao/content/2002/content_ 75610. htm，2020 年 5 月 5 日。

② 中华人民共和国中央人民政府：《地震科学数据共享管理办法》，2014 年 12 月 27 日，https：//www.cea.gov.cn/cea/zwgk/zcfg/369272/1228635/index.html，2020 年 5 月 6 日。左建安、陈雅：《基于大数据环境的科学数据共享模式研究》，《情报杂志》2013 年第 32 卷第 12 期。

③ 中华人民共和国自然资源部：《国土资源部关于印发〈国土资源数据管理暂行办法〉的通知》，2010 年 9 月 15 日，http：//www.mnr.gov.cn/zt/kj/xxh/xw/201009/t20100915_ 2017882. html，2020 年 5 月 5 日。

第三章　我国科研数据管理与共享政策的实践现状　99

续表

| 发布机构 | 发布时间 | 政策名称 | 对科研数据的界定 |
|---|---|---|---|
| 原国家海洋局 | 2010-11-2 | 《中国极地科学考察样品和数据管理办法(试行)》 | 【极地数据定义】中国极地科学考察数据（以下简称"极地数据"），是指我国科研、技术和管理人员在南极和北极科学考察活动中产生的原始数据，主要包括：仪器设备现场观测的结果；采集样品的实验室分析结果；现场人体感知的描述记录。① |
| 国务院办公厅 | 2018-3-17 | 《科学数据管理办法》 | 第二条　本办法所称科学数据主要包括在自然科学、工程技术科学等领域，通过基础研究、应用研究、试验开发等产生的数据，以及通过观测监测、考察调查、检验检测等方式取得并用于科学研究活动的原始数据及其衍生数据。② |
| 交通运输部 | 2020-6-23 | 《交通运输科学数据管理办法（征求意见稿）》 | 本办法所称交通运输科学数据（以下简称科学数据）主要指在交通运输工程技术领域通过基础研究、应用研究、试验开发等产生的数据，以及通过观测监测、考察调查、检验检测等方式取得并用于科学研究活动的原始数据及其衍生数据。不包括开展交通运输运行监测等管理工作取得的数据。③ |

注：表中"—"表示相关信息缺失或无法确定，下同。

由表3-4可发现：第一，现有政策中，仅有部分政策［《科学数据管理办法》《中国极地科学考察样品和数据管理办法（试行）》《交通运输科学数据管理办法（征求意见稿）》］的概念界定中包含了科

---

① 中华人民共和国自然资源部：《中国极地科学考察样品和数据管理办法（试行）》，2011年1月27日，http://f.mnr.gov.cn/201807/t20180710_2076769.html，2020年5月6日。

② 中华人民共和国中央人民政府：《国务院办公厅关于印发科学数据管理办法的通知》，2018年4月2日，http://www.gov.cn/zhengce/content/2018-04/02/content_5279272.htm，2020年5月6日。

③ 中华人民共和国交通运输部：《交通运输科学数据管理办法（征求意见稿）》，2020年6月23日，http://xxgk.mot.gov.cn/jigou/kjs/202006/t20200623_3398111.html，2020年5月6日。

学研究中产生的数据,大部分政策仅关注各级政府部门和主管机构在工作中收集产生和加工整理的各类数据集;第二,从政策内容来看,现有的政策所明确的工作机制都是围绕政府收集和管理的各类数据,有关科研数据的管理与共享的规定所占比例较小。以我国最早颁布的《气象资料共享管理办法》为例,该办法由总则、共享气象资料的提供、共享气象资料的使用、罚则、附则等 5 部分组成,其第二条明确指出:各级气象主管机构组织提供气象资料共享,以及用户使用其提供共享的气象资料,应当遵守本办法;第三条指出:本办法所称气象资料,是指各级气象主管机构组织收集并存档的各种气象观(探)测记录,以及由这些记录加工处理而成的各类气象数据集、各种气候统计值和数值分析资料等。可见,该办法的目的是规范由"各级气象主管机构提供的气象资料"的提供与使用,而对科研过程中产生的相关气象数据的管理与共享则缺少关注。

(2)建立了科研数据采集与生产的质量保障机制,但缺少实施细则

高质量的数据是实现共享和再利用的核心与关键。目前,我国有关科研数据管理与共享的政策中,大都对科研数据的采集与生产做出了规定,笔者梳理如下,见表 3-5。

表 3-5　**我国现有科研数据政策对数据质量的规定**

| 政策名称 | 科研数据采集与生产的相关规定 |
| --- | --- |
| 《气象资料共享管理办法》 | — |
| 《地震科学数据共享管理办法》 | 第十三条　地震科学数据的生产者应对数据质量负责,数据汇交责任单位应对数据质量负监督责任。<br>禁止伪造地震科学数据和在数据汇交过程中弄虚作假。[①] |

---

① 中华人民共和国中央人民政府:《地震科学数据共享管理办法》,2014 年 12 月 27 日,https://www.cea.gov.cn/cea/zwgk/zcfg/369272/1228635/index.html,2020 年 5 月 6 日。

第三章　我国科研数据管理与共享政策的实践现状　　101

续表

| 政策名称 | 科研数据采集与生产的相关规定 |
|---|---|
| 《国土资源数据管理暂行办法》 | 第八条　数据主管部门统筹规划数据生产，将其纳入国土资源规划、调查、监测、评价等重大专项的规划和计划中，确保数字化成果数据的可获取、可利用。<br>第九条　数据生产应遵循相关业务规定及国家、行业有关技术标准、规范，保证数据生产的规范性。<br>数据生产单位应对数据质量和数据的真实性、准确性和完整性负责，建立数据质量监督和技术保障制度。① |
| 《中国极地科学考察样品和数据管理办法（试行）》 | — |
| 《科学数据管理办法》 | 第十一条　法人单位及科学数据生产者要按照相关标准规范组织开展科学数据采集生产和加工整理，形成便于使用的数据库或数据集。<br>法人单位应建立科学数据质量控制体系，保证数据的准确性和可用性。② |
| 《交通运输科学数据管理办法（征求意见稿）》 | 第九条【采集要求】管理单位和行业科学数据中心要按照相关标准规范组织开展科学数据采集生产和加工整理，形成便于使用的数据库或数据集。管理单位应建立科学数据质量控制体系，保证数据的准确性和可用性。③ |

分析发现，大部分政策都明确了科研数据采集与生产的质量保障

---

① 中华人民共和国自然资源部：《国土资源部关于印发〈国土资源数据管理暂行办法〉的通知》，2010 年 9 月 15 日，http：//www.mnr.gov.cn/zt/kj/xxh/xw/201009/t20100915_2017882.html，2020 年 5 月 6 日。

② 中华人民共和国中央人民政府：《国务院办公厅关于印发科学数据管理办法的通知》，2018 年 4 月 2 日，http：//www.gov.cn/zhengce/content/2018-04/02/content_5279272.htm，2020 年 5 月 6 日。

③ 中华人民共和国交通运输部：《交通运输科学数据管理办法（征求意见稿）》，2020 年 6 月 23 日，http：//xxgk.mot.gov.cn/jigou/kjs/202006/t20200623_3398111.html，2020 年 5 月 6 日。

机制，即：①明确科研数据的生产单位为科研数据质量的责任单位，应建立数据质量监督管理机制，确保数据质量；②明确科研数据的生产者是数据质量的直接责任人，应按照相关标准规范进行数据的采集生产，同时要对数据质量负责。如《科学数据管理办法》第十一条指出：法人单位及科学数据生产者要按照相关标准规范组织开展科学数据采集生产和加工整理，形成便于使用的数据库或数据集；法人单位应建立科学数据质量控制体系，保证数据的准确性和可用性。

然而，尽管明确了科研数据采集与生产的质量保障机制，但却缺少可供遵守和参照的具体细则，仍以《科学数据管理办法》为例，该《办法》一是未明确应遵循哪些"数据采集生产的标准规范"；二是未明确数据应具备的"质量标准"；三是未明确"单位建立数据质量控制体系"应遵循哪些基本要求与规范；四是未明确违反数据质量要求的惩戒措施。这种笼统模糊的表述不利于政策的落实与实施。

（3）出台了部分科研数据提交政策，但亟待进一步健全完善

目前，我国已颁布的科研数据汇交政策仅有《国家重点基础研究发展计划资源环境领域项目数据汇交暂行办法》《国家科技计划项目科学数据汇交暂行办法（草案）》《科技基础性工作专项项目科学数据汇交管理办法（试行）》《气象探测资料汇交管理办法》等，其他行业领域的数据提交政策尚未出台，同时，我国优化整合后形成的五类科技计划（专项、基金等）均尚未发布专门的科研数据汇交管理政策，不利于国家资助产生的科研数据的汇交与共享。

（4）注重科研数据保管的安全，但缺少数据保存的具体规范

对于科研数据的保存，我国《科学数据管理办法》第二十七条指出：主管部门和法人单位应加强科学数据全生命周期安全管理，制定科学数据安全保护措施；加强数据下载的认证、授权等防护管理，防止数据被恶意使用；第二十八条指出：法人单位和科学数据中心应按照国家网络安全管理规定，建立网络安全保障体系，采用安全可靠的产品和服务，完善数据管控、属性管理、身份识别、行为追溯、黑名

单等管理措施，健全防篡改、防泄露、防攻击、防病毒等安全防护体系；第二十九条指出：科学数据中心应建立应急管理和容灾备份机制，按照要求建立应急管理系统，对重要的科学数据进行异地备份。这些规定对于确保科研数据的安全做出了明确而细致的规定，为科研数据的安全存储奠定了坚实基础。

但对于科研数据来说，仅确保其安全是远远不够的，不同类型的科研数据（如政府、企业等不同主体资助产生的科研数据；不同类别和级别的科研项目产生的科研数据等）分别应以何种方式保存、保存的时长、超过保存期限的数据如何处理等都有待明确。

（5）初步建立了科研数据公开机制，但缺少有效的激励机制

科研数据的开放与公开是实现共享利用的前提与基础。对于科研数据的开放与公开，我国《科学数据管理办法》的规定较为系统完善，从分类指导的角度明确了3种数据公开的方式：①编制/公布科学数据资源目录：由主管部门和法人单位对科学数据进行分级分类，明确科学数据的密级和保密期限、开放条件、开放对象和审核程序等，按要求公布科学数据开放目录，通过在线下载、离线共享或定制服务等方式向社会开放；②推动科学数据的出版与传播：由主管部门和法人单位推动科学数据出版和传播工作，支持科研人员整理发表产权清晰、准确完整、共享价值高的科学数据；③开发数据产品和增值服务：法人单位根据需求，对科学数据进行分析挖掘，形成有价值的科学数据产品，开展增值服务。这为我国的科研数据的开放共享奠定了基础。[①]

然而，相关规范仍有待进一步明确，如：①对于如何编制科学数据资源目录，目前尚未出台具体操作规范；②由于缺少对科研数据知识产权的认定与保护机制，以及科研数据公开的激励机制，科研人员对于自己付出较多时间、精力与成本获得的数据不愿意提交和公开。

---

[①] 秦顺、邢文明：《开放·共享·安全：我国科学数据共享进入新时代——对〈科学数据管理办法〉的解读》，《图书馆》2019年第6期。

因而，应尽快建立包括科研数据知识产权的确认与保护、科研数据公开的激励措施在内的系列激励保护措施，从而为科研数据的开放与共享奠定基础。

（6）注重科研数据的规范使用，但缺少共享数据的价值评估与贡献回报机制

科研数据的共享利用是最终目的，但科研数据的可持续共享却有赖于合理可行的使用规范，以及对数据提供者的有效激励是实现可持续共享的保障。调查发现，我国目前已发布的科研数据政策均注重对使用者进行规范，如《科学数据管理办法》第二十三条指出：科学数据使用者应遵守知识产权相关规定，在论文发表、专利申请、专著出版等工作中注明所使用和参考引用的科学数据。

在科研数据的使用方面，尽管我国国家标准化管理委员会发布了由中国科学院计算机网络信息中心主持起草的国家标准——《信息技术 科学数据引用》（GB/T 35294–2017），为科研数据的引用提供了标准规范参考。但在数据引用实践中，不同组织机构制定的科学数据引用元素和引用格式尚不统一，科研人员尚未形成数据引用的意识和氛围。同时，科研管理部门尚未形成对科研数据价值的认定与共享回报机制，使得科研数据的广泛共享难以实现。因而，我国科研数据政策应尽快完善科研数据的价值认定和贡献回报机制，从物质与精神两方面对数据所有者和贡献者进行激励，从而保障科研数据共享的顺利进行。

## 三　我国科研数据管理与共享的政策主体调研

政策主体是政策系统的核心部分，是参与和影响公共政策的制定、执行、监督等过程的组织、团体和个人。因而，考察科研数据管理与共享政策主体的实践现状，了解其对于科研数据管理与共享的认知与态度，对于健全完善科研数据管理与共享政策具有非常重要的意义。

根据我国《科学数据管理办法》的规定，我国有关科研院所、高

等院校和企业等法人单位（统称"法人单位"）是科研数据管理的责任主体，承担着"贯彻落实国家和部门（地方）科研数据管理政策，建立健全本单位科研数据相关管理制度"的职责。由此可见，法人单位扮演着"政策主体"与"政策客体"的双重角色：一方面，他们是上级部门有关科研数据管理与共享政策的"客体"——承担贯彻落实国家和部门（地方）的科研数据管理政策的职责；另一方面，又是本单位科研数据管理与共享政策的"主体"——承担建立健全本单位的科研数据相关管理制度的职责。高校是一类重要的法人单位，也是我国科研数据的最主要产出阵地，因而是科研数据管理与共享的核心角色。本部分将聚焦高校科研管理部门，调研高校科研管理部门人员对于科研数据管理与共享实践与政策的认知，从而为构建科研数据管理与共享政策提供参考。

（一）调研目的

调研目的是了解高校科研管理部门人员对于科研数据管理与共享实践与政策的认识，为构建我国的科研数据管理与共享政策提供实践依据。

（二）调研设计

1. 问卷设计

基于上述调研目标，笔者编制了"科研管理部门科研数据管理与共享调研问卷"，问卷主要包含六方面的内容：①调查对象的基本情况，包括所在单位、工作部门/岗位、岗位职责及主要工作内容等；②调查对象（及其所在部门）在工作中是否会涉及科研数据；③调查对象所在单位是否有科研项目要求科研人员提交科研数据（如果有，具体是哪些项目、提交哪些科研数据、提交到何处，以及如何保存与管理提交的科研数据等）；④对于没有要求提交科研数据的项目，单位是否制定了科研数据管理相关政策及要求科研人员提交科研数据；⑤调查对象是否了解《科学数据管理办法》；⑥调查对象对科研数据管理与共享政策的认识。

2. 调研展开

2019年12月6—7日，由教育部社科司、科技司主办，湘潭大学承办的2019年全国高校社科/科技统计培训会在湘潭市举行，来自全国31个省（区、市）教育行政部门和有关高校社科、科技统计人员110余人参加此次培训，其中大部分为各地区及科研机构的科研管理部门的领导和业务骨干，有较好的代表性。笔者利用这次培训机会，现场向参加培训的人员发放纸质调查问卷，由于只有部分人员接受邀请并填答，共回收有效问卷58份。笔者将以这些问卷为样本，分析科研人员对于科研数据管理与共享的认识。

同时，考虑到问卷调查的局限性，为获取进一步的信息，笔者还就近对所在地区部分高校的科研管理部门人员进行了访谈。

（三）调研结果

1. 调查对象（及其所在部门）在工作中是否会涉及科研数据

调查发现，大部分调查对象（87.93%）都表示自己（或所在单位）在工作中会涉及科研数据。然而，进一步分析发现，尽管笔者在调查问卷中对"科研数据"的概念进行了解释，但不少调查对象将"科研统计数据"误认为"科研数据"，导致调查结果的失真。笔者认为，这两种数据的内涵是不同的：前者指科研人员在科研过程中收集或产生的数据；后者主要是科研管理部门为了解和掌握本部门（机构/单位/地区）科技工作的基本情况而收集的有关科研人员以及科研成果的统计数据，尽管这些统计数据也可作为科学探究的基础资料而转化为科研数据，但二者的基本内涵和主要目标是截然不同的，不应将两者混为一谈。

2. 所在单位是否有科研项目要求科研人员提交科研数据

约60%的调查对象都表示有项目要求科研人员提交科研数据。为了解主要是哪些项目要求提交科研数据，笔者在问卷中设计了追踪提问，结果显示：要求科研人员提交科研数据的项目以纵向项目为主，特别是一些涉及保密的项目。然而，针对所在地区的部分高校科研管理部门人员的访谈发现，目前基本没有项目要求科研人员提交科研数据（涉及保密项目除外）。之所以会产生这种差异，笔者推测可能是问卷填写者将"科研统计数据"等同于"科研数据"所致。为验证这种推测，笔者进一步通过 QQ、微信等途径与部分调查对象进行追踪访谈，结果与笔者推测一致。

3. 单位是否制定了科研数据管理相关政策及要求科研人员提交科研数据

调查发现，62%的调查对象表示，本单位没有制定科研数据管理相关政策。与科研管理部门人员的访谈也显示：对于那些没有要求科研人员提交科研数据的项目，单位大都也没有要求科研人员提交科研数据。主要原因是目前我国高校的科研管理部门的岗位设置与工作内容基本围绕各级各类科研项目的组织、管理与服务展开，且大都工作任务繁重，如果科研项目资助管理单位没有就科研数据的提交、管理与共享作出要求，人力和资金都很有限的高校科研管理部门通常也没有动力做出额外规定。

4. 是否了解《科学数据管理办法》

分析显示，大部分调查对象（占 68.97%）表示不了解该办法，可见亟待加强《科学数据管理办法》的宣传与推广。进一步分析发现：在填写"了解"的 15 位调查对象中，有 5 位来自省级科研管理部门（如各省科技厅、教育厅等），占 33.3%；10 位来自各高校的科研管理部门（如各校的科研院/处、科技处、社科处等），占 66.7%。而在填写"否"的 40 位调查对象中，有 4 位来自省级科研管理部门，占 10%；36 位来自高校科研管理部门，占 90%。对此数据进行卡方检验显示：卡方值为 4.34，大于自由度为 1、显著性水平为 0.05 时的临界值（3.84）。由此可见，与高校相比，省级科研管理部门的人员了解关注国家最新科技政策的比例更大。

5. 对科研数据管理与共享政策的认识

为了解科研管理人员对于科研数据管理与共享政策的认识，笔者在问卷中设置了开放题，征求调查对象对于科研数据管理与共享政策的制定与实施、应关注的重要问题等方面的意见建议。对这些意见归纳整理发现，主要包括三方面的内容：

一是科研数据管理与共享政策的内容要点，如明确各方职责，规范科研数据收集与提交/汇交的责任者、质量标准、时间限制等，建立规范的管理机制。

二是促进科研数据管理与共享实施的对策建议，如：①将科研数据纳入科研诚信建设，倡导科研人员建立系统规范的科研数据档案，以便在需要的时候备查；②将科研数据纳入科研工作者的绩效考核、职称评定等与其核心利益直接相关的工作中；③规范科研数据的使用与引用；④完善基础设施建设，由相关部门建设统一的平台，供科研人员提交、管理与共享科研数据等。

三是推进科研数据管理与共享工作需要注意的方面，如：①注重科研数据的质量，确保数据的完整性、系统性、可用性；②关注数据的保密与安全，规范数据的保管，确保数据的安全；③注重科研数据的产权保护，保护数据生产者的合法权益等。

## 四 我国科研数据管理与共享的政策客体调研

科研人员是科研数据管理与共享政策规范的主要"对象"与"客体"，也是科研数据的直接生产者。了解他们科研数据管理与共享的现状，特别是对于科研数据管理与共享的态度与诉求，对确保科研数据管理与共享政策的科学合理性具有重要意义。因而，本部分将对科研人员进行调研访谈，为政策的制定提供参考依据。

（一）科研人员科研数据管理与共享的问卷调查

1. 调研目的

调研目的是了解我国科研人员管理与共享科研数据的现状及其对科研数据管理与共享的认知与诉求，为科研数据管理与共享政策的制定提供参考依据。具体来说，主要包括以下方面：（1）了解不同背景和领域的科研人员收集与获取、管理与保存、共享科研数据的现状，为政策的制定提供实践依据；（2）科研人员管理、保存和共享科研数据存在的困难与障碍，作为政策制定者重点考虑和突破的问题；（3）科研人员对科研数据管理与共享政策的认知与建议，为政策的制定提供参考。

2. 调研设计

（1）问卷设计

围绕调研目的，本次调查问卷的主要内容包括：①调查对象的基本信息，包括性别、从事科学研究的年限、所属学科、职称（初级、中级、副高级、高级等）、最后学历、工作性质（教学、科研、管理等）等；②科研过程中对科研数据的需求程度、如何获取科研数据、是否存在困难等；③科研过程中如何保存和管理科研数据、是否发生过重要数据丢失或损毁现象及原因等；④科研过程及项目结束时是否需要提交科研数据？⑤调查对象的科研数据共享现状及对科研数据共享的态度，包括是否从他处获得过科研数据、是否向他人提供过科研数据，以及对科研数据共享的认识等；⑥对科研数据管理与共享政策的认知、态度、意见建议等。

（2）调查对象选取

本次调查采用网络调查的方式，从学术文献中抽取作者的邮箱信息，进而通过邮箱向作者发送调查问卷的方式进行。为确保调查对象选择的科学合理性（一方面要保证样本尽可能覆盖所有学科领域，另一方面要确保样本的选取符合随机抽样原则），本研究以中国社会科学引文索引（CSSCI）和中国科学引文数据库（CSCD）来源期刊的学术文献的作者为总体，进行调查样本的抽取，具体程序如下：

①确定抽样来源。以南京大学中国社会科学研究评价中心 2019 年 3 月发布的《CSSCI 来源期刊（2019—2020）目录》[1] 和中国科学院文献情报中心 2019 年 4 月发布的《中国科学引文数据库来源期刊

---

[1] 中国社会科学研究评价中心：《CSSCI 来源期刊（2019—2020）目录》，2019 年 12 月 21 日，https://cssrac.nju.edu.cn/DFS//file/2019/12/31/20191231102636884zqxfse.pdf，2020 年 5 月 10 日。

列表（2019—2020）》①为抽样来源。其中，前者为 CSSCI 期刊的核心版，共收录期刊 568 种，分学科按刊名拼音顺序排列；后者共收录期刊 1229 种（其中包括核心库期刊 909 种，扩展库期刊 320 种，为和 CSSCI 来源期刊保持一致，本次调查仅选取 909 种核心库期刊作为抽样来源），覆盖数学、物理学、化学、地球科学、生物科学、农业科学、医药卫生、工程技术、环境科学、交叉学科等学科领域，不分学科，按刊名拼音顺序排列。

②样本抽取。样本抽取分为期刊抽样和作者信息提取两个步骤。首先，分别在上述两部分期刊列表中，采用系统抽样方法，每隔 5 种抽一种期刊，随机确定起始数字为 3（3、8、13……），共抽取约 300 种期刊。其次，以样本期刊近一年发表学术文献为样本，抽取论文作者邮箱，如果该刊未提供作者邮箱信息，则顺延选择下一种期刊，直至找到提供作者邮箱的期刊为止。

③问卷发放。通过邮件方式向提取的作者邮箱发送调查问卷。为照顾不同类型人员的习惯偏好，邮件中提供三种填答问卷的方式：问卷星的电脑版网址（点击网址即可跳转至问卷页面填答）、问卷星的手机版网址、调查问卷的 Word 版。考虑到部分被调查对象没有及时查看邮件，笔者在第一轮邮件发送一周后对没有回复的调查对象再次发送邮件，经过两轮发放后，共收到有效填答问卷 187 份。笔者将以这些问卷为样本进行分析。

3. 结果分析

（1）问卷回收与填答情况

本次调查时间为 2019 年 11 月 15 日—12 月 20 日，收到有效填答问卷 187 份。其中，问卷填答者以男性科研人员为主，共有 139 人，占 74.33%；女性科研人员有 48 人，占 25.67%。

---

① 中国科学院文献情报中心：《中国科学引文数据库来源期刊列表（2019—2020 年度）》，2019 年 12 月 21 日，http://sciencechina.cn/style/report19_20.pdf，2020 年 5 月 10 日。

（2）调查对象的背景信息

①从事科研年限。通常来说，调查对象从事科研的时间越长，其科研经历也就越丰富，相应地，其科研数据管理与共享的经历也就越多；同时，一般来说，拥有不同科研经历的科研人员，其对科研数据管理与共享的认识与态度也会有所不同。统计发现，本次调查中，近70%的调查对象的科研经历都在10年以上（见图3-1），表明大部分调查对象的科研经历较丰富。

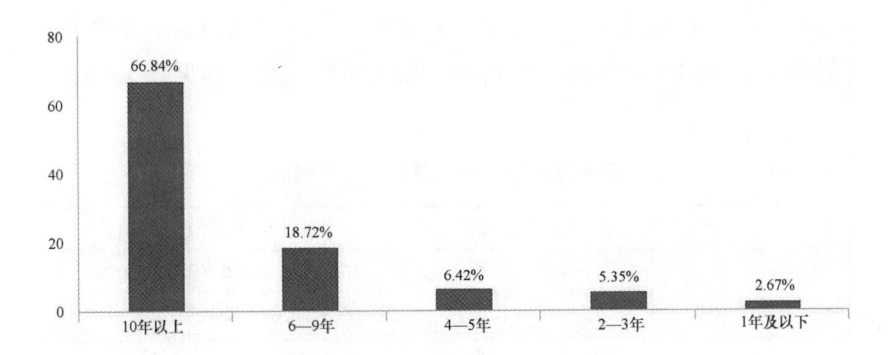

图3-1 调查对象从事科研的时间

②学科分布。通常来说，不同学科和领域有着不同的特点，对科研数据的需求程度也各不相同。为验证这种推理，本次问卷调查设置了调查对象的学科，结果见图3-2。

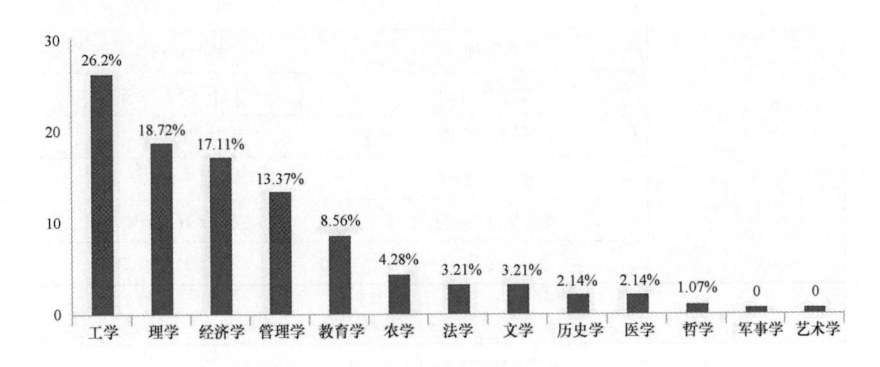

图3-2 调查对象的学科分布

由图 3-2 可看出，调查对象主要集中在工学、理学、经济学、管理学和教育学 5 个学科领域，而哲学、军事学、法学、艺术学等学科的调查对象则较少，这主要是由于这些学科的学术文献较少提供科研人员的邮箱所致。进一步分析发现，相对于调查对象的性别比例，"理学""工学""农学""法学""教育学""文学"等学科的男性调查对象相对较多，而"经济学""管理学""哲学""历史学""医学"等学科的女性调查对象相对较多。

③学历、职称及工作性质。为便于进行深入关联分析，本次调查还搜集了调查对象的职称、学历和工作性质等信息，详见表 3-6。

表 3-6　　　　　　　调查对象的学历、职称及工作性质

|  | 类别 | 数量（百分比） |
| --- | --- | --- |
| 学历 | 本科 | 6（3.21%） |
|  | 硕士 | 25（13.37%） |
|  | 博士 | 114（83.42%） |
| 职称 | 初级 | 17（9.09%） |
|  | 中级 | 29（15.51%） |
|  | 副高级 | 52（27.81%） |
|  | 高级 | 89（47.59%） |
| 工作性质 | 教学 | 3（1.6%） |
|  | 科研 | 29（15.51%） |
|  | 管理 | 1（0.53%） |
|  | 教学/科研 | 111（59.36%） |
|  | 科研/管理 | 7（3.74%） |
|  | 教学/管理 | 0 |
|  | 教学/科研/管理 | 30（16.04%） |
|  | 其他 | 6（3.21%） |

由表 3-6 可知，大部分调查对象都具有较高的学历（具有博士学历的调查对象占 83.42%）和较高的职称（副高级及以上职称的调

查对象占75.4%),且以科研为主要工作的调查对象达90%以上。这表明,调查对象以科研人员为主,且大都具有较丰富的科研经历,说明本次调查的效度较好。

④涉及科研数据的频率

调查显示,大部分(占比80.21%)的科研人员在科研过程中经常涉及科研数据,11.76%的科研人员部分涉及科研数据,而选择"较少"和"基本不涉及"的仅占8%(见表3-7)。可见,科研数据已经越来越多地深入科研人员的研究中。

表3-7 "从事科研年限"及"职称"与科研数据经历的关系

| | 类别 | 涉及科研数据的程度 | | |
|---|---|---|---|---|
| | | 经常 | 部分 | 较少 |
| 从事科研年限 | 10年以上 | 100(53.48%) | 16(8.56%) | 7(3.74%) |
| | 6—9年 | 33(17.65%) | 0(0) | 2(1.1%) |
| | 4—5年 | 9(4.81%) | 1(0.54%) | 2(1.1%) |
| | 2—3年 | 5(2.67%) | 4(2.14%) | 1(0.54%) |
| 职称 | 高级 | 72(38.5%) | 9(4.81%) | 6(3.21%) |
| | 副高级 | 43(23%) | 6(3.21%) | 3(1.6%) |
| | 中级 | 23(12.3%) | 4(2.14%) | 2(1.1%) |
| | 初级 | 12(6.42%) | 3(1.6%) | 2(1.1%) |

进一步分析发现,"工学""理学""经济学""管理学"等学科的调查对象选择"经常"涉及科研数据的比例较大;同时,从事科研年限越长、职称越高的科研人员,选择"经常"的比例也越大(见表3-7)。

(3)获取科研数据的方式

统计发现,科研人员获取科研数据的方式以"实验室实验""网络采集""社会调查"和"建模/模拟"等方式为主,比例均达到30%以上。

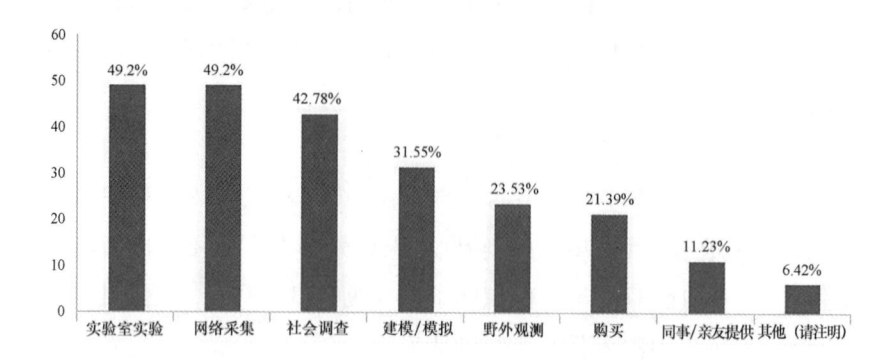

图 3-3 科研人员获取科研数据的方式

（柱状图数据：实验室实验 49.2%、网络采集 49.2%、社会调查 42.78%、建模/模拟 31.55%、野外观测 23.53%、购买 21.39%、同事/亲友提供 11.23%、其他（请注明）6.42%）

进一步分析发现，在涉及科研数据较多的学科中，"理学""工学"等学科的科研人员获取科研数据以"实验室观察"为主，而"经济学""管理学"等学科的科研人员则以"社会调查"和"网络采集"方式为主。这反映了不同学科间的差异。在性别方面，男性更倾向于通过"实验室实验"和"网络采集"获取数据，而女性则更倾向于通过"社会调查"获取数据，这或许是由于调查对象中更多的男性来自"理学""工学"等学科，而更多的女性来自"经济学""管理学"等学科的缘故。

（4）如何管理和保存项目中产生的科研数据

为了解科研人员管理与保存科研数据的现状，笔者设置了三个相关问题：①科研项目进行过程中，如何保管项目中产生的科研数据？调查显示，选择"项目负责人集中管理"（占比 51.87%）①、"项目组参与人员共同管理"（占比 49.73%）、"参与课题的某位老师或学生集中管理"（占比 37.97%）的比例较多；②当项目结束后，科研数据都去了哪里？选择较多的依次是："项目负责人"（占比

---

① 注：本研究采用"问卷星"平台对于多选题选项比例的计算方法，即多选题选项百分比＝该选项被选择次数/有效答卷份数。其含义为：选择该选项的人次在所有填写人数中所占的比例，所以多选题所有选项比例相加可能超过百分之百。下同。

68.45%）、"分散在项目组成员手里"（占比 56.15%）、"某课题组成员"（占比 25.67%）；③项目结束后，科研人员如何保管自己的科研数据？选择较多的依次是："个人电脑"（占比 81.82%）、"光盘、移动硬盘或其他存储设备"（占比 57.22%）、"机构电脑/存储器/机构库"（占比 34.22%）、"纸质载体"（占比 26.74%）。

上述结果显示，大部分科研项目的科研数据是由"项目负责人集中管理""参与课题的某位老师或学生集中管理"，且当项目结束后，项目科研数据由项目负责人集中保管的情况最多，说明大部分科研人员都有一定的数据保管意识，注重对数据的保管。但不可忽视的是，项目科研数据"分散在项目组成员"和"某课题组成员"的情形也占较大比例，说明部分科研人员科研数据保管情况堪忧。相关研究指出，科研项目/课题结束后，科研数据分散在科研人员手中一是不利于数据的共享，限制了数据价值的发挥；二是分散保管容易造成数据的丢失和损毁，使数据面临安全风险。①

（5）科研数据的保管状况

为了解科研人员保管科研数据的状况，笔者对如下问题进行了调研：①科研项目结束后，产生的科研数据通常保存多长时间？结果显示，大多数调查对象选择"永久保存"（占比 54.01%）和"视情况而定"（占比 22.99%）；②是否发生过重要科研数据丢失/损毁的现象？结果显示：选择较多的是"偶尔发生"（占比 52.94%）和"从未发生"（占比 44.92%）；对于发生过科研数据丢失/损毁的调查对象，问卷进一步追问其发生的原因，结果表明，"存储设备故障"（占比 58.25%）和"误操作或误删除"（占比 27.18%）是最主要的原因；③对目前科研数据的管理和保存现状是否满意？结果显示：选择较多的依次是："一般"（占比 52.41%）、"满意"（占比 21.39%）、"不满意"（占比 17.11%）。

---

① 邢文明、杨玲：《我国科研机构科研数据管理现状调研》，《数字图书馆论坛》2018年第12期。

这些结果进一步验证了前文的结论,即一方面,我国大部分科研人员具有一定的科研数据保存管理意识,数据保管状况良好;但另一方面,部分科研人员也存在着数据保管不完善、重要数据丢失/损毁的现象。这在一定程度上表明我国应尽快建立和完善科研数据提交与共享制度,以推进科研数据的安全与共享利用。

(6) 科研数据的共享现状

为了解我国科研人员分享/共享现状,笔者对以下问题进行了调研:①是否从其他途径获得过科研数据,结果显示:64.71%的调查对象选择"偶尔",25.13%的调查对象选择"从未",选择"经常"的调查对象仅有10.16%;②获得科研数据的途径,选择较多的依次是:"数据共享中心/网站"(占比69.29%)、"有合作关系的同行"(占比50%)、"其他研究团队"(占比42.14%)、"政府部门"(占比36.43%)、"研究团队成员"(占比35%)、"导师、师兄/姐、学长、领导等"(占比34.29%)、"同事"(占比26.43%)、"师弟/妹、学弟/妹、学生等"(占比20.71%)等;③是否曾经向其他人提供过您的科研数据?结果显示:72.73%的调查对象表示"曾经无偿提供过",表明我国科研人员具有良好的共享精神。进一步分析发现,相对于调查对象的性别比例,较多的男性选择"曾经无偿提供过",而女性选择"没有提供过"相对更多,表明在数据共享方面,男性相对于女性更开放;④提供科研数据的对象,结果显示,"有合作关系的同行"(占比75.18%)、"研究团队成员"(占比57.66%)、"导师、师兄/姐、学长、领导等"(占比50.36%)、"师弟/妹、学弟/妹、学生等"(占比43.8%)、"同事"(占比40.88%)是选择较多的选项;⑤向他人提供科研数据时的想法和动机,结果显示:"本着互帮互助的原则"(占比91.97%)和"相信对方不会不当使用或传播我的数据"(占比45.99%)是最主要的原因。进一步分析发现,相对于调查对象的性别比例,选择这些选项的男性比例均相对较高;⑥向他人提供科研数据的顾虑,结果显示,选择较多的原因依次是:"担心数据被不正当使用"（占比50.27%）、"数据对我的研究非常重要，会影响后续研究"（占比44.92%）、"数据涉及隐私，不宜共享"（占比41.71%）、"数据来之不易，不愿意无条件共享"（占比36.9%）。

上述结果表明，一方面，我国科研人员具有较好的互助共享精神，但由于当前我国尚未形成成熟的科研数据共享机制，科研人员提供和获取科研数据的对象以具有信任关系的人员为主，范围较窄，仅停留在"分享"层面，达不到"共享"层次；并且，科研人员对于科研数据共享存在一些顾虑，这些因素都不利于科研数据的广泛共享，也限制了科研数据价值的充分发挥与实现。

（7）对于科研数据管理与共享政策的认知

调查显示，对于是否了解我国颁布的有关科研数据管理与共享的政策，大部分调查对象选择"完全不了解"（占比44.92%），表明科研人员对于科研数据管理与共享政策了解有限，亟待加强政策的宣传推广。进一步分析发现，在性别方面，选择"了解"和"听说过"的男性比例更大，而选择"完全不了解"的女性比例更大，表明男性对于科研数据管理与共享政策的关注与了解比女性更多。

（8）对于科研数据管理与共享政策的意见与建议

归纳整理发现：大部分调查对象都能认识到科研数据共享的重要意义，指出：由国家财政支持的科学研究产生的科研数据理应共享，但应建立数据生产者的权益保护和激励措施，确保数据安全，形成安全规范高效的共享利用机制。具体来说主要有如下方面：①承认数据生产者的贡献，构建科学合理的激励机制，给予数据生产者以合理的利益补偿，如规范数据的使用与引用，给予数据生产者一定的数据独占使用期限等，以保护他们共享数据的积极性；②保护数据生产者的合法权益，如所有权、知识产权、隐私权等；③注重和确保数据的安全，防止数据的非法使用；④加强数据共享中心/平台建设，为科研数据共享提供有效的平台/机制支持。

（二）科研人员科研数据管理与共享的访谈调查

为了解科研人员管理与共享科研数据的现状，笔者进行了科研人员管理与共享科研数据现状的访谈调研。

1. 访谈目的

了解科研人员获取、处理分析、共享科研数据的现状，以及对科研数据共享的认知与态度，从而为构建我国的科研数据管理与共享政策提供实践依据。

2. 访谈设计

（1）访谈内容/提纲：根据上述访谈目标，笔者设计了访谈提纲，主要包括如下内容：①科研人员在科研过程中多大程度需要利用/依赖科研数据；②如何获取所需科研数据？③如何管理和保存这些科研数据？④是否遇到过被要求提交科研数据的情况？⑤是否有过共享科研数据的经历，如果有，是在什么情况下，与哪些人共享哪些数据？⑥对科研数据共享的态度与认知；⑦是否了解我国《科学数据管理办法》？

（2）调研对象的选取：从就近和易得性角度出发，笔者以长株潭高校的中青年学者为调研访谈群体；同时，鉴于人们通常概略将学科划分为人文学科、社会学科和理工学科三大领域，笔者分别从三个领域寻找访谈对象，共邀请到12位访谈对象，其中人文学科2位，社会科学3位，理工学科7位。

（3）访谈时间：为2019年11月10日至2019年12月25日。

3. 我国科研人员管理与共享科研数据现状

（1）科研人员对科研数据的需要/依赖程度

调研发现，根据所从事的研究领域，不同学者对科研数据的依赖程度各不一样。一般来说，人文学科的学者通常较多地利用文献/文本型研究资料，而社会学科特别是理工学科的研究人员更多地需要数据的支撑。部分理工科学者表示，其科学研究完全建立在对实验/测试数据的分析基础上。

（2）获取科研数据的方式/途径

调研发现，对于人文学科学者来说，他们主要通过查阅文献和各类数据库来获得所需研究资料;社会科学的研究人员较多通过问卷调查、访问/访谈、互联网搜集等方式获取所需资料;而大部分理工科学者所需的科研数据主要通过实验/测试获得。这些数据主要有两种记录方式:一种是人工记录在实验笔记本上(主要包括实验的环境、条件,实验过程中的重要参数与结果等),使用时根据需要将数据誊录到电脑;另一种是实验仪器直接连接到电脑,实验数据能直接传输到电脑中。

对于获取数据的困难,部分社会科学的研究人员表示数据获取存在困难:一是统计数据难于获得;二是难以保证数据质量;三是即使通过各种途径拿到数据,还面临数据格式无法解析、缺少背景知识导致无法理解和使用数据、数据不适用研究问题、缺少定量分析技能无法分析数据等。

(3) 科研人员如何管理和保存科研数据

调研发现,部分理工科学者基于科研规范与诚信因素,已具备了较好的数据保存与管理意识,甚至在实践过程中摸索形成了一套行之有效的数据管理制度。如自己在实验过程中会随时记录实验的条件、过程与结果数据,并积累形成一本本的实验记录笔记本。这样,一方面便于自己随时查阅以往研究;另一方面也可使自己在科研成果受到质疑时有证可查,有据可依。还有学者提到:对于即将毕业的研究生,会要求学生提交实验记录笔记本(对于电子形式的数据则需要刻录光盘提交),建立系统的科研档案,这样,可以防止因学生离校导致的数据流失。

相对于理工领域,人文学科和社会科学的研究通常围绕一个个具体问题进行,因而其科研数据的系统性和连续性相对较低。尽管如此,大部分研究人员都有着较好的数据保管意识,会将重要的数据通过电脑、U 盘、移动硬盘或网络硬盘等方式进行保存/备份,以防止丢失。

(4) 科研数据提交的经历

调研发现,大部分访谈对象都有被要求提交科研数据的经历,主要是在论文发表时根据期刊/杂志的要求提交支撑科研论文结论的相关数据。其中理工科领域的情况相对较多，社会科学领域次之。例如，一位化学材料领域的研究人员指出，在发表论文时被要求将数据提交到"剑桥晶体结构数据库"（Cambridge Structural Database，CSD），一位经济管理领域的研究者提到，在《中国工业经济》杂志发表论文时被要求提交原始数据和程序等附件。

对于项目结题时是否需要提交科研数据，大部分受访对象都表示没有遇到过相关要求（如果科研管理部门没有相关要求，科研人员通常没有动力主动提交科研数据）；少部分理工学科的受访对象指出：提交的结题报告里会列出主要研究结论或成果，而这些结论或成果实质上就是科研数据（如各项性能数据、包含数据的图表等）。

（5）是否有和他人共享科研数据的经历

大部分访谈对象都有过和他人共享科研数据的经历，但共享对象通常限于自己较熟悉信任或有合作关系的人员，范围有限。同时，愿意共享的科研数据通常是那些相关研究成果已经发表、对自己不再有重要价值的数据。大多数受访对象都表示：对于原创数据，特别是相关研究成果还没有发表的数据，通常不会考虑共享，因为一旦共享，自己的努力就会白费，竞争优势也将丧失。

4. 对科研数据提交/共享的认知与态度

大部分科研人员都表示：尽管期待并支持科研数据共享，但在目前条件下，科研数据共享只能在课题组内部、有合作关系的同行或彼此形成互惠合作关系的对象之间进行，要进行广泛的共享很难实现。例如一位社会科学领域的受访者表示，目前尚没有共享科研数据的经历，主要原因有两方面：一是对自己的科研数据的质量缺乏信心（一方面，调研问卷的设计通常很难做到尽善尽美，一旦共享很容易被发现明显漏洞而闹笑话；另一方面，问卷的发放也很难做到遵循科学抽样的原则）而不敢共享或公开数据；二是当前学术界尚未形成成熟的学术道德与规范，一些人使用数据后没有进行必要的致谢、引用或注明出处，从而影响了人们共享数据的积极性。

5. 是否了解《科学数据管理办法》

受访的12位对象均表示不了解，尚未听说。可见，亟待加强对《科学数据管理办法》的宣传与推广，让更多人了解并参与科研数据共享，从而推动我国的共享进程。

## 五 调研结果

在上述分析的基础上，笔者对调查结果归纳总结如下：

1. 大部分科研人员在科研过程中经常涉及科研数据，科研数据已经越来越多地深入科研人员的研究中。

2. 不同学科的科研人员获取科研数据的方式有所不同："理学""工学"等学科的科研人员获取科研数据以"实验室观察"为主，而"经济学""管理学"等学科的科研人员则以"社会调查"和"网络采集"方式为主。

3. 对于科研项目/课题和科研过程中产生的数据，大部分科研人员都有一定的数据保管意识，注重对数据的保管，但也有不少项目/课题完成后科研数据分散在不同人员手中，存在数据保管不完善、重要数据丢失/损毁的现象。这既不利于科研数据的共享，也存在着较大的安全风险，表明我国应尽快建立和完善科研数据的提交与保管制度，以推进科研数据的安全和共享利用。

4. 大部分访谈对象都有被要求提交科研数据的经历，其中主要是在论文发表时根据期刊/杂志的要求提交科研论文的相关支撑数据；而科研项目结题时需要提交科研数据的情况则较少。这表明当前越来越多的科技期刊开始要求科研人员在发表论文时提交相关支撑数据，而我国科研项目管理机构尚未建立科研数据提交与汇交的机制，不利于国家投资产生的科研数据的汇集与共享。

5. 我国科研人员具有较好的互助共享精神，但由于当前我国尚未形成成熟的科研数据共享机制，科研人员提供和获取科研数据的对象以具有信任关系的人员为主，范围较窄，并且，科研人员对于科研数据共享存在一些顾虑，这些因素都不利于科研数据的广泛共享，也限制了科研数据价值的充分发挥与实现。

6. 不同性别的科研人员对于科研数据的共享利用有所不同：男性相对于女性更开放，更愿意分享和共享科研数据，也更关注和了解科研数据相关政策。

7. 科研人员对于我国科研数据管理与共享政策的了解有限，亟待加强政策的宣传推广。

## 第二节　我国科研数据管理与共享政策的主要成就

由上述调研可知，目前，我国在科研数据管理与共享政策与实践方面已进行了诸多努力，取得了较大成绩，主要表现在以下几个方面。

### 一　初步形成了科研数据管理与共享的政策体系

经过长期的探索积累，目前我国已初步形成了一个以国家法律、国务院行政法规、部门及地方规章、数据共享中心与科研机构政策等不同层面的科研数据管理与共享政策体系，为我国科研数据的共享奠定了基础。其中，国家法律主要有《中华人民共和国科技进步法》；国家行政法规主要有《科学数据管理办法》；部门规章主要有科技部发布的《国家重点基础研究发展计划资源环境领域项目数据汇交暂行办法》《国家科技计划项目科学数据汇交暂行办法（草案）》《科技基础性工作专项项目科学数据汇交管理办法（试行）》，中国气象局发布的《气象资料共享管理办法》《气象探测资料汇交管理办法》，中国地震局发布的《地震科学数据共享管理办法》，原国土资源部发布的《国土资源数据管理暂行办法》，自然资源部发布的《中国极地科学考察样品和数据管理办法（试行）》等；地方规章主要有《江西省地理信息数据管理办法》《陕西省科学数据管理实施细则》《甘肃省科学数据管理实施细则》等十余个省份发布的科研数据管理办法实施细则；科研机构的政策主要有《中国科学院科学数据管理与开放共享办法（试行）》《海洋研究所科学数据管理与开放共享办法（试行）》等；数据共享中心的政策主要有农业科学数据共享中心发布的《农业科学数据汇交管理办法》《农业科学数据共享管理办法》，国家海洋科学数据中心发布的《国家海洋科学数据共享服务平台暂行管理办法》，国家人口健康科学数据中心发布的《国家人口健康科学数据中心运行服务管理办法》，国家气象科学数据中心发布的《气象资料汇交服务指南》《气象资料汇交协议》等。

## 二 明确了科研数据管理与共享的组织管理机制

在政策内容方面，我国《科学数据管理办法》和各部门发布的领域科研数据管理与共享办法［如《气象资料共享管理办法》《地震科学数据共享管理办法》《国土资源数据管理暂行办法》《中国极地科学考察样品和数据管理办法（试行）》《交通运输科学数据管理办法（征求意见稿）》］等政策均构建了"分级管理、职责明晰""国家统筹、各部门与各地区分工负责"的科研数据管理与共享体系，有效地保障了科研数据的组织管理。

以《科学数据管理办法》为例，其第四条指出：科学数据管理遵循分级管理、安全可控、充分利用的原则，明确责任主体，加强能力建设，促进开放共享；第六条指出：科学数据管理工作实行国家统筹、各部门与各地区分工负责的体制。

## 三 基本建成了科研数据管理与共享的基础设施体系

目前，我国经过长期探索实践，初步形成了科研数据管理与共享的基础设施体系。譬如在科研数据共享中心方面，自2004年起，我国先后在基础科学、农业、林业、海洋、气象、地震、地球系统科学、人口与健康8个领域支持建成了国家科技资源共享服务平台，初步形成了一批资源优势明显的科研数据中心，实现了一批数据的汇交整合与开放共享。[①] 科技部、财政部先后于 2011 年联合发布《关于国家生态系统观测研究网络等 23 个国家科技基础条件平台通过认定的通知》，认定了 6 个国家科研数据平台，2019 年又联合发布《国家科技资源共享服务平台优化调整名单的通知》，优化调整形成 20 个国家科研数据中心，为我国科研数据的汇交整合与开放共享奠定了基础。在数据期刊方面，目前已建立了《中国科学数据（中英文网络版）》《地质科学数据专辑》《全球变化数据学报》（中英文）等专门的数据期刊，为科研数据的公开发表与引用提供了平台。

### 四 具备了较好的科研数据管理与共享的群众基础

由上述调研可知，目前我国科研人员在科研过程中越来越多地涉及科研数据，对于科研项目/课题和科研过程中产生的数据，大部分科研人员都有一定的数据保管意识，注重对数据的保管，大部分科研人员愿意分享自己的科研数据，具有较好的互助共享精神，表明我国科研数据管理与共享具备了较好的群众基础。

## 第三节 我国科研数据管理与共享政策存在的主要问题

### 一 政策体系有待健全完善

尽管我国已初步形成了科研数据管理与共享的政策体系，但总体来看，政策还不够健全：在主管部门层面，围绕《科学数据管理办法》的相关实施细则和配套政策措施亟待健全完善；在科研资助与管理机构层面，目前仅有科技部发布了《国家重点基础研究发展计划资源环境领域项目数据汇交暂行办法》《科技基础性工作专项项目科学

---

[①] 新华网：《我国将建设一批有重要影响的国家科学数据中心》，2018 年 4 月 4 日，http://www.xinhuanet.com/tech/2018-04/04/c_1122639795.htm，2019 年 12 月 21 日。

数据汇交管理办法（试行）》等文件，而我国各类科技计划项目作为科研数据的最主要产出者，尚未形成系统完善的围绕科研项目的科研数据管理、提交与共享利用政策；在科研机构层面，目前仅有中国科学院和中国农业科学院发布了相关政策，作为科研数据重要产出主体的高校尚未出台相关政策，缺乏系统的政策指引和协助，难以形成有效的管理规范和共识[①]；在科研数据共享中心/平台方面，国家认定的20个科研数据共享中心仅有5个发布了共享服务规范。这些都说明，我国应从各个层面与方面完善我国的科研数据管理与共享政策体系，以推动和保障我国科研数据管理与共享实践发展。

### 二 政策的管理与共享机制有待优化

在具体措施与机制方面，还有不少待完善的地方，主要表现在：政策的规范对象以政府部门收集和管理的数据为主，对科研过程中产生的数据关注不够；建立了科研数据采集与生产的质量保障机制，但缺少实施细则；出台了部分科研数据汇交政策，但亟待进一步健全完善；注重科研数据保管的安全，但缺少数据保存的具体规范；初步建立了科研数据公开机制，但缺少有效的激励机制；注重科研数据的规范使用，但缺少共享数据的价值评估与贡献回报机制。

### 三 政策的基础设施有待加强

与国外发达国家相比，我国的科研数据管理与共享政策的基础设施还比较薄弱。在科研数据平台/中心方面，尽管科技部认定了20个国家科研数据中心，但这些数据中心覆盖的学科领域还很有限，未来亟待进一步加强国家科研数据中心建设，形成覆盖面广、管理规范、运行机制完善、服务能力强的科研数据中心群，为科技创新提供高质量的支撑保障；在数据期刊方面，目前已建立了《中国科学数据（中

---

[①] 顾立平：《科学数据开放获取的政策研究》，科学技术文献出版社2016年版，第70页。

英文网络版)》《全球变化数据学报》（中英文）、《地质科学数据专辑》等专门的数据期刊，但覆盖学科领域有限，未来应进一步加强数据期刊建设，形成完善的数据期刊体系，为科研数据的出版与传播利用提供保障。

## 四 政策的实践基础有待巩固

在实践基础方面，科研人员对于科研数据的管理与共享也存在一些不足：一是不少项目/课题完成后，产生的科研数据分散在不同人员手中，存在数据保管不完善、重要数据丢失/损毁的现象；二是我国科研资助管理机构尚未形成完善的科研项目数据提交/汇交制度，导致科研项目结束后科研数据分散在科研人员手中，不利于国家投资产生的科研数据的汇集与共享；三是由于缺少成熟的科研数据共享机制，科研人员共享科研数据的对象以具有信任关系的人员为主，范围较窄，且不少科研人员对于科研数据共享存在一些顾虑，限制了科研数据的广泛共享，也限制了科研数据价值的充分发挥与实现；四是无论是科研管理部门人员还是科研人员，都对我国的《科学数据管理办法》了解有限，亟待加强《科学数据管理办法》的宣传与推广。这些都表明，我们应尽快建立健全科研数据的提交保管、共享利用制度，以保障科研数据的安全和充分共享利用，提升我国科技创新能力，保障国家安全能力。

# 第四章 国外科研数据管理与共享政策的典型经验

他山之石，可以攻玉。考察国外科研数据管理与共享政策有助于我们更好地了解与借鉴国外已有经验，为我国科研数据管理与共享政策的制定与实施提供参考借鉴。在已有研究中，邢文明（2014）从科研资助机构、高校等层面考察美国、英国、澳大利亚、加拿大等国的科研数据管理与共享政策[1]；何青芳（2016）从政府部门、科研资助机构、高校、出版机构及数据期刊等层面考察了英国、美国和澳大利亚三个国家的科研数据管理政策[2]；董坤、顾立平（2016）调研了国外政府、科研资助机构、科研教育机构、信息服务机构、学术期刊、数据期刊、通用型数据知识库、学科数据知识库等主体的科研数据开放政策体系，为我们提供了参考[3]；温芳芳（2017）梳理了国外国家立法、政府及其各部门、公共科研资助机构、社会慈善机构、科研机构等主体的科研数据开放共享政策。[4] 上述研究均从科研数据管理与共享主体的角度对国外科研数据管理与共享政策进行考察，有助于我

---

[1] 邢文明：《我国科研数据管理与共享政策保障研究》，博士学位论文，武汉大学，2014年。
[2] 何青芳：《国外科学数据管理政策的调查与分析》，《上海高校图书情报工作研究》2016年第2期。
[3] 董坤、顾立平：《若干国家科研数据开放政策框架研究》，《中国科技资源导刊》2016年第3期。
[4] 温芳芳：《国外科学数据开放共享政策研究》，《图书馆学研究》2017年第9期。

们从横向上对国外科研数据管理与共享政策有概览式的把握与了解。然而，笔者认为，不同国家均有着各自独特的历史文化制度与科研管理体制，只有建立并形成契合本国具体国情与特点的政策体系才能确保政策的可行性和有效性，从而真正发挥政策促进和保障科研数据共享的作用。基于此，笔者将分别从各个国家的角度考察其政策体系与政策特点，探析其政策与本国历史文化制度及现行科技管理体制之间的结合与互动关系，以期为我国的科研数据管理与共享政策提供参考借鉴。由上述相关研究可知，当前美国、英国、澳大利亚三个国家的科研数据管理与共享政策体系相对较完善和系统，本书将重点选择这三个国家进行考察分析。

## 第一节　美国科研数据管理与共享政策现状调研

美国作为全球科技创新的引领者，较早就认识到科研数据潜藏的巨大价值，并进行科研数据管理与共享的实践探索，积累了丰富的经验。本部分将对美国科研数据管理与共享的政策现状进行调研梳理，总结有益经验，为我国提供参考。

### 一　有关信息与数据开放共享的法律

在美国，政府资助产生的科研成果（包括科研数据）是政府信息公开的重要内容之一。早在1966年，美国就颁布了《信息自由法案》（Freedom of Information Act），并多次对其进行修订完善，最近的一次修订是2016年6月，奥巴马签署"2016信息自由法改革法案"（FOIA Improvement Act of 2016），规定：政府各机关都应当根据公开发布的程序，允许公众通过电子途径查阅政府信息，同时规定，被申请3次及3次以上的信息要主动公开。[①] 这一规定既是公众获取政府

---

[①] 后向东：《美国2016年〈信息自由法〉改革法案述评》，《电子政务》2016年第10期。

信息的法律依据，也确立了美国政府信息"依申请公开到主动公开"的制度依据。1974 年颁布的《隐私权法》规定：任何个人都可以查看联邦政府保存的有关其本人的信息，联邦政府机关不得向他人公布与特定个人有关的信息。[1] 1976 年颁布的《阳光下的政府法》（Government in the Sunshine Act of 1976）将政府会议记录及其内容公开作为一项基本原则。三者共同构成了美国联邦政府信息公开的法律制度保障。2018 年 12 月 21 日，美国国会投票通过了一项新的政府数据开放法律——《公共、公开、电子与必要性政府数据法案》（又称《开放政府数据法案》），该法律确定了政府数据开放的两大基本原则：任何不涉及公众隐私或国家安全的"非敏感"政府信息应以机器可读的格式向公众开放发布并作为默认选项；联邦机构在制定公共政策时，应遵循循证原则。该法将确保联邦政府遵循数据管理的最佳实践发布有价值的数据集，并承诺以非专有的电子格式向公众提供数据。[2]

## 二 政府有关数据开放共享的政策

早在 1991 年，白宫科技政策办公室（Office of Science and Technology Policy，OSTP）就发布了《全球变化研究数据管理政策声明》（Data Management for Global Change Research Policy Statements）[3]，指出对全球变化研究项目所产生的科研数据实行"完全与公开"（Full and Open）共享。2005 年发布的《全球综合地球观测系统十年执行计划》（The Global Earth Observation System of Systems（GEOSS）10-Year Implementation Plan），设专门章节对数据共享问题进行论述：地球观测系

---

[1] 陆健英等：《美国的政府数据开放：历史，进展与启示》，《电子政务》2013 年第 6 期。

[2] H. R., "4174-Foundations for Evidence-Based Policymaking Act of 2018", 14th January 2019, https：//www.congress.gov/115/plaws/publ435/PLAW-115publ435.pdf, 2020-03-15.

[3] Office of Science and Technology Policy, "Policy Statements on Data Management for Global Change Research", 2th July 1991, http：//www.gcrio.org/USGCRP/DataPolicy.html, 2020-03-15.

统的效益离不开数据共享，GEOSS 将遵循如下数据共享原则：①全球地球观测系统的数据、元数据和产品将在遵循相关国际文件、国家政策法规的基础上进行全面公开共享；②所有共享的数据、元数据和产品将以最短时间延迟和最低成本提供；③鼓励所有数据、元数据和产品以免费或不超过复制成本供研究和教育目的使用。①

进入21世纪特别是2008年以来，美国将政府信息开放作为促进社会创新、推动经济发展的重要路径，从战略层面加以推进。2009年1月发布的《开放和透明政府备忘录》（Transparency and Open Government）中指出：开放将加强我们的民主，提高政府的效率和效能，我们将共同努力，致力于创造一个前所未有的开放政府，确保公众信任并建立一个透明、公众参与和协作的体系。② 2009年12月，美国管理和预算办公室发布了《开放政府指令》（Open Government Directive）③，要求联邦各机构按照透明（Transparency）、公众参与（Participation）、协同（Collaboration）三个原则通过政府网站主动向公众公开符合《信息自由法案》规定的政府信息与数据。随着信息公开的深入，美国政府逐渐由信息公开深入到数据公开层面。2013年2月，美国白宫科技政策办公室（OSTP）发布《促进联邦资助科研成果的获取》（Increasing Access to the Results of Federally Funded Scientific Research），指出：无论全部或部分受联邦资助的科研项目，所产生的数字形式的科研数据都应该存储起来，提供检索和公开访问，并要求每个年度科研资助经费超过1亿美元的联邦机构都应制定促进公众获取

---

① "The Global Earth Observation System of Systems（GEOSS）10-Year Implementation Plan"，16th February 2005，https：//www.earthobservations.org/documents/10-Year%20Implementation%20Plan.pdf，2020 – 03 – 15.

② 朱琳、张鑫：《美国政府数据开放政策与实践研究》，《情报杂志》2017年第4期。The White House，Transparency and Open Government. 21th January 2009，https：//obamawhitehouse.archives.gov/the-press-office/transparency-and-open-government，2020 – 03 – 15.

③ Office of Management and Budget，"Open Government Directive"，8th December 2009，https：//obamawhitehouse.archives.gov/open/documents/open-government-directive，2020 – 03 – 15.

由其资助产生的科研成果的计划。① 截至 2016 年 7 月 22 日，已有美国农业部、国防部、能源部等 12 个部门及其下属机构制订了各自的公开访问计划。2013 年 5 月 9 日，奥巴马发布行政指令《实现政府信息开放和机器可读》（Making Open and Machine Readable the New Default for Government Information），指出政府数据的默认状态应该是开放的和计算机可读的，并确保公众容易发现、获取和使用。② 2016 年 12 月，美国国家科技委员会国际问题分委员会的开放数据共享政策工作组发布了一份名为《通过国际科技合作促进联邦政府支持的科研数据与研究成果获取的原则》（Principles for Promoting Access to Federal Government-Supported Scientific Data and Research Findings Through International Scientific Cooperation）的报告指出：美国致力于提升政府资助产生的非保密科研数据的获取机会，以进一步开展科学和技术方面的国际合作，应对全球挑战，并提出了七项原则：①科学进步和合作得益于从始至终对科研数据的建立、描述、管理、维护、验证、可发现、可获取及传播的持续努力；②科研数据应在法律允许的范围内，遵守隐私、保密、安全和其他适当限制（如承认专有权益、商业机密和知识产权）的前提下最大限度提供开放获取；③在可能的情况下，政府支持产生的科研数据应免费提供；④国际科技合作活动的合作伙伴应在项目启动时制订数据管理计划；⑤联邦机构应鼓励技术和法律上的互操作性，以促进国际科研数据共享；⑥政府支持产生的科研数据（和出版物）应尽早公开提供，并明确公开时间和限制使用期的期

---

① Office of Science and Technology Policy, "Increasing Access to the Results of Federally Funded Scientific Research", 22th February 2013, https：//obamawhitehouse.archives.gov/sites/default/files/microsites/ostp/ostp_ public_ access_ memo_ 2013.pdf. 2020 – 03 – 15. 杨文娜等：《国外科研记录与数据管理实践对我国科研项目档案管理的启示》，《档案学研究》2019 年第 2 期。

② The White House, "Executive Order—Making Open and Machine Readable the New Default for Government Information", 9th May 2013, https：//www.accela.com/civicdata/assets/whitehouse_ exec_ order_ 050913.pdf, 2020 – 03 – 15.

限；⑦联邦机构应在国际科技合作活动中鼓励开放共享数据。① 笔者对美国政府发布的相关政策进行梳理，见表 4-1。

表 4-1　　　　　　　　美国政府发布的数据开放政策

| 序号 | 政策文件 | 发布者 | 发布时间 | 主要内容 |
| --- | --- | --- | --- | --- |
| 1 | 《全球变化研究数据管理政策声明》 | 白宫科技政策办公室（OSTP） | 1991-7-2 | 全球变化研究项目要求从数据的建立、维护、验证、描述、访问与传播等环节确保数据的质量和长期可用，并以对所有研究人员的完全与公开共享为目标。 |
| 2 | 《开放和透明政府备忘录》 | 白宫（WH） | 2009-7-21 | 强调开放政府的意义，指出未来努力的方向：建立一个透明、公众参与和协作的行政体系，以加强民主，提高政府的效率与效能。其中，透明原则要求政府应利用最新技术，将有关工作和决策的信息通过网络以公众容易找到和使用的方式尽早公开，同时，还应征求公众的反馈意见，以确定对公众最有用的信息。 |
| 3 | 《开放政府指令》 | 行政管理与预算局（OMB） | 2009-12-8 | 要求联邦各机构按照透明（Transparency）、公众参与（Participation）、协同（Collaboration）三个原则通过政府网站主动向公众公开符合《信息自由法案》的政府信息与数据。 |
| 4 | 《促进联邦资助科研成果的获取》 | 白宫科技政策办公室（OSTP） | 2013-2-22 | 受联邦政府资助的科研项目所产生的数字形式的科研数据应该存储起来，并提供公开访问和共享利用。 |

---

① "Principles for Promoting Access to Federal Government-Supported Scientific Data and Research Findings Through International Scientific Cooperation", December 2016, https://obamawhitehouse.archives.gov/sites/default/files/microsites/ostp/NSTC/iwgodsp_principles_0.pdf, 2020-03-15。

续表

| 序号 | 政策文件 | 发布者 | 发布时间 | 主要内容 |
|---|---|---|---|---|
| 5 | 《开放数据政策——将数据当作资产管理备忘录》 | 行政管理与预算局（OMB） | 2013-5-9 | 数据作为一种非常有价值的资源，其开放对于社会创新大有推动作用，使数据更具可读性，将进一步推动社会创新。① |
| 6 | 《实现政府信息开放和机器可读》 | 白宫（WH） | 2013-5-9 | 政府数据的默认状态应该是开放的和计算机可读的，并确保公众容易发现、获取和使用。 |
| 7 | 《G8开放数据宪章》 | 八国集团（G8） | 2013-6 | 强调政府数据开放的价值，明确数据开放的5个原则：开放数据是常态、质量与数量并重、所有人都可使用、以改善治理为导向、以激励创新为导向。② |
| 8 | 《开放数据行动计划》 | 白宫（WH） | 2014-5-9 | 采取以下行动以落实《开放数据宪章》：①通过可以搜寻、可机读、可利用的方式发布数据；②通过和公众沟通来确定数据公开的优先级；③大力支持创新，通过反馈机制提升公共数据质量；④不断完善并发布优先级高的数据集。③ |

---

① "Open Data Policy-Managing Information as an Asset", 9th May 2013, https://obamawhitehouse.archives.gov/sites/default/files/omb/memoranda/2013/m-13-13.pdf, 2020-03-15. 朱琳、张鑫：《美国政府数据开放政策与实践研究》,《情报杂志》2017年第4期。

② "G8 Open Data Charter", June 2013, https://assets.publishing.service.gov.uk/government/uploads/system/uploads/attachment_data/file/207772/Open_Data_Charter.pdf, 2020-03-20.

③ "U.S. OPEN DATA ACTION PLAN", 9th May 2014, https://obamawhitehouse.archives.gov/sites/default/files/microsites/ostp/us_open_data_action_plan.pdf, 2020-03-20. 张月茹：《对比分析G8国家的开放数据政策及对中国的启示》,《农业图书情报学报》2018年第4期。

续表

| 序号 | 政策文件 | 发布者 | 发布时间 | 主要内容 |
|---|---|---|---|---|
| 9 | 《数据发布与共享政策》 | 疾病预防和控制中心（CDC） | 2005 | CDC所资助的项目在数据发布和共享之前，应制订特定的数据发布计划，对数据收集、传输、编辑、处理、分析、存储和传播的所有阶段进行评估，并在评估后的一年内通过CDC的公共平台发布数据，与合作伙伴共享。① |
| 10 | 《数据管理政策》 | 航空航天局太阳物理部（NSSDC） | 2009-6-25 | 项目申请者必须提交数据管理计划，并确保可公开访问数据的质量；在项目完成后，NSSDC将对数据进行归档，并提供跨任务分析和可视化工具，以便NASA数据中心进行开放共享。② |
| 11 | 《数据和信息政策》 | 航空航天局地球科学部 | 2012-1 | ①遵循数据采集政策，收集长期有效的数据集；②将地球科研数据对所有用户完全开放共享；③地球科研数据对所有用户平等开放；④提供标准化数据产品，提高数据价值；⑤所有任务、项目、资助都应包含数据管理计划；⑥坚持无歧视性数据访问原则，对所有用户一视同仁；⑦对提供的数据，仅收取传输成本费；⑧对数据进行妥善存档并确保易于获取；⑨与其他联邦机构共同提高服务效率并降低成本；⑩与国际机构合作以满足美国用户需求；⑪对数据、系统和服务以及用户满意度进行评估。③ |

---

① Centers for Disease Control and Prevention, "CDC/ATSDR Policy on Releasing and Sharing Data", 7th September 2005, https: //www. cdc. gov/maso/policy/releasingdata. pdf, 2020 – 03 – 20.

② NSSDCA, "NASA Heliophysics Science Data Management Policy", 12th April 2009, https: //nssdc. gsfc. nasa. gov/nssdc/Heliophysics_ Data_ Policy_ 2009Apr12. pdf, 2020 – 03 – 20.

③ "Earthdata, Data & Information Policy", 22th August 2017, https: //earthdata. nasa. gov/collaborate/open-data-services-and-software/data-information-policy, 2020 – 03 – 20.

续表

| 序号 | 政策文件 | 发布者 | 发布时间 | 主要内容 |
| --- | --- | --- | --- | --- |
| 12 | 《数据提交指南》 | 国家海洋和大气管理局（NOAA） | — | 受资助机构必须确保所提交数据的质量，在规定时间内将这些数据提交到国家数据中心存档，以便国家数据中心将已提交的数据进行保存、管理并及时提供给用户，实现研究数据的开放共享。① |
| 13 | 《数字人文实施资助指南》 | 国家人文基金会（NEH） | 2016 | 所有申请人必须提交数据管理计划，说明研究数据将如何保存；NEH 会尽可能将所资助项目产生的科研数据向科研人员和公众公开发布，实现开放共享。② |
| 14 | 《教育科学研究院研究中心数据共享政策》 | 教育部（IES） | — | 项目申请人必须提交项目申请报告，包括数据管理计划的具体说明和数据共享成本。IES 将对所资助的项目产生的数据进行收集、整理，并在项目完成后及时向公众免费共享。③ |
| 15 | 《信息与数据共享政策》 | 能源部生物与环境研究办公室（BER） | 2013-5-9 | 所资助项目产生的数据必须以标准格式存储于 BER 特定的、可公开访问的公共数据库中，并存档。由共享数据而产生的出版物必须标明元数据的来源，同时遵守相关知识产权规定。④ |
| 16 | 《数据共享政策》 | 能源部大气辐射测量项目（ARM） | 2016 | ①对科研数据进行免费开放共享；②及时向科研人员与公众共享 ARM 数据中心已处理的数据；③在规定期限内，通过 ARM 数据中心及时向科研机构共享研究数据；④ARM 所资助项目之间应及时地分享所有数据；⑤进行数据源的识别；⑥在一定的条件下，与其他组织共享涉及共同利益的数据。⑤ |

① "Long Version of the Data Submission Guidelines", January 2012, http://www.nodc.noaa.gov/General/NODC-Submit/submit-guide.html, 2020-03-20.

② National Endowment for the Humanities, "Digital Humanities Implementation Grants", 17th December 2017, http://www.neh.gov/files/grants/digital-humanities-implementation-feb-2014.pdf, 2020-03-20.

③ Institute of Education Sciences, "Policy Statement on Public Access to Data Resulting from IES Funded Grants", http://ies.ed.gov/funding/datasharing_policy.asp, 2020-03-20.

④ Genomic Science Program, "Information and Data Sharing Policy", 9th May 2013, https://genomicscience.energy.gov/datasharing/GTLDataPolicy.pdf, 2020-03-20.

⑤ ARM Research Facility, "Data Sharing Policy", https://www.arm.gov/policies/data-policies/data sharing policy, 2020-03-20.

续表

| 序号 | 政策文件 | 发布者 | 发布时间 | 主要内容 |
|---|---|---|---|---|
| 17 | 《数据政策》 | 农业部农业研究服务局（USDA-ARS） | 2016-9-19 | 所有资助项目产生的数据都属于公共财产，其开放共享应不受版权限制；鼓励用户与科研人员之间进行沟通交流，通过这种方式科研人员可向用户阐明所共享数据的来源和可靠性。① |

## 三 科研资助/管理机构的科研数据政策

### （一）美国国家科学基金会及其下属机构的科研数据政策

美国的科研资助/管理机构主要有国家科学基金会（National Science Foundation，NSF）、国立卫生研究院（National Institutes of Health，NIH），以及一些政府部门如能源部（DOE）、航空航天局（NASA）、国防部（DOD）、农业部（USDA）等。这些机构对大学资助的科研经费占到了联邦政府所有部门提供给大学科研经费总额的90%以上。②

美国国家科学基金会（NSF）于2010年10月发布的《申请与资助政策及程序指南》（NSF Proposal and Award Policies and Procedures Guide）③第二章第三部分的"特别信息和附件"（Special Information and Supplementary Documentation）规定：从2011年1月18日开始，

---

① U. S. Department of Agriculture, "Data Policy", 19th September 2016, https://www.ars.usda.gov/ceap/data-policy/, 2020-03-20. 洪程：《我国高校科研数据管理政策研究》，硕士学位论文，湘潭大学，2019年。

② 中华人民共和国财政部：《美国、英国大学科研资助情况研究》，2012年6月18日，http://jkw.mof.gov.cn/zhengwuxinxi/tashanzhishi/200807/t20080731_60011.html，2020年3月26日。

③ Grants.gov Application Guide: A guide for Preparation and Submission of NSF Applications via Grants.gov, 21th May 2012, http://www.nsf.gov/pubs/policydocs/grants govguide 0111.pdf, 2020-03-26. 洪程：《我国高校科研数据管理政策研究》，硕士学位论文，湘潭大学，2019年。

所有提交的项目申请书都必须包含一份不超过两页的"数据管理计划"（Data Management Plan）的附件，描述申请人将如何传播与共享研究成果。随着 NSF 项目申请与资助指南的发布，NSF 下属的各理事会包括生物科学分部（Directorate for Biological Sciences，BIO）、计算机与信息科学工程学部（Computer & Information Sciences & Engineering，CISE）、工程学部（Directorate for Engineering，ENG）、地学学部（Directorate for Geosciences，GEO）、社会、行为与经济科学学部（Directorate for Social，Behavioral & Economic Sciences，SBE）、教育与人文资源学部（Education & Human Resources Directorate，EHR）、数学与物理科学学部（Mathematical and Physical Sciences Directorate，MPS）等都制定了各自的数据管理与共享政策或数据管理计划指南，或沿用 NSF 的相关规定，要求科研资助申请人必须提交相应的数据管理计划（见表 4-2）。

表 4-2　　　　　　　　NSF 各分部研究数据政策一览表

| 机　构 | 政策名称 | 发布日期 | 主要内容 |
| --- | --- | --- | --- |
| 生物科学部（BIO） | 关于数据管理计划的最新信息 | 2013-2-20 | 所有申报书必须包含一份不超过两页的"数据管理计划"（DMP）附件，详述如下问题：①哪些类型的数据将会被收集，采用的标准与格式；②项目完成后，将采用何种物理/网络设施或资源（包括第三方资源）对数据进行保存；③资助结束后，对数据和元数据提供共享的媒介与方式；④描述数据共享和公开获取的条款；⑤描述各方对数据管理的角色与职责。提供数据共享的元数据格式、载体和传播方法等。研究项目获批后，会对项目的年度及最终报告中有关数据管理计划的实施情况进行审查。① |

---

① "Updated Information about the Data Management Plan Required for all Proposals"，21th May 2012，http://www.nsf.gov/bio/pubs/BIODMP061511.pdf，2020-03-26. 洪程：《我国高校科研数据管理政策研究》，硕士学位论文，湘潭大学，2019 年。

续表

| 机 构 | 政策名称 | 发布日期 | 主要内容 |
|---|---|---|---|
| 计算机与信息科学工程学部（CISE） | — | — | 沿用 NSF 规定 |
| 工程学部（ENG） | NSF 工程学部数据管理要求 | — | 所有项目在申请过程中必须包含一份不超过两页的数据管理计划（DMP），详述如何收集、管理、保存和共享研究数据。该 DMP 会作为项目评审和获得资助后对研究数据进行管理的依据。[1] |
| 地学学部（GEO） | 海洋科学部样本与数据政策 | 2011-5 | 海洋科学部（OCE）要求元数据文档、完整的数据集、派生的数据产品和实物资料必须在两年内公开。如果找不到合适的存放数据的存储库/中心，项目负责人（PI）应说明将如何对数据进行有效保存和共享。某些特殊类型的数据，必须存放在指定的国家数据中心，供公众开放获取。PI 要在项目进展年度报告里说明 DMP 执行的情况。[2] |
| | 地球科学部数据共享政策 | 2010-9 | 地球科学部（EAR）要求所有数据集、派生数据产品、软件和实物资料必须在产生后两年内向公众开放。DMP 中还应包含如何归档实物样品以及保存期限。地球科学部的网站上列出了可供存储数据的存储库/中心，如果找不到合适的，PI 应说明将如何对数据进行有效保存和共享。PI 要在项目进展年度报告里说明 DMP 执行的情况。[3] |

---

[1] "ENG Data Management Plan Requirements", https：//www.nsf.gov/eng/general/ENG_DMP_Policy.pdf，2020-03-26.

[2] "Division of Ocean Sciences (OCE) Sample and Data Policy", 24th May 2011, https：//www.nsf.gov/pubs/2017/nsf17037/nsf17037.pdf，2020-03-26.

[3] "Data and Sample Policy Division of Earth Sciences National Science Foundation Division of Earth Sciences", September 2010, https：//www.nsf.gov/geo/geo-data-policies/ear/ear-data-policy-sep2017.pdf，2020-03-26.

续表

| 机　构 | 政策名称 | 发布日期 | 主要内容 |
| --- | --- | --- | --- |
| 社会、行为与经济科学学部（SBE） | 数据存档政策 | — | 由于资助的学科众多，不同领域的研究数据的性质、收集、分析与保存的方式各不相同，因而 DMP 也因领域而异。DMP 应说明研究数据保存的方式、地点，以及如何提供访问等。并对定量数据、定性信息、实验研究、数学和计算机模型等类型的数据的保存与共享进行了规定。[1] |
| 教育与人力资源学部（EHR） | NSF 教育与人力资源部数据管理要求 | 2011-3 | DMP 应重点阐述"将要收集或产生哪些数据""如何管理这些数据"两个问题，主要内容包括：各方角色与职责、将产生的数据类型与格式、如何保存和存储数据、数据访问与共享中的限制因素、项目结束后多久可以提供访问与共享、数据管理可能涉及的成本等内容。PI 要在项目进展年度报告里说明 DMP 执行的情况。[2] |
| 数学与物理科学学部（MPS） | 数学与物理科学学部天文学处给科研人员数据管理计划的建议 | 2010-11 | MPS 资助领域众多，该政策分别对天文学部（Astronomy Division）、化学部（Division of Chemistry）、材料研究部（Division of Materials Research）、数学科学部（Division of Mathematical Sciences）、物理部（Physics Division）等领域的研究数据做出了具体规定。[3] |

## （二）美国国立卫生研究院的科研数据政策

美国国立卫生研究院（NIH）隶属于美国卫生与公众服务部

---

[1] "Data Archiving Policy", https://www.nsf.gov/sbe/ses/common/archive.jsp, 2020-03-26.

[2] "Data Management for NSF EHR Directorate Proposals and Awards", March 2011, https://www.nsf.gov/bfa/dias/policy/dmpdocs/ehr.pdf, 2020-03-26.

[3] "Directorate of Mathematical and Physical Sciences, Advice to PIs on Data Management Plans", https://www.nsf.gov/bfa/dias/policy/dmpdocs/mps.pdf, 2020-03-26.

(U. S. Department of Health and Human Services，HHS)，是美国主要的医学研究机构，旨在从事改善人类健康和挽救生命方面的研究与发现。它由 27 个机构或中心组成，分别从事特定领域和疾病的研究。NIH 也是世界上最大的医学研究资助/管理机构，承担着管理和分配科研基金的职责，为美国及全球各地的高校和研究机构提供科研资助。

早在 2003 年 2 月 26 日，NIH 就制定了《科研数据共享最终声明》(Final NIH Statement on Sharing Research Data)，要求从 2003 年 10 月 1 日开始，任何一年内直接费用超过 50 万美元的科研项目申请者都必须在申请书中包含一份如何进行数据共享的计划或者数据不提供共享的说明。[①] 为指导该声明的实施，2003 年 3 月 5 日，NIH 发布了《NIH 数据共享政策与实施指南》(NIH Data Sharing Policy and Implementation Guidance)[②]，对上述声明的目标、应用范围、实施等具体问题作了详细规定。2006 年 8 月，NIH 发布了"NIH 资助产生的数据共享规章政策指南"(Data Sharing Regulations/Policy/Guidance Chart for NIH Awards)[③]，为受 NIH 资助的科研数据的共享提供指导。此外，NIH 还大力推动资助项目中的大规模人类和非人类基因数据的共享，于 2014 年 8 月 27 日出台了《NIH 基因组数据共享政策》(NIH Genomic Data Sharing Policy)[④]，以促进数据共享，加快科研数据转化为可改善健康的知识、产品与程序。

---

① NIH，"Final NIH Statement on Sharing Research Data"，22th May 2012，http：//grants. nih. gov/grants/guide/notice-files/NOT-OD – 03 – 032. html，2020 – 03 – 28.
② NIH，"NIH Data Sharing Policy and Implementation Guidance"，3th May 2003，https：//grants. nih. gov/grants/policy/data_ sharing/data_ sharing_ guidance. htm，2020 – 03 – 28.
③ NIH，"Data Sharing Regulations/Policy/Guidance Chart for NIH Awards"，28th March 2006，https：//grants. nih. gov/policy/sharing. htm，2020 – 03 – 28.
④ NIH，"Request for Information：Input on the Draft NIH Genomic Data Sharing Policy"，27th September 2013，https：//grants. nih. gov/grants/guide/notice-files/NOT-OD – 13 – 119. html，2020 – 03 – 28.

## 四 科研机构的科研数据管理与共享政策

### (一) 美国高校的科研数据政策

为全面了解美国高校科研数据政策制定情况,笔者利用Google、必应等搜索引擎,以"Data Policy""Data Management Policy""Data Sharing Policy""Research Data Policy"等关键词+"university"进行搜索,经筛选,共找到34所高校的科研数据管理与共享政策,见表4-3。

表4-3　　　　　　　　美国高校科研数据政策一览表

| 序号 | 学　校 | 政策名称 | 制定时间 | 修订时间 |
|---|---|---|---|---|
| 1 | Case Western Reserve University (凯斯西储大学) | University Policy on Custody of Research Data | 2000-12-14 | — |
| 2 | Colorado State University (科罗拉多州立大学) | Research Data Policy | 2015-11-10 | — |
| 3 | Dartmouth College (达特茅斯学院) | Data Retention | — | — |
| 4 | Duke University (杜克大学) | Research Records: Sharing, Retention, and Ownership | 1994-5-5 | 2007-1-1 |
| 5 | Harvard University (哈佛大学) | Retention of Research Data and Materials | 2011-7-1 | 2015-6-1 |
| 6 | Johns Hopkins University (约翰·霍普金斯大学) | Policy on Access and Retention of Research Data and Materials | 2008-1-2 | — |
| 7 | Michigan State University (密歇根州立大学) | Research Data: Management, Control, and Access | — | — |
| 8 | Montana State University (蒙大拿州立大学) | Electronic Research Data Security Policy | 2007-2-12 | 2015-2-1 |
| 9 | New York university (纽约大学) | Retention of and Access to Research Data | 2010-3-1 | — |

续表

| 序号 | 学　校 | 政策名称 | 制定时间 | 修订时间 |
| --- | --- | --- | --- | --- |
| 10 | Northern Illinois University（北伊利诺大学） | Data Management Policy | — | — |
| 11 | Northwestern University（西北大学） | Research Data: Ownership, Retention and Access | 2012-12-18 | 2018-1-25 |
| 12 | Old Dominion University（欧道明大学） | Researchand Scholarly Digital Data Management Policy | 2014-1-24 | — |
| 13 | Rice University（莱斯大学） | Research Data Management | 2012-4-2 | — |
| 14 | Stanford University（斯坦福大学） | Retention of and Access to Research Data | 1997-10-30 | — |
| 15 | SUNY Upstate Medical University（纽约州立大学上州医科大学） | Data Retention and Ownership Policy | 2011-5-10 | — |
| 16 | The Ohio State University（俄亥俄州立大学） | Research Data Policy | 2009-9-18 | — |
| 17 | The University of North Carolina at Greensboro（北卡罗来纳州立大学格林波若分校） | Access to and Retention of Research Data | 2012-4-9 | — |
| 18 | University of Alabama（阿拉巴马大学） | Policy and Procedures for Research and Other Sponsored Project Data Ownership and Retention | — | — |
| 19 | University of California, San Diego（加州大学圣迭戈分校） | UC San Diego Guidelines on Access and Management of Research Data | — | 2015-2-24 |
| 20 | University of Houston（休斯敦大学） | Data Retention Policy | — | — |

第四章　国外科研数据管理与共享政策的典型经验　　143

续表

| 序号 | 学　校 | 政策名称 | 制定时间 | 修订时间 |
|---|---|---|---|---|
| 21 | University of Kentucky（肯塔基大学） | Data Retention & Ownership Policy | 1999-8-7 | 2006-2-12<br>2011-2-15 |
| 22 | University of Minnesota（明尼苏达大学） | Research Data Management: Archiving, Ownership, Retention, Security, Storage, and Transfer | 2014-12 | 2015-1 |
| 23 | University of New Hampshire（新罕布什尔大学） | UNH Policy on Ownership, Management, and Sharing of Research Data | — | — |
| 24 | University of North Alabama（北阿拉巴马大学） | Data Ownership and Retention | — | — |
| 25 | University of Notre Dame（圣母大学） | Data Retention and Access | — | — |
| 26 | University of Pittsburgh（匹兹堡大学） | Guidelines on Research Data Management | 2009-11-25 | — |
| 27 | University of Rochester（罗彻斯特大学） | Access to and Retention of Research Data | 2014-11-1 | — |
| 28 | University of Tennessee（田纳西大学） | Research Data Policy | 2009-3-1 | — |
| 29 | University of Texas at San Antonio（得克萨斯大学圣安东尼奥分校） | Research and Other Sponsored Projects Data or Record Ownership and Retention | 2010-1-20 | — |
| 30 | University of Virginia（弗吉尼亚大学） | Data Rights and Responsibilities Guidance 1.0 | 2011-2-1 | — |
| 31 | University of Washington（华盛顿大学） | Research Data | — | 2014-11-24 |
| 32 | University of Wisconsin-Madison（威斯康星麦迪逊大学） | Policy on Data Stewardship, Access, and Retention | 2011-2-21 | 2013-6-10 |

续表

| 序号 | 学　校 | 政策名称 | 制定时间 | 修订时间 |
|---|---|---|---|---|
| 33 | Virginia Commonwealth University（弗吉尼亚联邦大学） | Research Data: Ownership, Retention and Access | 2009-5-15 | 2015-11-5 |
| 34 | Weill Cornell Medical College（威尔康奈尔医学院） | Research Data: Recording, Retention and Access Policy | — | 2007-1 |

注：表中的排序按学校名称的字母顺序排序。

由表4-3可看出，美国高校从1994年开始关注并制定科研数据政策，但增长较缓慢，且每年出台的政策数量也不多。笔者统计了其中提供政策制定时间的23项科研数据政策的年份信息，见图4-1。

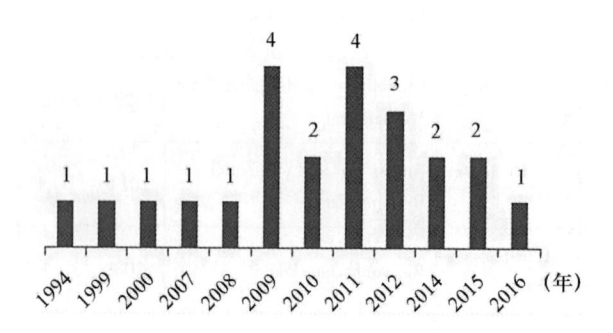

图4-1　美国高校科研数据政策制定的年份分布

部分政策提供了章节信息，笔者对这些章节标题/名称进行统计发现，美国高校的科研数据政策主要包含以下几方面的内容：（1）介绍性信息，如政策概述、政策适用范围、相关术语定义等；（2）科研数据的搜集、管理与保存，如数据管理负责人、数据保存责任人、数据保存地点、保存期限、数据的安全与备份等；（3）数据的使用与共享，如数据的归属与所有权、数据的发布、科研人员离开学校后数据的转移与处理等；（4）政策的实施，如政策的解释权、联系信息、违规处罚等；（5）其他相关信息，如相关政策法规、政策的制定及修订信息等。

对这些政策分析发现，由于美国科研资助/管理机构并没有要求高校制定相关科研数据政策，因而美国高校制定科研数据政策多是出于认识到科研数据的重要价值，以及保存科研过程中产生的数据与资料以促进科研透明、规范与诚信而自发制定的，因而各高校的政策相对较松散。体现在如下方面：（1）政策制定时间较分散（见图4-1）；（2）政策名称不够统一，如《研究记录政策：共享、保存与所有权》（Policy on Research Records: Sharing, Retention, and Ownership）、《数据保存》（Data Retention）、《数据保存政策》（Data Retention Policy）、《数据保存与获取》（Data Retention and Access）、《数据归属与保存》（Data Ownership and Retention）、《数据保存与归属政策》（Data Retention & Ownership Policy）、《数据管理政策》（Data Management Policy）、《数据管理、获取与保存政策》（Policy on Data Stewardship, Access, and Retention）、《科研数据政策》（Research Data Policy）、《科研数据与资料的保存》（Retention of Research Data and Materials）、《科研数据与资料的获取及保存政策》（Policy on Access and Retention of Research Data and Materials）、《研究与学术数字数据管理政策》（Research and Scholarly Digital Data Management Policy）、《电子研究数据安全政策》（Electronic Research Data Security Policy）等，可谓五花八门，各不相同；（3）政策内容也不尽相同，有的较简略，有的较详细。

（二）美国其他科研机构的科研数据政策

PLOS、Science、PNAS等14家期刊出版机构制定了针对期刊学术论文的科研数据管理或开放共享政策。其中，Genetics制定的"Scope and Publication Policies"规定：所有没有在表格和图表中完全显示的数据，以及确认用户的手稿中的结论所需数据，都必须公开。对于包括基因型和DNA序列的研究，应以通用格式提供所有个体的基因型或序列，如比对、VCF或纯文本文件，原始序列读数应存放在公共存储库中。①

美国学术出版和学术资源联盟（the Scholarly Publishing and Academic Resources Coalition，SPARC）致力于实现研究成果和教育资料的开放共享，促进获取知识（包括数据资源）的民主化。SPARC 与其他利益相关者（包括作者、出版商、图书馆、学生、资助者、政策制定者和公众）均开展了广泛的合作②，通过采用促进开放存取、开放数据和开放教育的政策和实践，帮助研究者进行科研发现。③

在私人资助者数据共享方面，有诸如《比尔和梅琳达·盖茨基金会信息共享方法》《斯隆基金会数据共享政策》等。④

### 五 美国科研数据管理与共享政策的特点

**（一）将科研数据开放共享作为开放政府和开放获取政策的一部分**

随着大数据时代的到来，数据已成为一种重要的战略资源，是全球经济中新的资本要素。美国将政府掌握的公共信息资源视为宝贵的国家财富，致力于推动政府信息的开放和公开以充分发挥其价值。奥巴马政府认为开放数据不仅有助于确保政府的公开、透明和负责，而且有助于创新、创业和科学发现，先后发布《开放和透明政府备忘录》《开放政府指令》《建设 21 世纪的数字政府备忘录》等，推动健康卫生、医学、教育、能源、农业、财政等各类信息的开放获取，大大推进了美国政府信息开放的进程。2013 年 2 月 22 日，白宫科技政策办公室发布《促进联邦资助科研成果获取的备忘录》，要求年度研发资助经费 1 亿美元以上的各联邦构都要制订公共获取计划，支持联邦政府资助的研究成果的公开获取，包括发表在同行评议学术出版物

---

① Genetics, "Scope and Publication Policies", https：//www.genetics.org/content/scope-and-publication-policies，2020 - 02 - 13。

② SPARC, "Who We Are", https：//sparcopen.org/who-we-are/，2020 - 03 - 31。

③ SPARC, https：//sparcopen.org，2020 - 03 - 31。

④ "Private Research Funders", https：//sparcopen.org/our-work/research-data-sharing-policy-initiative/funder-policies/，2020 - 03 - 31。

上的科学出版物和科学数据。可见，美国将科研数据的开放共享作为开放政府、开放获取和开放数据的一部分进行整体推进。

（二）注重开放科研数据的可查找、可获取和可互操作

科研数据并非公开就能发挥其价值，只有确保其得到充分利用才能最大限度实现其价值。美国政府深刻认识到这一点，在《促进联邦资助科研成果获取的备忘录》中指出：各联邦机构的公共获取计划应提高公众发现和获取联邦资助的研究成果的能力；在确保这些研究成果长期保存的同时，尽可能优化其可检索性、可获得性和互操作性。2013 年 5 月 9 日发布的《实现政府信息开放和机器可读》文件指出：政府数据的默认状态是开放的和计算机可读的，并确保公众易于发现、获取和使用。可见，美国政府非常重视开放科研数据的可用性，通过确保数据的可查找、可获取、可使用、计算机可操作等，推动开放科研数据的最大限度共享利用，以充分发挥和实现其价值。

（三）形成了以 PI 和 DMP 为核心的科研数据管理与共享机制

美国以 NIH 和 NSF 为代表的科研资助机构和以高校为代表的科研机构的科研数据政策形成了以项目负责人（PI）和科研数据管理计划（DMP）为核心的科研数据管理与共享机制，即以 PI 为科研数据管理、保存与共享的核心管理者和责任人，在科研项目全过程中负责科研数据的管理与共享。在项目申请阶段或正式实施前制定 DMP，对科研数据的收集、管理、保存与共享的相关事项进行计划，项目实施过程中根据有关规定对科研数据管理的相关事宜作出决定并负责与项目组成员及主管部门沟通，项目结束后对科研数据的保存、访问与共享进行跟踪负责。这一管理机制既有助于确保科研数据管理的连续性与稳定性，也有助于减轻管理部门的负担，值得我国学习、借鉴。

## 第二节 英国科研数据管理与共享政策现状调研

英国是较早关注科研数据共享的国家，其政策制定起步早，发展

迅速，目前已形成较为成熟完善的体系。

## 一 有关信息与数据开放共享的法律

英国于20世纪70年代开始推动政府信息公开的进程，所颁布的《地方政府法》《数据保护法案》《个人资料获得法案》等法律中都有信息公开的相关规定。20世纪90年代后，在民众的强烈呼吁下，先后发布了《开放政府》《公民宪章》白皮书。① 2000年11月正式通过、2005年1月1日生效实施的《信息自由法》规定②：任何人，不管是否拥有英国国籍，也不管是否居住在英国，都有权利了解包括中央和地方各级政府部门、警察、国家医疗保健系统和教育机构在内的约10万个英国公立机构的信息。被咨询机构必须在20个工作日之内予以答复。但是，如果公众咨询的问题涉及国家安全、相关信息违反法律或不符合公共利益或对他人构成危险，又或公众可以通过其他途径获得这些信息，则有关部门可以拒绝答复。该法赋予了公民"知道某种政府信息是否存在并获得该信息"的权利，同时规定了政府"有责任主动公开信息并处理公民的信息请求"，成为英国政府信息开放与共享的法律依据。

## 二 政府有关数据开放共享的政策

英国政府颁布的科研数据管理相关政策主要从宏观上对这一活动予以正确引导，并起到推动其他机构和部门制定数据开放政策的作用。③ 2011年9月，在联合国大会上，英国与巴西、印度尼西亚、墨西哥、挪威、菲律宾、南非、美国等国家联合签署《开放数据声明》，

---

① 何青芳：《国外科学数据管理政策的调查与分析》，《上海高校图书情报工作研究》2016年第2期。
② 关甄：《中英政府信息公开制度比较》，《云南档案》2010年第7期。
③ 刘莉等：《英国科研数据管理与共享政策研究》，《情报资料工作》2019年第5期。

成立开放政府合作伙伴（Open Government Partnership，OGP）。[①] 为落实该声明，英国于当年11月发布了《开放政府合作伙伴2011英国国家行动方案》（Open Government Partnership UK 2011 National Action Plan）。2012年6月，英国相继发布了三个具有深远影响的文件：英国皇家学会发表《科学作为一项开放的事业》（Science as an Open Enterprise）研究报告，指出：研究数据开放的机遇体现在众多科学领域，一个新的科学时代将改变研究人员的行为以及传播成果的方式[②]；英国内阁办公室发布《开放数据白皮书：释放潜能》（Open Data White Paper: Unleashing the Potential），提出把提高开放数据的透明度作为政府议程的核心，要求尽可能减少对公共资助产生的科研数据开放获取的限制[③]；英国公共部门透明委员会制定了《公共数据原则》（Public Sector Transparency Board: Public Data Principles），要求公共数据遵循相关标准、易于发现、可重用、机器可读等原则进行开放，以确保开放数据的规范性和可重用性[④]。2013年6月，英国作为八国集团成员国签署了《G8开放数据宪章》（G8 Open Data Charter）[⑤]；2013年11月1日，英国又发布了《G8开放数据宪章：英国行动计划》（G8 Open Data Charter: UK Action Plan 2013），提出确保更多高质量数据通过国家数据门户网站发布、使所有用户都能更方便地访问开放数据、保持英国在公开数据领域的全球领先地位、支持并促进开放政府伙伴

---

[①] 赵飞等：《健康医疗大数据共享开放模式研究》，《中国卫生信息管理杂志》2019年第6期。

[②] Royal Society, "Science as an Open Enterprise", June 2012, https://royalsociety.org/~/media/policy/projects/sape/2012-06-20-saoe.pdf, 2020-04-03.

[③] 刘莉等：《英国科研数据管理与共享政策研究》，《情报资料工作》2019年第5期。

[④] Minister for the Cabinet Office, "Public Sector Transparency Board: Public Data Principles", https://assets.publishing.service.gov.uk/government/uploads/system/uploads/attachment_data/file/665359/Public-Data-Principles_public_sector_transparency_board.pdf, 2020-04-03. 黄如花、刘龙：《英国政府数据开放的政策法规保障及对我国的启示》，《图书与情报》2017年第1期。

[⑤] "G8 Open Data Charter", 11th November 2013, https://www.gov.uk/government/publications/open-data-charter/g8-open-data-charter-and-technical-annex, 2020-04-03.

计划并将其作为世界各地区开放政府合作平台等行动计划。① 此外，英国大学联盟开放存取协调组主席 Adam Tickell 教授于 2016 年和 2018 年发表了两份政策建议：《研究成果开放获取》（Open access to research publications）② 和《研究成果开放获取 2018》（Open access to research publications – 2018）③，指出：相对于研究出版物，研究数据的开放存取进展较慢；尽管研究数据的开放具有重大的科学和公共利益，但其潜在成本与影响尚未完全了解；在追求开放研究数据的过程中，需要关注与科研机构共同资助研究的商业公司的利益。

### 三 科研资助/管理机构的科研数据政策

目前英国科研资助/管理机构主要有：英国研究与创新署（UK Research and Innovation，UKRI）、英国癌症研究中心（Cancer Research UK，CRUK）、欧盟委员会（European Commission，EC）、维康信托基金（The Wellcome Trust，WT）等。其中 UKRI 由原英国研究理事会（Research Councils UK，RCUK，负责协调艺术与人文研究委员会、生物技术与生物科学研究理事会、工程和自然科学研究理事会、经济与社会研究理事会、医学研究理事会、自然环境研究理事会和科学与技术设施理事会等七个专门理事会之间的工作）、英国创新署（Innovate UK）及英格兰研究署（Research England，原英格兰高等教育拨款委员会）组成，于 2018 年 5 月正式运行，负责统筹管理英国每年的科研经费。

---

① Cabinet Office, "G8 Open Data Charter": UK Action Plan 2013, https://www.gov.uk/government/publications/g8-open-data-charter-national-action-plan/g8-open-data-charter-uk-action-plan – 2013, 2020 – 04 – 03.

② Tickell A., "Open Access to Research Publications", https://assets.publishing.service.gov.uk/government/uploads/system/uploads/attachment_data/file/499455/ind – 16 – 3-open-access-report.pdf, 2020 – 04 – 03.

③ Tickell A., "Open Access to Research Publications – 2018", https://assets.publishing.service.gov.uk/government/uploads/system/uploads/attachment_data/file/774956/Open-access-to-research-publications – 2018.pdf, 2020 – 04 – 03.

2004 年和 2007 年，OECD 分别发布了《公共资助的研究数据开放存取宣言》和《公共资助的研究数据获取的 OECD 原则与指南》，英国作为成员国，积极响应 OECD 的宣言与原则。2011 年，RCUK 发布《RCUK 数据政策共同原则》，推动了其他科研资助/管理机构制定科研数据管理与共享政策的进程。这些资助/管理机构的科研数据管理与共享政策的发布时间及主要内容见表 4-4。

（一）英国研究理事会（RCUK）

英国研究理事会（RCUK）成立于 2002 年 5 月，是英国研究与创新署（UKRI）的前身，负责七个理事会之间的协调与沟通，并通过政府公共资金资助大学与公共研究机构的科研工作。2011 年，英国研究理事会发布了《RCUK 关于数据政策的共同原则》（RCUK Common Principles on Data Policy）①，提出了数据管理与共享的七条原则。为了推动这些原则的落实，RCUK 于 2015 年 7 月发布了《科研数据管理最佳实践指南》（Guidance on best practice in the management of research data）②，对每一条原则都给出了具体的实施建议。此外，为确保研究数据的开放与利用遵循法律、道德、监管等相关规范，并以最优成本进行共享，RCUK 与英国高等教育拨款委员会（HEFCE）、英国大学联盟（Universities UK）、英国维康信托基金（Wellcome Trust）等机构于 2016 年 7 月共同发布了《开放研究数据协议》（Concordat on Open Research Data）③，提出了促进研究数据的开放获取与利用的十条原则。RCUK 下属的研究理事会除 AHRC 之外，都制定了各自的数据政策，详见表 4-4。

---

① "RCUK Common Principles on Data Policy", April 2011, http://www.rcuk.ac.uk/research/datapolicy/, 2018-01-09.

② "Guidance on Best Practice in the Management of Research Data", July 2015, http://www.rcuk.ac.uk/documents/documents/rcukcommonprinciplesondatapolicy-pdf/, 2020-04-07.

③ "Concordat on Open Research Data", 28th July 2016, http://www.rcuk.ac.uk/documents/documents/concordatonopenresearchdata-pdf/, 2020-04-07.

表 4-4　　RCUK 下属研究理事会的数据政策一览表

| 机　构 | 政策名称 | 发布时间 | 政策主要内容 |
| --- | --- | --- | --- |
| 生物技术与生物科学研究委员会（BBSRC） | 《BBSRC 数据共享政策声明》 | 2017-3 | 由 BBSRC 资助的科研项目所产生的科研数据应该减少在及时开放、共享等方面的限制，通过现有的机构资源或数据库来实现科研数据开放、共享，以便其他科研机构能够进行后续研究；项目申请人应提交数据管理计划，包括数据管理和共享的简明规划，如果数据无法共享必须说明理由。① |
| 经济与社会研究委员会（ESRC） | 《ESRC 科研数据政策》 | 2015-3 | ①公共基金资助项目所产生的研究数据是一种公共财产，是公共利益的产物，应在符合道德标准、不侵犯隐私或损害知识产权的情况下以及时、负责任的方式公开提供，并尽可能减少获取的限制；②科研机构和项目的数据管理政策和计划应符合相关标准和机构的最佳做法。具有前瞻性和长期价值的数据应妥善管理，以供公众访问，并可用于未来的研究；③为确保研究数据能够被他人有效地再利用，必须公开研究记录和元数据；④在研究过程和整个数据生命周期中研究组织的政策和实践应考虑到法律、伦理和商业方面的限制；⑤所有受资助的科研机构和科研人员有权使用收集到的数据，以便公布他们研究的结果；⑥受资助者必须提供充足、连续的研究数据引用信息。用户必须遵守使用条款和访问条件，使用研究数据时必须标明引用数据来源；⑦为使有限的预算实现研究利益的最大化，项目的资助机制应是高效且经济的；⑧已发表研究成果的数据，应在发表的同时支持开放获取；⑨研究数据的出版者应为数据引用、最佳研究实践的完整性，提供足够和连续的信息。② |

---

① "BBSRC Data Sharing Policy", March 2017, http://www.bbsrc.ac.uk/documents/data-sharing-policy-pdf/, 2020-04-07.

② "ESRC Research Data Policy", March 2015, http://www.esrc.ac.uk/files/about-us/policies-and-standards/esrc-research-data-policy/, 2020-04-07. 洪程：《我国高校科研数据管理政策研究》，硕士学位论文，湘潭大学，2019 年。

续表

| 机 构 | 政策名称 | 发布时间 | 政策主要内容 |
|---|---|---|---|
| 医学研究委员会（MRC） | 《研究数据共享政策》 | 2016 | 申请者必须提交数据管理计划，研究所产生的数据必须在整个生命周期中进行管理，并发布高质量的元数据。同时，MRC资助的研究项目所产生有价值的科研数据，应在遵循相关法律规定的前提下，减少限制，及时地向科学界共享，从而实现研究数据的价值最大化，最终使患者和公众受益。[①] |
| 自然环境研究委员会（NERC） | 《NERC数据政策》 | 2010-9 | 受资助项目完成后，最迟在两年内必须公布产生的数据和成果，供其他人公开使用。NERC还致力于加强环境数据的长期管理，向公众提供免费的环境数据。[②] |
| 科学与技术设施委员会（STFC） | 《科研数据政策》 | 2011-9 | STFC所资助的项目产生的数据属于一种公共财产，对科学和经济发展有着巨大的影响，应对这些数据进行妥善保存、科学管理，并向公众开放共享，实现最大限度的利用。[③] |

（二）英国维康信托基金（Wellcome Trust）

英国维康信托基金（Wellcome Trust）成立于1936年，是英国最大的非政府资助生物医学研究的基金会，致力于资助提高人类和动物健康的研究，通过资助最优秀的头脑，实现改善健康的突破性进展。[④] 2011年6月，Wellcome Trust发布《维康信托基金数据管理与共享政策》（Wellcome Trust Policy on Data Management and Sharing），指出

---

① "Data Sharing Policy", https://www.mrc.ac.uk/documents/pdf/mrc-data-sharing-policy/, 2020-04-07.

② "NERC Data Policy", September 2010, http://www.nerc.ac.uk/research/sites/data/policy/data-policy/, 2020-04-07.

③ "STFC Scientific Data Policy", January 2012, https://stfc.ukri.org/files/stfc-scientific-data-policy/, 2020-04-07.

④ 科学网：《英国维康基金会再推开放出版》，2012年1月，http://blog.sciencenet.cn/blog-41174-989120.html，2020年4月9日。张勋：《学术图书开放获取研究》，硕士学位论文，北京印刷学院，2018年。

Wellcome Trust 资助的研究者应尽可能减少公开获取他们研究数据的限制；寻求资助者应在项目申请阶段就考虑研究数据的管理与共享问题，并制订数据管理计划，该数据管理计划将作为项目评审的重要依据；Wellcome Trust 期望数据使用者对数据来源进行致谢并遵守相关条款规定；Wellcome Trust 将为数据的保存与共享提供支持和指导。[①] 2017 年，Wellcome Trust 对该政策进行了重要修订，更名为《数据、软件和资料的管理与共享政策》（Policy on data, software and materials management and sharing），新政策的变化有："数据管理计划"（data Management plan）变成了"成果管理计划"（outputs management plan），不仅包含数据，还包括软件和其他对研究有价值的资料；科研人员对研究成果的管理应根据具体情况动态调整，遵循本领域的最佳实践，并确保研究成果易于发现和长期稳定。[②]

2016 年 7 月，Wellcome Trust 与 RCUK、HEFCE、Universities UK 等研究机构联合发布了《开放研究数据协议》（Concordat on Open Research Data），提出了促进研究数据开放获取与利用的十条原则：

①研究数据的开放获取是高质量研究的基础、创新的助推器和良好科研实践的保障；

②对研究数据开放的限制应正当和合理；

③研究数据开放获取需要成本投入（如基础设施、管理与服务、教育培训、科研人员时间成本等），应得到充分重视；

④研究数据贡献者的权利应得到合理保障；

⑤使用他人数据应遵守法律、道德和规章制度，并恰当引用和致谢；

⑥良好的数据管理在研究过程的各个阶段都至关重要，应始于研

---

[①] "Wellcome Trust Policy on Data Management and Sharing", 7th June 2011, https://core.ac.uk/download/pdf/290067.pdf, 2020 – 04 – 09.

[②] Policy on data, "Software and Materials Management and Sharing", 10th July 2017, https://wellcome.ac.uk/funding/managing-grant/policy-data-software-materials-management-and-sharing, 2020 – 04 – 09.

究起始阶段；

⑦数据监护（Data curation）是数据共享和长期保存的关键；

⑧研究成果发表后，作为支撑的研究数据应立即以可引用的方式公开；

⑨培养研究人员获取和利用研究数据的技巧；

⑩定期对研究数据开放的进度进行审查。[①]

2016 年 2 月，Wellcome Trust 发布《公共卫生紧急事件数据共享声明》（Statement on Data Sharing in Public Health Emergencies），与其他全球卫生组织共同呼吁，对寨卡病毒暴发和未来突发公共卫生事件过程中收集的所有研究数据，以尽可能快速和公开的方式提供共享。并提出以下两条原则：

第一，签署该协议的期刊确保所有有关寨卡病毒的内容提供免费获取。任何数据资料或预印本在出版之前可不受限制地传播，不会影响研究成果在这些期刊的发表。

第二，签署该协议的科研资助机构必须要求受资助者采取措施确保与突发公共卫生事件有关的高质量数据尽可能快速、广泛地共享。[②]

## 四 科研机构的科研数据管理与共享政策

（一）英国高校的科研数据政策

英国高校科研数据政策的快速发展既来自《RCUK 数据政策共同原则》的要求与推动，也与英国数据监护中心（Digital Curation Centre，DCC）的努力分不开。DCC 积极开展有关科研数据管理与共享的研究与实践，为高校制定和实施科研数据政策提供指导与建议。如其

---

① "Guidance on Best Practice in the Management of Research Data", July 2015, http://www.rcuk.ac.uk/documents/documents/rcukcommonprinciplesondatapolicy-pdf/, 2020-04-10.

② "Statement on Data Sharing in Public Health Emergencies", Febryary 2016, https://wellcome.ac.uk/what-we-do/our-work/statement-data-sharing-public-health-emerge, 2020-04-12.

一方面汇总并梳理总结各科研资助/管理机构的政策要求①,供相关单位制定科研数据政策时参考;另一方面搜集整理各高校的科研数据(截至目前已搜集80所高校的政策)并对其内容要点进行分析归纳②,供尚未制定科研数据政策的单位参考。同时,DCC还为科研机构制定科研数据政策提供了一份参考指南《五步制定科研数据政策》(Five Steps to Developing a Research Data Policy)。③ DCC卓有成效的工作有力地推动了英国高校科研数据政策的发展。笔者以DCC收集的英国80所高校的科研数据政策为基础,对这些政策进行一一核实,剔除失效或无法找到的政策,确定了71所高校的科研数据政策,见表4-5。

表4-5　　　　　　　　英国高校科研数据政策一览表

| 序号 | 学　校 | 政策名称 | 制定时间 | 修订时间 |
| --- | --- | --- | --- | --- |
| 1 | Aston University（阿斯顿大学） | Research Data Management Policy | 2016-12 | — |
| 2 | Brunel University（布鲁内尔大学） | Research Data Management Policy | 2012-3 | — |
| 3 | Bangor University（班戈大学） | Research Data Management Policy | 2015-9 | — |
| 4 | Cardiff Metropolitan University（卡迪夫城市大学） | Research Data Management Policy | 2014-12 | — |
| 5 | Cranfield University（克兰菲尔德大学） | Management of Research Data Policy | 2015-3 | — |

---

① Digital Curation Centre, "Overview of Funders' Data Policies", http://www.dcc.ac.uk/resources/policy-and-legal/overview-funders-data-policies, 2020-04-15.

② Whyte A., Donnelly., "Common Directions in Research Data Policy", http://www.dcc.ac.uk/resources/briefing-papers, 2020-04-15.

③ Digital Curation Centre, "Five Steps to Developing a Research Data Policy", http://www.dcc.ac.uk/sites/default/files/documents/publications/DCC-FiveStepsToDevelopingAnRDMpolicy.pdf, 2020-04-15.

续表

| 序号 | 学　校 | 政策名称 | 制定时间 | 修订时间 |
|---|---|---|---|---|
| 6 | De Montfort University（德蒙福特大学） | Good Practice in Research Data Management | 2016-3 | — |
| 7 | Edge Hill University（边山大学） | Research Data Management Policy | 2013-5 | 2017-12-5 |
| 8 | Edinburgh Napier University（爱丁堡龙比亚大学） | Research Data Management Policy | 2015-4 | — |
| 9 | Goldsmiths University of London（伦敦大学金史密斯学院） | Oldsmiths Statement on Open Access | 2016-3 | — |
| 10 | Heriot-Watt University（赫瑞瓦特大学） | Research Data Management Policy | 2015-4-23 | — |
| 11 | Imperial College London（帝国理工学院） | Research Data Management Policy | 2016-3 | — |
| 12 | King's College London（伦敦国王学院） | Research Data Management Policy | 2013-6 | — |
| 13 | Keele University（基尔大学） | Data Management & Sharing Policy | — | — |
| 14 | London School of Hygiene & Tropical Medicine（伦敦卫生与热带医学学院） | Research Data Management Policy | 2014-6 | — |
| 15 | Leeds Trinity University（利兹三一大学） | Research Data Management Policy | — | — |
| 16 | Loughborough University（拉夫堡大学） | Research Data Management Policy | — | — |
| 17 | Manchester Metropolitan University（曼彻斯特城市大学） | Research Data Management Policy | 2015-2-12 | — |
| 18 | Middlesex University（密德萨斯大学） | Research Data Management | 2015-6 | — |
| 19 | Nottingham Trent University（诺丁汉特伦特大学） | Research Data Management Policy | 2014-6-30 | 2015-3-26 |

续表

| 序号 | 学　校 | 政策名称 | 制定时间 | 修订时间 |
|---|---|---|---|---|
| 20 | Oxford Brooks University（牛津布鲁克斯大学） | Research Data Management policy | 2013-2 | 2017-4-12 |
| 21 | Queen Mary, University of London（伦敦大学玛丽女王学院） | Research Data Access and Management Policy | 2012-6 | — |
| 22 | Royal Veterinary College（皇家兽医学院） | Research Data Management Policy | 2013-7 | 2014-10-17 |
| 23 | Royal Holloway, University of London（伦敦大学皇家霍洛威学院） | Research Data Management Policy | 2014-6 | — |
| 24 | St George's University of London（伦敦大学圣乔治学院） | Research Data Management Policy | 2014-10 | — |
| 25 | Sheffield Hallam University（谢菲尔德哈勒姆大学） | Research Data Management Policy | 2014-10 | — |
| 26 | Swansea University（斯旺西大学） | Policy for Research Data Management | 2015-6 | — |
| 27 | The Open University（开放大学） | Research Data Management Policy | 2016-11 | 2018-12 |
| 28 | Teesside University（提赛德大学） | Research Data Management Policy | — | — |
| 29 | University College London（UCL）（伦敦大学学院） | Research Data Policy | 2014-8-2 | — |
| 30 | University of Aberdeen（阿伯丁大学） | Research Data Management Policy | 2014-9 | — |
| 31 | University of Birmingham（伯明翰大学） | Code of Practice for Research（Research Data section） | 2009-10 | — |
| 32 | University of Bath（巴斯大学） | Research Data Policy | 2014-4 | 2019-2 |

续表

| 序号 | 学　　校 | 政策名称 | 制定时间 | 修订时间 |
|---|---|---|---|---|
| 33 | University of Bolton（波尔顿大学） | Research Data Management Policy | 2015-3 | — |
| 34 | University of Bristol（布里斯托大学） | Research Data Management and Open Data Policy | 2015-10-19 | — |
| 35 | University of Cambridge（剑桥大学） | Research Data Management Policy | 2015-4-23 | 2019-10-23 |
| 36 | University of Central Lancashire（中央兰开夏大学） | Research Data Management Policy | 2014-9 | 2015-6-17 |
| 37 | University of Durham（达勒姆大学） | Research Data Management policy | 2013-3 | 2017-7-20 |
| 38 | University of Dundee（邓迪大学） | Policy to Govern the Management of Research Data | 2015-12 | — |
| 39 | University of Edinburgh（爱丁堡大学） | Research Data Management Policy | 2011-5-16 | — |
| 40 | University of East London（东伦敦大学） | Research Data Management Policy for UEL | 2012-3 | — |
| 41 | University of Essex（埃塞克斯大学） | Research Data Management Policy | 2012-4 | — |
| 42 | University of Exeter（埃塞克特大学） | Open Access Research and Research Data Management Policy | 2013-6 | 2018-4-13 |
| 43 | University of East Anglia（东安格利亚大学） | Research Data Management Policy | 2015-7-2 | — |
| 44 | University of Glasgow（格拉斯哥大学） | Good Management of Research Data Policy | 2015-7-17 | — |
| 45 | University of Hertfordshire（赫特福德大学） | Data Management Policy | 2011-9 | — |
| 46 | University of Huddersfield（哈德斯菲尔德大学） | Research Data Management Policy | 2015-3 | 2019-10 |

续表

| 序号 | 学　校 | 政策名称 | 制定时间 | 修订时间 |
| --- | --- | --- | --- | --- |
| 47 | University of Leeds（利兹大学） | Research Data Management Policy | 2012-7 | — |
| 48 | University of Liverpool（利物浦大学） | Research Data Management Policy | 2014-1 | — |
| 49 | University of Lancaster（兰开斯特大学） | Research Data Management Policy | 2015-2 | — |
| 50 | University of Lincoln（林肯大学） | Research Data Management Policy | 2016-5-8 | — |
| 51 | University of Manchester（曼彻斯特大学） | Research Data Management Policy | 2013-12 | 2019-2 |
| 52 | University of Northampton（北安普顿大学） | Research Data Policy | 2011-6 | — |
| 53 | University of Northumbria（诺森比亚大学） | Research Data Management Policy | 2018-10-29 | 2019-3 |
| 54 | University of Newcastle（纽卡斯尔大学） | Research Data Management Policy & Code of Good Practice | 2016-8 | — |
| 55 | University of Oxford（牛津大学） | Policy on the Management of Research Data and Records | 2012-7 | — |
| 56 | University of Plymouth（普利茅斯大学） | Research Data Management Policy | 2014-11 | — |
| 57 | University of Portsmouth（朴茨茅斯大学） | Research Data Management Policy | 2015-5-9 | — |
| 58 | University of Reading（雷丁大学） | Research Data Management Policy | 2015-3 | 2017-9-26 |
| 59 | University of Southampton（南安普顿大学） | Research Data Management Policy | 2012-2-29 | — |
| 60 | University of Sheffield（谢菲尔德大学） | Research Data Management Policy | 2012-7 | — |

第四章　国外科研数据管理与共享政策的典型经验　　161

续表

| 序号 | 学　校 | 政策名称 | 制定时间 | 修订时间 |
| --- | --- | --- | --- | --- |
| 61 | University of Strathclyde（斯特拉斯克莱德大学） | Research Data Policy | 2013-11-19 | — |
| 62 | University of St Andrews（圣安德鲁斯大学） | Research Data Management Policy | 2014-6 | 2018-10-15 |
| 63 | University of Stirling（斯特林大学） | Research Data Management Policy | 2014-1 | — |
| 64 | University of Surrey（萨里大学） | Research Data Management Policy | 2014-6 | 2018-11 |
| 65 | University of Sussex Research（萨塞克斯大学） | Research Data Management Policy | 2014-10 | — |
| 66 | University of the Arts London（伦敦艺术大学） | Research Data Management policy | 2012-10 | — |
| 67 | University for the Creative Arts（创意艺术大学） | Research Data Management policy | 2012-10 | — |
| 68 | University of Warwick（华威大学） | Research Data Management Policy | 2011-11-7 | — |
| 69 | University of Winchester（温彻斯特大学） | Research Data and Records Management Policy | 2015-9 | — |
| 70 | University of Wales Trinity Saint David（威尔士大学圣三一学院） | Research Data Management Policy | 2016-1-27 | — |
| 71 | University of York（约克大学） | Research Data Management Policy | 2014-6-11 | 2017-11-15 |

由表4-5可看出，英国高校的科研数据政策出台时间较为集中，从2011年开始呈爆发式增长，平均每年达10项以上。对这些政策的内容进行分析发现，这些政策构建了以数据管理计划为核心并贯穿科研数据生命周期全过程，以PI为核心责任人，学校/院系科研主管、

研究人员各司其职的较完善的科研数据管理与共享体系，其特点有：（1）政策内容分为通用性和管理性规范；（2）形成了分工负责、权责明晰的科研数据管理机制；（3）注重政策实施的保障措施；（4）注重与相关政策之间的联系与衔接。[①] 这对我国高校制定科研数据管理与共享政策，推动高校科研数据管理与共享实践有较好的借鉴意义。

（二）英国其他科研机构科研数据管理政策

除上述机构外，Nature、Scientific Data、BMC 等学术出版机构针对科研数据的保存、管理与共享制定了相关政策及实施细则（见表4－6）。如 Scientific Data 规定：作者必须在同行评审之前将其数据集存放在适当的存储库中，如果没有合适的存储库，则可存放到通用的数据存储库（例如 Figshare 或 Dryad 等）。作为同行评审的一部分，编辑和审稿人会评估用于保存数据集的存储库的适当性、数据集的完整性，以及数据集是否符合领域通用标准。

表4－6　　　　英国学术出版机构科研数据政策统计

| 政策名称 | 发布机构 | 政策细节 |
| --- | --- | --- |
| Editorial Policies[②] | Nature | — |
| Privacy Policy[③] |  | — |
| Cookie Policy[④] |  | — |

---

① 邢文明、宋剑：《英国高校科研数据政策内容分析》，《数字图书馆论坛》2019 年第1 期。

② Nature, "Editorial Policies", https：//www.nature.com/nature-research/editorial-policies, 2020 - 04 - 18.

③ Nature, "Privacy Policy", https：//www.nature.com/info/privacy, 2020 - 04 - 18.

④ Nature, "Cookie Policy", https：//www.nature.com/info/cookies, 2020 - 04 - 18.

第四章　国外科研数据管理与共享政策的典型经验　　163

续表

| 政策名称 | 发布机构 | 政策细节 |
| --- | --- | --- |
| Editorial & Publishing Policies[①] | Scientific Data | ①若作者打算在数据集的基础上发表后续的期刊文章,鼓励其咨询目标期刊的编辑,以确保之前发表的数据描述符是可接受的;<br>②若提交给《科学报告》的相关手稿超出了对数据的描述性分析,并报告了适用于该期刊的科学发现,则《科学报告》不会将先前发布的数据描述符视为重复发布;<br>③科研数据将与作者合作,以确保数据描述符不会影响其他期刊正在考虑的相关文章的出版。在作者的要求下,如果相关手稿仍在考虑中,我们将推迟发布一个公认的数据描述符。但当发布数据描述符时,必须公开发布相关的数据集;<br>④作者必须在同行评审之前将其数据集存放在适当的存储库中。若不存在合适的存储库,或可用的存储库不支持保密的同行评审过程,则要求作者将其数据提交给通用存储库,当数据描述符发布时,作者将被要求公开发布其数据集;<br>⑤计算机代码可用。 |
| Guide to Referees[②] | | — |
| Data Policies[③] | | 《科学数据》的政策认为所有数据集都是稿件的核心内容,科研数据的政策是所有数据集都是数据描述符手稿的核心;包括计算或搜集的数据,以及由实验或观察程序产生的数据——应提交给适当的外部存储库。但我们自己并不托管数据,相反,我们鼓励在可能的情况下将数据提交给社区认可的数据存储库,如果没有社区资源可用,我们建议将数据存放到通用存储库。 |
| Recommended Data Repositories[④] | | — |

---

① Scientific Data, "Editorial & Publishing Policies", https：//www.nature.com/sdata/policies/editorial-and-publishing-policies, 2020 – 04 – 18.

② Scientific Data, "Guide to Referees", https：//www.nature.com/sdata/policies/for-referees, 2020 – 04 – 18.

③ Scientific Data, "Data Policies", https：//www.nature.com/sdata/policies/data-policies, 2020 – 04 – 18.

④ Scientific Data, "Recommended Data Repositories", https：//www.nature.com/sdata/policies/repositories, 2020 – 04 – 18.

续表

| 政策名称 | 发布机构 | 政策细节 |
| --- | --- | --- |
| Open Data[1] | BMC | — |
| BMC Open Access Charter[2] | | — |
| Access to Articles[3] | | ①该文章可通过互联网以易于阅读的格式进行普遍和自由的访问，并在出版后立即以商定的格式（当前首选是带有声明的 DTD 的 XML）存放在至少一个广泛和国际公认的开放访问存储库中（如 PubMed Central）；<br>②作者或版权所有者不可撤销地提前永久授予任何第三方以任何格式或媒介使用、复制或传播全部或部分研究文章的权利，前提是在该过程中不引入实质性错误，给出作者身份的正确归属和正确的引用细节，并且不改变书目细节。 |
| Permanency of Articles[4] | | — |
| Reprints and Permissions[5] | | ①在 BMC 期刊上发表的开放存取文章可以在网上不受任何限制地被访问，并可以以任何方式被重复使用，只受适当的署名限制（在学术背景下，通常指引用）；<br>②从任何文章中复制图片或表格都是免费的，无须出版商或版权所有者的正式书面许可，前提是图片/表格是原创的，BMC 被正式认定为原创出版商，作者的正确署名和正确的引用细节被作为确认。 |
| Editorial Policies[6] | | 委员会强烈建议，论文结论所依赖的所有数据集都应向读者开放，如果有一个关于数据共享的社区既定规范，英国医学委员会要求进行数据存储。 |

---

[1] BMC, "Open Data", https://www.biomedcentral.com/about/policies/open-data, 2020-04-19.

[2] BMC, "BMC Open Access Charter", https://www.biomedcentral.com/about/policies/charter, 2020-04-19.

[3] BMC, "Access to Articles", https://www.biomedcentral.com/about/policies/access-to-articles, 2020-04-19.

[4] BMC, "Permanency of Articles", https://www.biomedcentral.com/about/policies/, 2020-04-19.

[5] BMC, "Reprints and Permissions", https://www.biomedcentral.com/about/policies/reprints-and-permissions, 2020-04-20.

[6] BMC, "Editorial Policies", https://www.biomedcentral.com/getpublished/editorial-policies/, 2020-04-20.

续表

| 政策名称 | 发布机构 | 政策细节 |
|---|---|---|
| Author Self-archiving Policy① | Biological Journal of the Linnean Society | — |
| Resources for Authors② | British Medical Journal | — |
| Transparency Policy③ | BMJ | — |
| Editorial Policies & Reporting Standards④ | Giga Science | — |

## 五 英国科研数据管理与共享政策的特点

（一）将科研数据开放共享纳入开放获取和开放科学进程中

英国是开放获取运动、开放政府运动、开放科学运动的积极参与者和大力推动者。作为昔日的"日不落"帝国，英国的综合实力已大

---

① Biological Journal of the Linnean Society, "Author Self-archiving Policy", https://academic.oup.com/journals/pages/self_archiving_policy_b, 2020-04-20.

② British Medical Journal. "Resources for Authors", https://www.bmj.com/about-bmj/resources-authors, 2020-04-21.

③ BMJ, "Transparency Policy", https://www.bmj.com/about-bmj/resources-authors/forms-policies-and-checklists, 2020-04-21.

④ GigaScience, "Editorial Policies & Reporting Standards", https://academic.oup.com/gigascience/pages/editorial_policies_and_reporting_standards, 2020-04-21.

不如前，但却竭力希望维系其在全球的竞争力、影响力和领导力。为此，英国大力倡导卓越创新和以开放获取、开放政府、开放科学为代表的开放运动，通过引领和塑造新范式扩展自己的影响力。开放科学是开放数据、开放获取、开放同行评议等一系列活动的总称。开放科学的发展不仅将带来科学研究范式的转变，还可能导致知识生产模式的重大变化。在此背景下，世界各国纷纷推动开放科学运动的发展，英国也期望借助开放科学运动扩大其国际影响力和话语权，先后发布《科学作为一项开放的事业》《研究成果开放获取》《开放数据白皮书》《公共数据原则》《开放研究数据协议》《获取、可持续、卓越：如何扩展研究出版获取》（简称 Finch 报告）等系列文件，一方面要求政府遵循易于发现、可重用、机器可读等原则推动公共数据的开放共享；另一方面要求科学资助机构实施科研数据开放政策，将科研数据开放共享纳入开放科学、开放获取和开放科学进程中，整体推进。

（二）注重部门和机构之间的协作与协同

一是通过商讨形成共同认可的原则，提升各项工作的整体性和协同性，如作为七大理事会的协调机构，英国研究理事会（RCUK）于 2011 年发布了《RCUK 数据政策共同原则》，提出了数据管理与共享的七项原则，为七大理事会制定各自的科研数据政策提供参照；2016 年 7 月，RCUK 与英国高等教育拨款委员会、英国大学联盟和英国维康信托基金等机构共同发布了《开放研究数据协议》，提出了促进科研数据开放共享的十条原则，进一步推动了各科研机构的科研数据政策的标准化和一致性。二是科研资助机构和科研机构密切协同互动，如自 RCUK 发布《数据政策共同原则》以来，英国已有 80 余所高校制定了本校的科研数据政策，充分表明了英国科研资助机构与科研机构之间的紧密协同。同时，英国的联合信息系统委员会（JISC）、数据监护中心（DCC）和数据存档中心（UK Data Archive）等机构也都与科研资助机构和科研机构紧密合作，通过开展研究，推动科研数据管理与共享政策的发展。如 DCC 收集各科研资助机构和高校的科研数据政策，发布《资助机构数据管理政策概览》（Overview of Funders' Data Dolicies）、《五步制定科研数据政策》（Five Steps to Developing a Research Data Policy）、《如何制定数据管理计划》（How to Develop a DMP）、《DCC 数据管理计划清单》（DCC Checklist for a DMP）、《数据管理计划最佳实践指南》（Best Practice Guidance for DMPs Based on Common Themes）等系列文件，为各机构制定实施科研数据政策提供指导和帮助。

（三）形成了分工负责、权责明晰的科研数据管理机制

与美国一样，英国也形成了以研究项目负责人（PI）和科研数据管理计划（RDMP）为核心、各部门（机构）分工负责、权责明确的科研数据管理机制。以高校为例，英国大部分高校的科研数据政策都要求 PI 在科研项目申请阶段或项目正式开始前制定 RDMP，对科研数据的收集整理、分析利用、归档存储及提供共享等事项进行计划，并负责在研究项目实施过程中根据 RDMP 开展科研数据的管理。同时，英国高校的科研数据政策还对学校科研管理部门、学院、图书馆、数据存储中心等不同主体的职责进行明确，使各主体各司其职，协同配合，保证了政策有较高的可行性。

（四）注重为科研数据的管理与共享提供指导和支持

科研数据管理与共享政策的顺利实施离不开相关措施的保障与支持。英国各机构在制定科研数据政策的同时，还发布相应的指南，为政策的实施提供指导。如为了推动《RCUK 数据政策的共同原则》的落实，RCUK 发布了《科研数据管理最佳实践指南》，针对每一条原则都给出了具体实施建议。此外，英国各高校的科研数据政策除了明确科研人员的责任外，还明确了科研管理部门、学院、图书馆、数据存储中心等不同主体的职责，如学校科研管理部门要与研究项目负责人一起对科研数据管理计划的重要事项进行确定，对科研数据管理计划执行过程进行监督指导，并就出现的问题与 PI 讨论解决；图书馆及相关部门要为科研数据管理计划的制定提供指导和咨询服务及工具

模板，并为科研数据的管理提供培训与指导；学校 IT 部门要为科研数据的保存与存储提供设施与支持，并确保数据的存储安全、易于获取和利用等。这一服务支持机制为科研人员管理和共享科研数据提供全方位的支持与服务，有助于确保科研数据管理与共享政策的顺利实施，是值得我国借鉴的地方。

## 第三节  澳大利亚科研数据管理与共享政策现状调研

各国都在积极建立适合本国国情的科研数据开放共享的政策法规体系。澳大利亚采用了成文立法和政策保障双重工具来推进政府开放数据，以法规形式保障公民的数据权、规制政府开放数据原则及范围，循序渐进地引导和支持开放数据运动。

### 一  有关信息与数据开放共享的法律

保障澳大利亚政府信息公开的法律主要有：1982 年颁布、2010 年修订的《信息自由法》赋予每个公民和社团获取政府信息的权利；1988 年制定、2012 年修订的《隐私法》要求联邦政府机关在遵守信息隐私原则的前提下处理个人信息，并对个人信息的收集、使用、披露，以及信息的性质和安全性的判定提出了具体的标准。此外，还对有关人员查阅、更改个人信息作了具体规定[①]；2010 年 5 月，澳大利亚联邦议会通过了《信息专员法案 2010》（The Australian Information Commissioner Act 2010），根据该法案，澳大利亚政府设立了信息专员办公室这个综合协调部门，确保相关政策与标准的连贯性与可持续性以及政府各部门工作的协调一致性。三者共同奠定了促进开放政府和透明政策的法律基础。

---

① 陈萌：《澳大利亚政府数据开放的政策法规保障及对我国的启示》，《图书与情报》2017 年第 1 期。

## 二 政府有关数据开放共享的政策

2009年6月,澳大利亚成立Gov2.0工作组,旨在通过广泛获取公共部门信息、促进政府资源透明、创新与增值,扩大政府开放程度。① 同时,政府建立了专门的数据门户网站data.gov.au②,为公众查找、获取和再利用澳大利亚各级政府数据集提供一站式便捷服务。截至目前,已有869个部门机构共发布了89356个数据集(检索日期2020年3月10日)。2010年7月,澳大利亚政府颁布了《开放政府宣言》(Declaration of Open Government),旨在使更多的政府信息通过互联网向公众开放,并鼓励以新的、有价值的和可能出乎意料的方式重新利用这些信息。③ 该《宣言》还鼓励并支持各政府机构在告知、合作、公众参与三项原则的基础上建立开放文化,并承认互联网对于实现更加开放透明的政府发挥着至关重要的作用。

为推动政府的信息公开,澳大利亚建立了政府信息管理办公室(Australian Government Information Management Office, AGIMO)负责政府信息公开,特别是各政府相关的网络建设、管理和协调工作。AGIMO于2013年2月成立了跨部门工作组——"政府2.0指导小组",统筹规划政府信息开放与公开。2013年8月,AGIMO发布了《公共服务大数据战略》(Public Service Big Data Strategy),提出了六项原则:(1)数据属于国有资产;(2)数据公开要注意保护公民的隐私;(3)实现数据完整性与程序的可重复使用性;(4)共享大数据开发利用过程中的技巧与资源;(5)加强业界与学界合作;(6)强制性开放数据。该《战略》成为政府数据开放的政策依据。④

---

① 罗博:《国外开放政府数据计划:进展与启示》,《情报理论与实践》2014年第12期。
② data.gov.au, http://data.gov.au/, 2019-05-22。
③ "Australia's Declaration of Open Government", 17th July 2010, https://www.i-policy.org/2010/07/australias-declaration-of-open-government.html, 2020-04-22。
④ 李永春、谢安:《澳大利亚政府开放数据的演变及启示》,《中国统计》2015年第8期。

2015年12月7日,澳大利亚发布《澳大利亚政府公共数据政策声明》(Australian Government Public Data Policy Statement)指出:政府掌握的数据是一种战略性国家资源,对促进经济增长、改善公共服务和提高政策效果具有重要价值。澳大利亚政府承诺优化公共数据的使用和再利用;在默认情况下公开非敏感数据;并与私营部门和研究部门合作,为澳大利亚公众的利益扩大公共数据的价值。[1]

### 三 科研资助/管理机构的科研数据政策

目前,澳大利亚科研资助部门和机构主要有:联邦教育、科学与培训部(Australia Government Department of Education and Training, AG-DET)、国防科技集团(Defence Science and Technology Group, DST Group)、联邦科学与工业研究组织(Commonwealth scientific and Industrial Research Organisation, CSIRO)、国家卫生与医学研究理事会(National Health and Medical Research Council, NHRMC)、澳大利亚研究委员会(Australian Research Council, ARC)、澳大利亚核科学技术组织(Australia Nuclear Science and Technology Organisation, ANSTO)等。[2]

其中,澳大利亚研究理事会(ARC)的资助指南中有与科研数据管理有关的要求,涉及数据管理计划与规划、数据传播与共享、数据访问与再利用以及数据长期存储等方面。[3]

澳大利亚研究理事会(ARC)、国家卫生与医学研究理事会(NHMRC)和澳洲大学联盟(Universities Australia)于2007年共同制定了《澳大利亚负责任研究行为准则》(Australian Code for the Re-

---

[1] "Australian Government Public Data Policy Statement", 7th November 2015, https://www.pmc.gov.au/sites/default/files/publications/aust_govt_public_data_policy_statement_1.pdf, 2020 – 04 – 24.

[2] 司莉、邢文明:《国外科学数据管理与共享政策调查及对我国的启示》,《情报资料工作》2013年第1期。

[3] Working with Data, "Funders Guidelines", https://www.ands.org.au/working-with-data/data-management/funders-guidelines, 2020 – 04 – 24.

sponsible Conduct of Research，以下简称《准则》)[1]，并于2018年进行了修订。修订后的《准则》主要包括5部分内容：序言（Preamble）、负责任研究行为原则（Principles of Responsible Research Conduct）、机构职责（Responsibilities of Institutions）、研究人员的责任（Responsibilities of Researchers）、术语定义（Definitions）。其中，机构职责和研究人员的责任部分均包含对于科研数据的责任。同时，还发布了作为《准则》的说明与指南的《研究数据与信息管理》（Management of Data and Information in Research），对科研数据的管理、保存、安全、访问获取、使用与引用等进行了详细说明。[2]

2018年11月，澳大利亚国家卫生与医学研究理事会（NHMRC）发布了最新修订的《开放获取政策》（Open Access Policy）将科研数据作为开放获取的重要内容之一。该政策指出：（1）NHMRC承认科研数据公开获取重要意义，强烈鼓励研究人员考虑数据的再利用价值，并采取合理步骤共享由NHMRC支持的研究产生的研究数据和相关元数据；（2）在分享数据时，应确保数据集附带适当的元数据，以确保数据的使用者充分理解数据及其保存策略、假设、实验条件和其他有关数据解释的细节信息。在共享研究数据时，研究人员还必须考虑他们希望向用户提供的适当访问级别。访问级别从高度限制（例如商业机密、患者级别、文化敏感、国家安全）到完全开放访问；（3）NHMRC鼓励研究人员在研究成果出版后，在履行所有道德、监管和法律义务的前提下，尽快共享临床试验数据和相关元数据，为了使数据对其他研究人员有价值并进行适当的分析，与临床试验相关的分析技术、假设、软件和其他细节也应一起共享；（4）数据使用者必须承

---

[1] Australian Government, "Australian Code for the Responsible Conduct of Research", https://www.nhmrc.gov.au/file/1996/download? token = CETWMNPN, 2020 - 04 - 24.

[2] NHMRC, "Management of Data and Information in Research", https://www.nhmrc.gov.au/file/14359/download? token = 0FwepbdZ, 2020 - 04 - 24.

认原始研究团队，并对数据源进行引用。① 此外，NHMRC 还同时发布了《开放获取政策指南》（Open Access Policy—Further Guidance），以常见问题解答（Frequently asked questions for research data）的方式对科研数据开放共享的问题进行逐一说明。②

### 四 科研机构的科研数据管理与共享政策

（一）澳大利亚高校科研数据管理政策

与英国类似，澳大利亚高校科研数据政策的发展一方面来自其资助/管理机构的政策《澳大利亚负责任研究行为准则》（Australian Code for the Responsible Conduct of Research）③ 的要求，该准则明确指出每个高校都必须制定本校的科研数据政策；另一方面来自澳大利亚国家数据服务中心（The Australian National Data Service，ANDS）的支持与推动。ANDS 的作用类似于英国 DCC，积极开展相关研究与实践，为政府、科研资助/管理机构、科研机构和科研人员管理与共享科研数据提供支持、帮助与指导建议。ANDS 建立了"澳大利亚高校科研数据登记表"（ANDS project registry）④，详细列出了澳大利亚各高校（目前共有 39 所）有关科研数据的政策、相关资源与服务（包括科研数据存储库、科研数据管理的工具与指南等）。同时，ANDS 还于 2010 年发布了《高校/机构科研数据管理政策大纲》（Outline of a Research Data Management Policy for Australian Universities / Institutions）⑤，为各高校制定科

---

① NHMRC,"Open Access Policy", https：//www.nhmrc.gov.au/file/12046/download? token=B90g63vo, 2020-04-24.

② NHMRC,"Open Access Policy-Further Guidance", https：//www.nhmrc.gov.au/file/12051/download? token=NessarDc, 2020-04-25.

③ National Health and Medical Research Council,"Australian Code for the Responsible Conduct of Research", https：//www.nhmrc.gov.au/guidelinespublications/r39, 2020-04-25.

④ Australian National Data Service,"ANDS Project Registry", https：//projects.ands.org.au/policy.php, 2020-04-25.

⑤ "Outline of a Research Data Management Policy for Australian Universities / Institutions", https：//rdc-drc.ca/wp-content/uploads/InstitutionalResearch-Data-Management-Policies.pdf, 2020-04-25.

研数据政策提供指导，有力地促进了澳大利亚高校科研数据政策的制定与发展。笔者以 ANDS 的澳大利亚高校科研数据登记表列出的相关信息为基础，对其进行筛选核实，共确定了 30 所高校的科研数据政策，见表 4-7。

表 4-7 澳大利亚高校科研数据管理政策一览表

| 序号 | 学　校 | 政策名称 | 制定时间 | 修订时间 |
| --- | --- | --- | --- | --- |
| 1 | Australian Catholic University（澳大利亚天主教大学） | Research Data Management Policy | 2017-9-13 | — |
| 2 | Bond University（邦德大学） | Research Data Management and Sharing Policy | 2017-7-17 | — |
| 3 | Central Queensland University（中央昆士兰大学） | Research Data Policy and Procedure | 2018-12 | — |
| 4 | Charles Sturt University（查尔斯特大学） | Research Data Management Policy | — | — |
| 5 | Curtin University of Technology（科廷科技大学） | Research Data and Primary Materials Policy | 2014-3-7 | 2019-12-6 |
| 6 | Edith Cowan University（埃迪斯科文大学） | Research Data Management | 2008-6-12 | 2007-9-25 |
| 7 | Federation University, Australia（澳大利亚联邦大学） | Research Data Management Policy | 2016-8-31 | — |
| 8 | Flinders University（弗林德斯大学） | Management of Research Data and Primary Materials Policy | 2016-6-29 | — |
| 9 | Griffith University（格里菲斯大学） | Schedule of Retention Periods for Research Data and Primary Materials | — | — |

续表

| 序号 | 学　校 | 政策名称 | 制定时间 | 修订时间 |
| --- | --- | --- | --- | --- |
| 10 | La Trobe University（拉筹伯大学） | Research Data Management Policy | — | — |
| 11 | Monash University（莫纳什大学） | Research Data Management Policy | — | — |
| 12 | Queensland University of Technology（昆士兰科技大学） | Management of research data | 2015-11-13 | — |
| 13 | Royal Melbourne Institute of Technology（皇家墨尔本理工大学） | Research Policy | 2016-9-29 | 2017-8-3 |
| 14 | Southern Cross University（南十字星大学） | Research Data Management Policy | — | — |
| 15 | Swinburne University of Technology（斯威本科技大学） | People, Culture and Integrity Policy – Our Research（Section 3） | — | — |
| 16 | The Australian National University（澳大利亚国立大学） | The ANU Code of Research Conduct ACU | 2014-4-17 | — |
| 17 | The University of Adelaide（阿德莱德大学） | — | 2016-1-1 | — |
| 18 | The University of Melbourne（墨尔本大学） | Management of Research Data and Records Policy | 2013-11-20 | — |
| 19 | The University of Queensland（昆士兰大学） | 4.20.06 Research Data Management Policy | — | — |
| 20 | The University of Sydney（悉尼大学） | Research Data Management Policy | 2012-2-27 | — |
| 21 | The University of Western Australia（西澳大学） | Managing your research data | — | — |
| 22 | University of Canberra（堪培拉大学） | Management of Research Data and Primary Research Materials Policy | 2017-1 | — |

续表

| 序号 | 学　校 | 政策名称 | 制定时间 | 修订时间 |
|---|---|---|---|---|
| 23 | University of New England（新英格兰大学） | Management and Storage of Research Data and Materials Policy | — | — |
| 24 | University of Newcastle（纽卡斯尔大学） | Research Data and Materials Management Guideline | — | — |
| 25 | University of South Australia（南澳大学） | Ownership and Retention of Data | 2009-11-27 | — |
| 26 | University of Southern Queensland（南昆士兰大学） | Research Data Management Policy | 2016-8-1 | — |
| 27 | University of Tasmania-IMAS（塔斯马尼亚大学海洋与南极洲研究学院） | IMAS Data Management Policy | — | — |
| 28 | University of Wollongong（伍伦贡大学） | Research Data Management Policy | — | — |
| 29 | University of the Sunshine Coast（阳光海岸大学） | Responsible Research Conduct-Governing Policy | 2000-6-13 | 2019-12-10 |
| 30 | Western Sydney University（西悉尼大学） | Research Data Management Policy | — | — |

由表4-7可知，澳大利亚高校的科研数据政策的名称较为统一，绝大多数都是"科研数据（与原始资料）管理政策"。通过对这些政策的内容分析可以得出如下结论：（1）政策制定的驱动力，一是《澳大利亚负责任研究行为准则》的要求；二是对科研数据价值与作用的认同，三是为了更好地促进本校科学研究的规范性从而促进科学研究的可持续发展；（2）澳大利亚高校已形成了以科研数据管理计划为核心、学校和科研人员分工负责、权责明确的科研数据管理机

制；(3) 重视为科研人员管理与共享科研数据提供支持与服务；(4) 注重与其他政策的关联与协同。①

（二）澳大利亚其他科研机构的科研数据政策

澳大利亚的科研机构分为综合科研机构、专业科研机构和高等学校等。综合科研机构主要有澳大利亚研究理事会（ARC）、联邦科学与工业研究组织（CSIRO）等；专业研究机构主要有国家健康和医疗研究理事会（NHMRC）、海洋科学院（AIMS）、核科技组织（ANSTO）、国防科学与技术组织（DSTO）等。其中，联邦科学与工业研究组织（CSIRO）是澳大利亚最高的国家科研机构，承担着澳大利亚大部分科研项目的研究工作。② 对这些机构调研发现，目前仅有 CSIRO 有相关表述。尽管 CSIRO 尚未出台专门的科研数据管理与共享政策，但在其《科学与传播》（Science and Delivery）政策中强调：我们为社会和政府提供公正、权威和受尊重的独立的科学信息来源，我们的员工遵循《2018 年澳大利亚负责任研究行为准则》所要求的原则，以诚实、严谨、透明、公平、尽责和负责任的态度开展研究和工作，包括对人类、人类数据、人类样本、动物和环境表示应有的尊重。③

## 五 澳大利亚科研数据管理与共享政策的特点

（一）将科研数据的管理与共享分别纳入科研行为规范政策和开放获取政策

与英国、美国不同，澳大利亚的科研数据政策最主要的特点是在资助机构层面没有制定专门的科研数据管理与共享政策，而是将科研数据的管理保存作为科研行为规范政策的一部分，同时将科研数据的

---

① 邢文明、华小琴：《澳大利亚高校科研数据政策内容分析》，《知识管理论坛》2018 年第 5 期。

② 王涛等：《澳大利亚科研管理和监督的体系、特点及启示》，《国家教育行政学院学报》2014 年第 11 期。

③ CSIRO, "Science and Delivery Policy", https://www.csiro.au/en/About/Policies-guidelines/Our-core-policies/Science-and-Delivery-Policy, 2020 – 04 – 27.

开放共享作为开放获取政策的一部分。如《澳大利亚负责任研究行为准则》将诚实、严谨、透明、负责作为负责任严谨行为规范的重要内容，指出确保研究诚信的主要责任在于研究人员和机构，在研究中应公开、负责和准确地分享和交流研究方法、数据和发现，并分别明确了研究人员和机构的职责：研究人员应清晰、准确、安全和完整地保留所有研究记录，包括研究数据和原始资料，并在可能和适当的情况下，允许相关方访问和参考这些内容；机构负有提供基础设施以安全可靠地存储和管理研究数据、记录和原始研究资料，并在可能和适当的情况下允许访问和参考。同时，澳大利亚国家卫生与医学研究理事会发布的《开放获取政策》将科研数据作为开放获取的重要内容之一。可见，澳大利亚从科研数据的多重作用价值出发，将科研数据的管理保存作为负责任科研行为规范政策的内容，将科研数据的开放共享作为开放获取政策的内容，充分挖掘了科研数据的价值和贡献。

（二）形成了以数据管理计划为核心、职责明晰的科研数据管理机制

由上述分析可知，澳大利亚的科研数据政策确立了以科研数据管理计划为核心、各责任主体分工负责、权责明确的科研数据管理机制。科研数据管理计划对于科研数据的管理、保存与共享具有重要的指导和参考作用。大部分政策都要求科研人员制定科研数据管理计划，并明确了科研数据管理计划应包括的内容，为科研数据的管理与共享提供了良好基础。同时，科研数据的管理与保存涉及多个责任主体，各相关政策从分工负责的角度出发，明确了不同责任主体的职责，有助于确保政策的顺利实施。如《澳大利亚负责任研究行为准则》分别对科研机构和科研人员关于科研数据管理保存的责任予以明确；各高校的科研数据政策大都对学校科研管理部门、学院、研究人员、数据存储中心等不同主体的职责进行了明确，使各主体各司其职，协同配合，保证了政策有较高的可行性。

（三）重视为科研人员管理与共享科研数据提供支持与服务

科研数据的管理与共享不仅仅是科研人员的责任，也离不开相关

方的指导与支持。如不少澳大利亚高校的科研数据政策明确指出学校及相关部门对科研数据管理与保存负有相应的职责,除了对科研人员进行监管,更多的是提供支持与服务:为科研人员制定科研数据管理计划提供指南和工具,为科研数据的存储与保存提供设施和服务,为科研人员管理和保存科研数据提供咨询建议、指导与培训,确保数据存储的安全、易于获取和利用等。此外,澳大利亚还资助建立了国家数据服务中心(ANDS)为澳大利亚科研数据的管理、保存、开放共享提供指导、支持与服务,有力地保障和促进了科研数据政策的实施。

## 第四节　国外科研数据管理与共享政策的经验启示

### 一　构建健全完善的科研数据法规体系

由上述分析可知,美国、英国、澳大利亚等国均已形成了包括国家法律、政府法规、科研资助/管理机构和科研机构的政策等组成的较完善的科研数据管理与共享政策体系(见表4-8)。

表4-8　美、英、澳三国科研数据管理与共享政策体系

| 政策制定机构 | 代表性政策 | 政策目标 |
| --- | --- | --- |
| 立法机构 | 美国:《信息自由法案》《隐私法》《国家安全信息保密》等;<br>英国:《信息自由法》《数据保护法案》等;<br>澳大利亚:《信息自由法》《隐私法》等。 | 推动公共信息的公开与共享,同时保护个人信息和国家安全,并在三者之间寻求平衡。 |
| 政府 | 美国:《全球变化研究数据管理政策声明》《促进联邦资助科研成果的获取》;<br>英国:《开放数据声明》《开放政府合作伙伴2011英国国家行动方案》《公共数据原则》《G8开放数据宪章:英国行动计划》等;<br>澳大利亚:《开放政府宣言》《澳大利亚政府公共数据政策声明》等。 | 推动政府部门公共信息的开放与公开,促进信息的自由充分利用,促进经济发展与科技创新。 |

续表

| 政策制定机构 | 代表性政策 | 政策目标 |
| --- | --- | --- |
| 科研资助/管理机构 | 美国：国家科学基金会《申请与资助政策及程序指南》有关数据管理与共享的规定、国立卫生研究院《NIH数据共享政策与实施指南》等；<br>英国：英国研究理事会《RCUK数据政策共同原则》及各研究理事会的数据共享政策、《开放研究数据协议》、英国维康信托基金《数据、软件和资料管理与共享政策》、英国研究信息网络《科研数据管理的原则与指南》等；<br>澳大利亚：《澳大利亚负责任研究行为准则》等。 | 要求对由公共资助产生的科研数据进行管理与共享。 |
| 科研机构 | 美国：凯斯西储大学等34所高校制定了科研数据管理与共享政策；<br>英国：阿斯顿大学等71所高校制定了科研数据管理政策；<br>澳大利亚：澳大利亚天主教大学等30所高校制定了科研数据相关政策。 | 对本单位科研人员在科研过程中产生的科研数据进行有效管理与保存，确保数据安全与共享。 |

由表4-8可知，英美澳等国有关科研数据管理与共享的法规体系主要包括四个主要部分：

第一，由立法机构制定的国家法律，主要包括《隐私法》《保密法》《信息自由法》（或称《信息公开法》）等，其主要内容与目标是在保障个人隐私和国家安全的前提下，确保公众对政府信息的获取权，推动政府公共信息的最大限度公开和利用。

第二，由政府制定的有关信息公开、开放政府、开放数据等政策，其主要内容是在国家法律的基础上，进一步明确和细化政府信息公开的途径方式，包括政府资助产生的科研成果和科研数据的开放与公开，目标是塑造开放、透明、负责任的政府形象，同时达到促进信息的自由充分利用、推动经济发展与科技创新的目的。

第三，由科研资助/管理机构制定的有关科研数据管理与共享的政策，其主要内容是要求科研人员通过制定数据管理计划等方式对受资助产生的科研数据进行良好管理，并尽可能提供共享，目标是充分发挥科研数据的价值，提高科研资助产生的效益，进一步促进科技创新与知识发现。

第四，由科研机构制定的科研数据管理与共享政策，其主要内容是根据科研资助/管理机构的建议与要求，对本机构的科研人员在科研过程中产生的科研数据的管理、保存与共享进行明确和规范，目标是提升机构的科研产出与创新能力，提高机构的学术声誉和学术影响力，同时也有助于促进学术规范与科研诚信，避免学术不端行为。

上述政策形成了层次分明、各有侧重又相互协同的科研数据管理与共享政策体系，有效地保障和规范了英、美、澳的科研数据管理与共享实践，实现了科研数据价值的最大化。同时，不同国家的科研数据管理与共享政策体系又有着各自的特点，如美国以政府颁布的科研数据管理与共享政策为主，英国以科研资助/管理机构的政策为核心，而澳大利亚将科研数据管理与共享纳入负责任科研行为政策加以规范。而我国的科研数据管理与共享政策体系还存在不少"漏洞"有待完善，譬如，科学技术主管部门层面，围绕《科学数据管理办法》的相关实施细则和配套政策措施亟待健全完善，同时，科研资助/管理机构和科研机构层面的相关政策也亟待健全。因而，我国应以《科学数据管理办法》为核心，尽快健全完善各级各类科研数据管理与共享政策，形成适合我国国情的科研数据管理与共享政策体系，以促进和规范我国的科研数据管理与共享。

## 二 建立以 PI 和 DMP 为核心的科研数据管理机制

调研发现，美英澳等国的科研数据管理与共享政策已建立了较成熟的科研数据管理机制：一是确立科研项目/课题的负责人（PI）为科研数据管理的主要责任人，在科研项目全过程负责科研数据的管理与共享。如：在项目实施前负责对科研数据的收集、管理、保存与共享的相关事项进行计划；在项目实施过程中根据有关规定对科研数据管理的相关事宜做出决定并与项目组成员及主管部门沟通；在项目结束后负责科研数据的保存、访问与共享等[①]；二是形成了以DMP为核心、围绕科研数据生命周期的科研数据管理与共享机制。如大部分政策都要求科研人员在科研项目/课题申请阶段或正式开始实施前制定科研数据管理计划（DMP），围绕科研数据的生命周期，对科研项目/课题中科研数据的收集产生、组织管理，以及项目结束后数据的保存（地点/期限）、共享（范围/权限/方式）等内容进行计划，并以DMP为依据对科研数据进行管理与共享，由科研管理部门进行评估和监督指导。这一管理机制有助于科研数据管理的科学性和规范性，值得借鉴。

### 三 重视提供科研数据管理与共享的支持与服务

科研数据的管理与共享并不仅仅是科研人员的责任，前文针对科研人员的调研也发现，不少科研人员在管理与共享科研数据时存在诸如不知道如何管理自己产生的科研数据、找不到合适的数据存储中心/平台等困难。分析发现，美、英、澳等国的科研数据管理与共享政策非常重视为科研人员管理与共享科研数据提供支持服务，形成了责任明晰、相互协同的科研数据管理服务体系。如科研机构或科研管理部门要与科研项目/课题负责人一起对科研数据管理计划（DMP）的重要事项进行确认，并对DMP的执行情况进行跟踪评估和指导；科研信息服务机构及图书馆等部门要为科研数据管理计划的制定提供指南/指导、咨询和建议等支持服务，为科研人员收集、管理、分析利用科研数据提供培训与指导；IT部门要为科研数据的保存与存储提供良好的基础设施（如果本机构没有合适的设施，要为科研人员选择其他数据存储平台提供建议/指南），并确保数据的安全存储、易于获取

---

[①] 邢文明、洪程：《美国高校科研数据政策内容分析》，《数字图书馆论坛》2018年第10期。

和利用等。这些有益经验值得我国相关部门（或机构）在制定科研数据管理与共享政策时参考借鉴。

**四 发挥科研资助/管理机构完善科研数据政策的作用**

由上述分析可知，在推动科研数据管理与共享的政策进程及实践发展过程中，美、英、澳三国的科研资助/管理机构都扮演着关键角色。在美国，国家科学基金会《申请与资助政策及程序指南》中有关数据管理与共享的规定、国立卫生研究院发布的《科研数据共享最终声明》《NIH 数据共享政策与实施指南》等是推动科研数据共享的关键政策。同时，美国不少政府部门，如航空航天局、国防部、能源部等也是资助科学研究的重要机构，扮演着科研资助/管理机构的角色，也都制定了各自的科研数据管理与共享政策，如航空航天局太阳物理部制定了《数据管理政策》，航空航天局地球科学部制定了《数据和信息政策》，能源部生物与环境研究办公室发布了《信息与数据共享政策》，疾病预防和控制中心发布了《数据发布与共享政策》等；在英国，英国研究与创新署（UKRI）的前身英国研究理事会（RCUK）先后发布了《RCUK 关于数据政策的共同原则》《开放科研数据协议》，是推动其下属各理事会及各高校制定科研数据管理与共享政策的关键。同时，英国其他重要的科研资助/管理机构也都制定了科研数据管理与共享的相关政策，如维康信托基金制定了《数据、软件和资料管理与共享政策》，研究信息网络（RIN）发布了《科研数据管理的原则与指南》等；在澳大利亚，2007 年由澳大利亚研究理事会（ARC）、国家卫生与医学研究理事会（NHMRC）和澳洲大学联盟（Universities Australia）共同发布的《澳大利亚负责任研究行为准则》指出：每个机构都必须认识到他们对于保存管理科研数据与原始资料的责任，必须制定有关保存管理科研数据与原始资料的政策，该政策应与相关法规、准则与指南以及学科通行实践相一致。在该《准则》的要求下，澳大利亚各高校纷纷制定了本单位的科研数据管理与共享政策。可见，科研资助/管理机构在科研数据管理与共享政策体系的建立与完善中扮演着非常关键的角色，其制定的科研数据管理与共享政策是科研数据政策体系的重要组成部分，同时也是推动科研数据管理与共享政策体系建立与完善的关键力量。

我国目前仅有科技部发布了《科技基础性工作专项项目科学数据汇交管理办法（试行）》《国家重点基础研究发展计划资源环境领域项目数据汇交暂行办法》等政策文件，其他各类科技计划项目尚缺少专门的科研数据管理与共享政策。因而，我国科研资助与管理机构应尽快出台相关政策，以促进我国科研数据管理与共享政策的完善，保障科研数据的管理与共享。

**五 注重科研数据政策与相关政策的关联协同**

科研数据管理与共享的过程既涉及科研资助与管理者、科研人员、数据共享者等不同利益主体，也涉及数据的收集与获取、整理与分析、保存与存档、共享和再利用等多个环节，同时还涉及数据安全与个人信息保护、知识产权等诸多领域，因而科研数据管理与共享政策的实施离不开相关的政策法规的配合与支持，避免冲突和盲区。调查发现，美、英、澳等国的科研数据管理与共享政策大都列出了与本政策相关的政策或实践中应参考的相关政策。这些政策主要包括数据保护政策、知识产权政策、信息自由与信息安全政策、开放存取政策、学术诚信政策等。[1] 我国在制定和实施科研数据管理与共享政策时，一方面应尽快健全相关政策；另一方面对于已有的相关政策应进行修订完善，使之适用于科研数据的管理与共享。

---

[1] 邢文明、宋剑：《英国高校科研数据政策内容分析》，《数字图书馆论坛》2019年第1期。

# 第五章 利益相关者视角下我国科研数据管理与共享政策体系设计

政策科学认为,任何一项法规政策通常都难以涵盖所追求目标/问题的所有方面,必须由多项相关政策相互协同配合,共同达成总体目标。我国科研数据管理与共享政策也不例外,仅靠一项政策往往难以解决实践中的所有问题,必须由一系列相关政策协同配合,形成严密有序的政策体系,才能实现最终目标。本章将聚焦我国科研数据管理与共享政策的顶层设计,构建科学合理的政策体系,从而保障科研数据管理与共享的顺利进行。

## 第一节 政策体系设计的方法与思路

明确政策体系设计的方法与思路是确保其科学合理性的前提。本部分将探讨我国科研数据管理与共享政策体系设计所依据的理论与方法,在此基础上明确我国科研数据管理与共享政策体系设计的思路,以指导政策体系的设计与构建。

### 一 政策体系设计的理论与方法

(一)系统科学理论

在政策体系的构建过程中,系统性与整体性原则是非常重要甚至必须居于首位的原则。在具体实践中,任何一项法规政策通常都难以涵盖所追求目标/问题的所有方面，而是由多项相关政策相互协调配合，共同达成总体目标。以科研数据管理与共享政策为例，为了达成科研数据充分有效共享的目标，一方面需要各级科技主管部门按照《科学数据管理办法》的要求出台相关实施细则，确保本部门/地区科研数据共享的顺利进行；另一方面，科研数据的共享还涉及资金、平台设施的建设与运行维护、人才队伍、奖惩机制、安全保障措施等多方面的问题，以及知识产权、数据质量、数据安全与保密、隐私保护、数据出版与引用等的标准规范，需要多个部门、多项法规政策的协同协作才能达成目标。这就需要在系统科学理论的指导下，通过分析政策体系内部各政策之间的相互作用及结构关系，形成结构合理的政策体系，这样才能发挥政策的协同效应，确保科研数据充分有效共享。

（二）利益相关者理论

利益相关者理论也是构建科研数据管理与共享政策体系的指导理论。根据利益相关者理论，在一项具体目标/问题中，通常涉及多个利益相关者，不同利益相关者有着不同的角色定位，肩负的职责重点也各不相同。如根据我国《科学数据管理办法》的规定，我国科研数据管理与共享的利益相关主体主要有：国务院科学技术行政部门、主管部门（国务院相关部门和省级人民政府相关部门）、法人单位（有关科研院所、高等院校和企业等）、科研数据中心、科研数据的产生者与使用者等。其中，国务院科学技术行政部门负责全国科研数据工作的宏观管理与综合协调；主管部门负责建立健全本部门（本地区）科研数据管理政策和规章制度；法人单位负责建立健全本单位科研数据相关管理制度；科研数据中心的职责是承担相关领域科研数据的整合汇交工作，负责科研数据的分级分类、加工整理和分析挖掘；而科研数据生产者的职责是按照相关标准规范开展科研数据采集生产和加工整理，形成便于使用的数据库或数据集。

但在实际工作中，并非所有利益相关主体都有制定政策的权力。

根据政策科学中的角色理论，不同的主体由于分工不同，承担着不同的角色，拥有不同的权限。例如，国内外通行实践中，科研人员（包括科研数据生产者和使用者）通常不是管理主体，没有制定政策的权限。但他们又是科研数据管理与共享中最直接、最关键的利益主体，政策制定者在制定相关政策时，必须充分考虑他们的各类利益诉求与建议，并以政策的形式加以明确。同时，根据管理学中的主体与客体理论，管理主体是指拥有管理权力、承担管理责任、决定管理方向、推进管理进程的有关组织和人员，是管理活动的出发者、控制者；管理客体即管理对象，是管理活动的作用对象。根据这一划分标准，我国《科学数据管理办法》确定的相关利益主体中，国务院科学技术行政部门、主管部门和法人单位属于管理主体，在科研数据管理与共享的过程中承担管理职责，主要通过制定和实施相关规章制度与标准规范、组织协调、激励奖惩等方式确保科研数据管理与共享工作的顺利开展，扮演着管理者的角色；而科研数据的产生者与使用者则属于管理客体，承担着根据相关法规做好科研数据管理与共享的具体工作的职责。由于通常只有管理主体承担管理职责，拥有制定相关政策和规章制度以协调规范管理客体行为的权限，因而，笔者在构建我国科研数据管理与共享政策体系时主要从管理主体的角度考虑相关政策体系，即通过理论分析与实践调研，梳理总结出管理主体，根据其主要承担的职责与管理需求来构建科研数据管理与共享政策体系。

（三）循证决策方法

笔者在构建政策体系时，除依据系统科学理论思想和责任相关者理论外，还借鉴公共政策领域的循证决策（evidence-based policy making）理论。该理论来源于临床医学领域的循证医学理论，强调临床证据的重要性，指出任何医疗决策都应建立在充分的临床研究的基础上，不能仅依靠医生自己的实践经验、高年资医师的指导等。循证医学思想迅速被公共政策研究者所借鉴，形成了循证决策理论。该理论认为，政府在制定政策时，不能建立在自己的主观判断或个别利益群体的偏好上，而应尽可能建立在科学的分析和严格客观的事实证据的基础上。

科研数据管理与共享政策也属于一种公共政策，因而笔者在构建我国科研数据管理与共享政策体系时借鉴循证决策的思想方法，强调理论与实践依据的重要性，即一方面严格基于当前我国科研数据管理与共享政策的实践与现实基础；另一方面综合参考借鉴国内外相关学者专家的研究成果，在此基础上构建我国的科研数据管理与共享政策体系。

在循证决策理论的指导下，笔者基于循证决策思想收集相关证据作为我国科研数据管理与共享政策体系构建的依据。共收集到三类相关证据：(1) 国内外有关科研数据管理与共享的政策；(2) 科研数据研究与实践领域专家的观点与结论；(3) 相关研究报告等。笔者将以上述证据为基础，探讨我国的科研数据管理与共享政策体系。

**二 政策体系设计的思路**

基于上述理论与方法，笔者在构建我国科研数据管理与共享政策体系时，一方面基于系统理论思想和利益相关者理论，梳理出科研数据管理与共享的利益相关者，并在此基础上识别出管理型利益主体，通过对其利益诉求和管理需求的分析，构建我国的科研数据管理与共享政策体系；另一方面，从循证决策思想出发，将每一步工作都建立在充分严密的证据资料的基础上，一是调研国内外现有科研数据管理与共享政策，梳理总结政策中的利益相关主体作为参考借鉴；二是对国内外专家学者的相关研究成果进行全面调研分析，在此基础上提出我国的科研数据管理与共享政策体系，使之更具科学合理性，更具实践基础和实际可行性。

在上述思想的指导下，本章思路如下：一是识别科研数据管理与共享的相关利益主体：在循证决策理论的指导下，通过对国内外现有科研数据管理与共享政策以及国内外专家学者的相关研究成果的全面

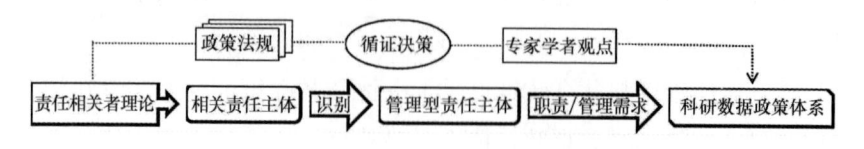

图 5-1 科研数据管理与共享政策体系构建思路

调研梳理，识别出科研数据管理与共享的相关利益主体；二是识别科研数据管理与共享的管理型利益主体及其政策需求：根据政策科学中的角色理论，以及管理学中的主体与客体理论，在利益主体中梳理出管理型主体及其政策需求（职责/管理需求）；三是形成我国科研数据管理与共享的政策体系：根据上述科研数据管理与共享的管理型主体的政策需求，构建我国科研数据管理与共享的政策体系。

## 第二节 科研数据管理与共享的主要利益相关者

根据上述思路，本部分在循证决策理论的指导下，对国内外有关科研数据管理与共享政策以及国内外专家学者的相关研究成果进行全面调研，梳理出科研数据管理与共享的利益相关主体，为构建我国的科研数据管理与共享政策体系提供依据。

### 一 利益相关者识别

（一）国内外政策法规中的利益主体

由上述分析可知，国内外已有的科研数据管理与共享政策是明确我国科研数据管理与共享政策的利益相关主体的重要参考决策依据。本部分对国内外已有相关政策进行梳理分析，从而为明确我国的科研数据管理与共享政策的利益主体提供参考。

1. 政府发布的科研数据管理与共享政策中的利益主体

根据第四章的调研可知，目前，国内外已出台的科研数据管理与共享政策中，由政府层面发布的仅有我国国务院办公厅于2018年3月17日印发的《科学数据管理办法》和美国白宫科技政策办公室（OSTP）于2013年2月22日发布的《促进联邦资助科研成果的获取》。两者都是政府出台的、专门针对科研数据管理与共享的政策，也是目前国际上法律位阶最高、内容较全面的有关科研数据管理与共享的政策。因此，本部分将分别对这两项政策进行梳理分析，为明确我国的科研数据管理与共享政策的利益主体提供参考。

（1）我国《科学数据管理办法》中的利益主体

笔者对我国《科学数据管理办法》的政策内容梳理发现，《办法》中共明确了国务院科学技术行政部门、主管部门、法人单位、科研数据中心、科研数据生产者和科研数据使用者等六类利益主体，见表5-1。

表5-1　《科学数据管理办法》中的利益主体及其职责[①]

| 责任者 | 职　责 |
| --- | --- |
| 国务院科学技术行政部门 | 组织研究制定国家科研数据管理政策和标准规范；<br>协调推动科研数据规范管理、开放共享及评价考核工作；<br>统筹推进国家科研数据中心建设和发展；<br>负责国家科研数据网络管理平台建设和数据维护。 |
| 主管部门（国务院相关部门、省级人民政府相关部门） | 宣传贯彻落实国家科研数据管理政策，建立健全本部门/地区的科研数据管理政策和规章制度；<br>指导所属法人单位的科研数据管理，按照有关规定做好科研数据定密工作；<br>统筹规划和建设本部门/地区的科研数据中心，推动科研数据开放共享；<br>建立完善激励机制，组织本部门/地区科研数据的评价考核工作。 |

---

① 中华人民共和国中央人民政府：《国务院办公厅关于印发科学数据管理办法的通知》，2018年4月2日，http://www.gov.cn/zhengce/content/2018-04/02/content_5279272.htm，2020年5月6日。

续表

| 责任者 | 职责 |
|---|---|
| 法人单位（相关科研院所、高等院校和企业等） | ①贯彻落实国家/部门的科研数据管理政策，建立健全本单位的科研数据管理制度；<br>②按照有关标准规范进行科研数据的采集生产、加工整理和长期保存，确保数据质量；<br>③按照有关规定做好保密和安全管理工作；<br>④建立科研数据管理系统，开展共享服务。 |
| 科研数据中心 | ①承担科研数据的整合汇交工作；<br>②负责科研数据的分级分类、加工整理和分析挖掘；<br>③保障数据的安全，依法依规推动科研数据开放共享；<br>④加强国内外科研数据的交流合作。 |
| 科研数据生产者 | 按照相关标准规范组织开展科研数据采集生产和加工整理，形成便于使用的数据库或数据集。 |
| 科研数据使用者 | 遵守知识产权相关规定，在论文发表、专利申请、专著出版等工作中注明所使用和参考引用的科研数据。 |

由表5-1可知，《科学数据管理办法》根据"分级管理、明确责任主体"的原则，对六类利益主体的职责分别加以明确，形成了职责明晰、各司其职的科研数据管理体系。

（2）美国《促进联邦资助科研成果的获取》中的利益主体

对美国《促进联邦资助科研成果的获取》的政策文本进行分析发现，该政策中的利益主体有白宫科技政策办公室、资助科学研究的联邦机构、受资助者、用户等四类（见表5-2）：

表5-2　《促进联邦资助科研成果的获取》中的责任主体及其职责

| 责任者 | 职责 |
|---|---|
| 科技政策办公室（OSTP） | 与白宫预算与管理办公室（Office of Management and Budget，OMB）协调，检查各个联邦机构制定的草案，对草案内容进行指导以促进最终计划的制定，使其与本政策目标一致，并在可能情况下确保与其他联邦机构按照本政策制定的计划相兼容；<br>定期召开各联邦机构的会议来监督计划的实施。 |

续表

| 责任者 | 职 责 |
|---|---|
| 资助科学研究的联邦机构 | 制定促进本机构资助产生的研究成果公共获取的计划，并向 OSTP 提交，接受 OSTP 的指导；<br>要求受资助的科研人员制定符合要求的数据管理计划，并建立相关机制以确保本机构和机构外研究人员遵守数据管理计划和相关政策；<br>每年向 OSTP 主任和 OMB 提交两次计划实施进展。 |
| 受资助者 | 根据资助机构的要求，在资助机构的指导下制定合理的数据管理计划，描述将如何对受资助的研究产生的科研数据进行保存和提供获取，或者说明不提供获取的合理理由；<br>按照数据管理计划对科研过程中产生的科研数据进行管理、保存和提供获取；<br>保守国家秘密和保护个人隐私。 |
| 用户 | 遵守知识产权和相关法规，合理使用相关成果与数据。 |

由表5-2可知，尽管两者内容不同，我国《科学数据管理办法》和美国《促进联邦资助科研成果的获取》的指导思想与原则却基本一致，即明确不同利益主体的职责义务，形成职责明晰、各司其职的科研数据管理体系，确保科研数据管理与共享的顺利进行。

2. 其他机构的科研数据管理与共享政策中的利益主体

除政府层面的政策外，国外的科研资助与管理机构、以高校为代表的科研机构也都出台了相关政策。笔者对这些政策分析发现，这些政策中的利益相关者主要有：科研资助/管理机构、科研机构、科研人员（包括数据生产者和数据使用者）等，与我国《科学数据管理办法》明确的责任主体基本类似，只是多了科研资助/管理机构。

笔者认为，科研资助/管理机构是科研数据管理与共享中的重要甚至是关键利益主体，理由如下：第一，科研资助/管理机构既是科学研究资金的提供者，也是科研课题/项目的组织与管理者，是科学研究的方向标与指挥棒，因而其制定的政策具有较强的效力与实施力。鉴于此，科研数据管理与共享政策的利益主体不能缺少科研资助/管理机构。第二，针对科研人员的调研与访谈也发现，当前我国科研数据管理与共享政策难以落地的重要原因之一即是缺少科研资助管理机构的相关政策。第三，从国内外相关文献和研究成果来看，也都一致将科研资助/管理机构作为核心利益主体之一。因而，本研究将科研资助/管理机构作为核心利益主体之一。

（二）国内外相关文献中的利益相关者

国内外相关研究成果中直接探讨科研数据管理与共享的利益相关者的文献尚不多见，笔者用关键词"科学数据（Scientific Data）/科研数据（Research Data）"+"利益相关者（Responsibility Stakeholders）"对国内外主要学术数据库及学术搜索引擎进行多途径检索，发现相关文献中提到的利益相关者主要有：政府、科研资助机构/科研管理部门、科研机构、研究人员（包括数据生产者和数据使用者）、出版者、数据中心、图书馆等机构（见表5-3）。

表5-3　相关文献中提出的科研数据管理与共享的利益相关者

| 序号 | 作者及文献 | 利益相关者 |
| --- | --- | --- |
| 1 | Macmillan D.（2014）："Data Sharing and Discovery: What Librarians Need to Know" | 科研机构、数据中心、图书馆员、出版者。[1] |
|  | 屈宝强等（2015）：《面向利益相关者的科学数据共享政策分析》 | 数据管理机构、基金资助机构、研究机构、数据存储机构、出版商、数据提供者、数据消费者。[2] |
| 2 | 黄如花、赖彤（2016）：《利益相关者视角下图书馆参与科学数据管理的分析》 | 图书馆、数据中心、科研机构、政府及公共部门、政策制定机构、基金管理组织、数据出版商。[3] |

---

[1] Macmillan D., "Data Sharing and Discovery: What Librarians Need to Know", *The Journal of Academic Librarianship*, No. 5, 2014, pp. 541-549.

[2] 屈宝强等：《面向利益相关者的科学数据共享政策分析》，《中国科技资源导刊》2015年第6期。

[3] 黄如花、赖彤：《利益相关者视角下图书馆参与科学数据管理的分析》，《图书情报工作》2016年第3期。

续表

| 序号 | 作者及文献 | 利益相关者 |
|---|---|---|
| 3 | 盛小平、王毅（2019）：《利益相关者在科学数据开放共享中的责任与作用——基于国际组织科学数据开放共享政策的分析》 | 政府、研究人员、研究机构、研究资助机构、图书馆或档案馆、数据中心、出版商、专业协会或学会、用户、企业。[1] |
| 4 | 朱玲等（2020）：《国外科学数据开放共享政策中的主体分工合作结构及启示》 | 政府、资助机构、科研机构、研究人员、出版者、数据知识库、数据使用者、环境主体。[2] |
| 5 | 王苑颖（2020）：《科研数据开放共享的利益相关者博弈关系研究》 | 科研人员、科研机构、科研资助机构、数据出版商、图书馆、数据中心、政府及公共部门、行业协会。[3] |

由表 5-3 可知，国内外相关文献关于科研数据管理与共享利益主体的意见基本一致，主要包括：国家、政府、科研资助/管理机构、科研机构、数据中心、科研人员等。

（三）国内外相关研究报告中的利益相关者

同样以"科学数据（Scientific Data）/科研数据（Research Data）"+"利益相关者（Responsibility Stakeholders）"为关键词对国内外主要学术数据库及学术搜索引擎进行检索，发现相关研究报告中提到的科研数据利益相关者主要有：政府、科研资助机构/科研管理部门、科研机构、研究人员（包括数据生产者和数据使用者）、出版者、数据中心、图书馆等服务机构（见表 5-4）。

---

[1] 盛小平、王毅：《利益相关者在科学数据开放共享中的责任与作用——基于国际组织科学数据开放共享政策的分析》，《图书情报工作》2019 年第 17 期。

[2] 朱玲等：《国外科学数据开放共享政策中的主体分工合作框架及启示》，《图书情报知识》2020 年第 1 期。

[3] 王苑颖：《科研数据开放共享的利益相关者博弈关系研究》，硕士学位论文，黑龙江大学，2020 年。

表5-4  相关研究报告中科研数据管理与共享的利益相关者

| 序号 | 作者及文献 | 利益相关者 |
| --- | --- | --- |
| 1 | Lyon, L. (2007): "Dealing with Data: Roles, Rights, Responsibilities and Relationships" | 研究人员、科研机构、数据中心、用户、资助者、出版者。[①] |
| 2 | Swan, A., Brown, S. (2008): "The skills, role and career structure of datascientists and curators: an assessment of current practice and future needs" | 数据生产者、数据专家、数据管理者、数据馆员。[②] |
| 3 | Treloar, A. (2008): Roles and Responsibilities for Data Management: an Australian Perspective | 科研人员、机构、国家数据、数据使用者、资助者、出版者、公众。[③] |
| 4 | Erway, R. (2013): Starting the Conversation: University-wide Research Data Management Policy | 学校、科研管理部门、IT部门、学术机构、研究者、图书馆。[④] |
| 5 | Mayernik, M. S. (2013): Bridging Data Lifecycles: Tracking Data Use via Data Citations – Workshop Report | 科研资助机构、研究机构、数据中心、图书馆、学术出版者、数据生产者、数据使用者。[⑤] |
| 6 | Williamson, L. (2013): Roles, responsibilities and skills matrix for research data management (RDM) support | 科研人员（数据生产者、数据使用者）、科研支持与服务机构、存档机构、资助者、数据中心、出版者。[⑥] |

---

[①] Lyon L., "Dealing with Data: Roles, Rights, Responsibilities and Relationships", https://researchportal.bath.ac.uk/files/419529/dealing_with_data_report-final.pdf, 2020-04-29.

[②] Swan A., Brown S., "The Skills, Role and Career Structure of Data Scientists and Curators: An Assessment of Current Practice and Future Needs", *nieuwsbrief spined*, 2008.

[③] Treloar A., "Roles and Responsibilities for Data Management: an Australian Perspective", https://www.dcc.ac.uk/sites/default/files/documents/RDMF/RDMF2/01%20Treloar.pdf.

[④] Erway R., "Starting the Conversation: University-wide Research Data Management Policy", http://www.oclc.org/content/dam/research/publications/library/2013/2013-08.pdf, 2020-04-29.

[⑤] Mayernik M. S., "Bridging Data Lifecycles: Tracking Data use Via Data Citations Workshop Report", https://opensky.ucar.edu/islandora/object/technotes%3A505/datastream/PDF/view, 2020-04-29.

[⑥] Williamson L., "Roles, Responsibilities and Skills Matrix for Research Data Management (RDM) Support", https://admire.jiscinvolve.org/wp/files/2013/05/RDM-roles-and-skills.pdf.

由上述调研可知，尽管国内外有着不同的文化背景与实践现状，但国内外的相关政策和研究文献对科研数据管理与共享的责任主体的界定却基本一致，主要包括：科学数据主管机构（如政府相关部门、专门委员会等）、科研资助/管理机构、科研机构、科研支持与服务机构、科研数据中心、出版商、科研人员等。

## 二 利益相关者的利益诉求与相互关系

利益相关者中的角色理论指出，围绕某项社会活动所形成的不同利益主体有着各自不同的利益诉求，承担着不同的责任和义务，形成一个既相互协作又相互博弈的利益相关体。在构建科研数据管理与共享政策体系的过程中，识别不同利益主体的责任义务与利益诉求，有助于构建平衡协调的利益主体关系，形成利益均衡且科学合理的政策体系。

### （一）利益相关者的诉求

在上述调研分析的基础上，本书进一步梳理了不同利益相关者的利益诉求（见表5-5）。

表5-5　　　　　**科研数据利益相关主体的利益诉求**

| 利益主体 | 利益诉求 |
| --- | --- |
| 科学数据主管机构 | 推动国家科研数据管理与共享进程，实现科研数据价值最大化，保障国家/地区数据安全。 |
| 科研资助/管理机构 | 促进科研数据管理与共享，提升科研投资成效；推动学术透明，赢得公众信任。 |
| 科研机构 | 提升本机构的影响力和竞争力；保障学术研究质量；推动科研规范和学术诚信；可持续获取科研资助。 |
| 科研支持与服务机构 | 服务所在单位的建设发展目标，获得生存空间和发展支持；积累数据资源，提高科研数据支持与服务能力，提升自身价值；开展数据服务，拓展服务范围。 |

续表

| 利益主体 | 利益诉求 |
| --- | --- |
| 科研数据中心 | 保存和积累科研数据资源,挖掘数据价值;规范数据的获取与利用。 |
| 出版商 | 积累数据资源,提升服务能力和发展空间;塑造标准规范,提升影响力。 |
| 科研数据生产者 | 科研数据得到认可与合理使用;获得学术荣誉和影响力;科研数据得到合理引用,科研成果不被窃取;科研数据的优先使用权。 |
| 科研数据使用者 | 数据易于找到、易于获取、易于理解、易于处理和使用。 |

由表 5-5 可知,不同利益相关者由于承担着不同的角色与职责,拥有的权限和担负的职责义务也不同,因而有着不同的利益诉求:

科学数据主管机构:主要从国家整体利益的宏观视角出发,追求整体效益最大化和机制最优化,对国家的科研数据共享事业进行宏观整体规划和治理,通过法规政策和相关机制等方式构建国家科研数据管理和共享体系。

科研资助/管理机构:是各类科技计划和科研项目的组织与管理者,一方面希望通过科研数据共享实现国家科技投入产出效益的最大化;另一方面也希望通过科研数据的开放共享推动学术透明与科研诚信,赢得政府和社会公众对其工作的认可。

科研机构:在科研数据管理与共享过程中有着多方面的价值追求:一是积极响应和遵循上级部门的政策要求以争取更多的科研项目与经费,提升科研竞争力;二是将科研数据视为机构重要的资产与资源,通过良好管理以不断提高自身的优势和竞争力;三是将积累的科研数据提供共享利用以提升机构的学术影响力和学术声誉;四是通过科研数据的管理以推进科研规范和科研透明度,保障学术研究质量。

科研支持与服务机构:一是开展科研数据服务,支撑所在单位的建设发展目标,获得自身生存空间和发展支持;二是积累数据资源,提高科研数据支持与服务能力，提升自身价值；三是开展数据服务，拓展服务范围。

科研数据中心：一是对科研数据进行有效保存、组织整序和导航揭示，在此基础上提供开放共享，从而提升自身的价值和影响力；二是按照相关规定做好数据的安全保护工作，确保数据在安全的前提下进行有序利用；三是对科研数据进行挖掘开发，充分挖掘数据资源价值；四是通过规范数据的获取与利用推动学术规范和诚信。

出版商：一是通过要求作者提交支撑所发表成果的数据资料以回应社会对科研诚信的要求，塑造负责任的良好形象；二是积累数据资源，拓展业务范围和发展空间；三是塑造标准规范，提升影响力。

科研数据生产者：一方面希望共享科研数据能得到相应的回报，如数据得到合理引用、增加自身学术声誉和影响力、获得同行好评和认可、获得机构的物质和精神奖励等；另一方面希望辛苦收集或创建的数据不被窃取、误用或滥用，同时还希望在开放共享的同时保持对自己数据的控制权。

科研数据使用者：期待通过共享科研数据以促进科研创新，希望数据易于找到、易于获取、易于理解、易于处理和使用。

（二）利益相关者的角色定位与关联关系

在科研数据管理与共享实践中，各利益主体不仅有着各自的利益诉求和主张，同时也需要彼此的支持与协作，构成一个既相互依存又相互博弈的利益相关体。明确科研数据管理与共享利益相关者的关联关系有助于梳理明晰各利益相关主体的职责关联，根据科研数据管理与共享的业务流程和利益主体的职责关联构建科学合理的科研数据政策体系。在上述分析的基础上，笔者构建了科研数据利益相关者的关联机制，见图 5-2。

由图 5-2 可知，科研数据管理与共享各利益相关主体之间并非各自独立，而是相互依赖和支撑，形成了一个联系紧密、协同协作又动态博弈的利益共同体。其中：科研数据主管机构通过制定政策、明

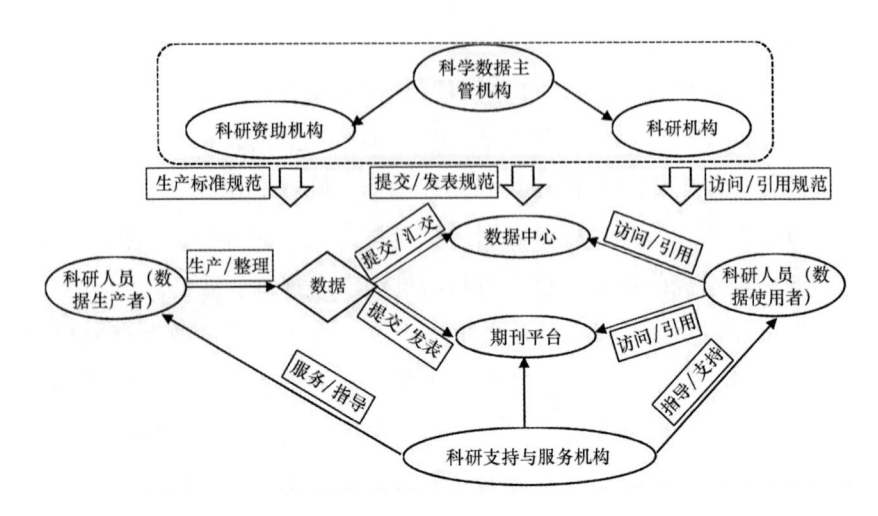

图 5-2　科研数据利益相关者的关联关系

确各利益主体的职责与工作机制等方式从宏观上推动科研数据管理与共享工作；科研资助机构和科研机构作为科研管理者，在主管机构的指导下开展工作，通过制定本部门/地区/单位的规章制度、组织开展科研数据管理与共享相关工作，推动科研数据的良好管理与充分有效共享；科研数据生产者应按照相关要求和标准规范进行数据的采集产生和整理，并按照相关规范提交给指定机构（如本单位、数据中心、出版商的数据平台等），同时也可将自身的诉求（如获得资金支持、获得物质精神奖励、数据得到规范使用和充分引用等）向管理机构反馈，实现自身诉求上升为管理规范及政策要求；数据使用者应按照相关规范进行数据的共享利用，也可积极参与科研数据管理与共享利用标准规范的制定，使数据易于获取和使用；科研数据中心在按照相关要求开展共享服务的同时，也可制定科研数据提交/汇交、共享利用和挖掘开发的标准规范，以推进自身管理和服务工作的标准化，同时不断拓展自身价值和影响力；科研数据支持与服务机构通过为数据生产者、数据使用者和数据中心提供相关指导、支持和服务工作，支持他们优质高效完成相关工作，以拓展自身业务范围和生存发展空间，获得认可和资金支持。

## 第三节　我国科研数据管理与共享的管理型责任主体及其政策需求

根据政策科学中的角色理论和管理学中的主客体理论可知，只有承担管理角色的责任主体即管理型责任主体才拥有制定和实施政策的权力。因而，本部分将在前文的基础上，在科研数据管理与共享的责任主体中梳理出管理型责任主体。同时，政策学指出：政策主体的职责及管理目标/需求是其制定政策的基础和依据，因而，本部分将在识别管理型主体的基础上，进一步梳理其政策需求（职责与管理目标/需求），从而为政策体系的设计与构建提供依据。

### 一　科研数据管理与共享的管理型责任主体

由上述分析可知，在科研数据管理与共享的利益相关主体中，科研数据主管机构、科研数据管理机构、科研机构、数据中心都承担一定的管理职责，属于管理型主体。因而，本研究认为我国科研数据管理与共享政策中的管理型责任主体主要有：科研数据主管机构、科研资助/管理机构、科研机构、数据中心等。

### 二　科研数据管理与共享的管理型责任主体的政策需求分析

政策需求是政策制定者所追求的目标与结果，是形成科学合理的科研数据管理与共享政策的依据。不同的责任主体由于承担着不同的职责，有着不同的目标与任务，拥有不同的管理权限，因而其政策需求也各不相同。在识别出管理型责任主体的基础上，通过分析这些责任主体的工作职责和管理需求，可作为本研究构建科研数据管理与共享政策体系的基础与依据。在综合参考国内外相关政策和专家学者研究成果的基础上，笔者分析了各管理型责任主体的政策需求，见表 5-6。

表 5-6　科研数据管理与共享中管理型责任主体的政策需求

| 责任者 | 职　责 | 政策需求 |
| --- | --- | --- |
| 国家 | 加强和规范科研数据管理，保障科研数据安全，提高开放共享水平，支撑国家科技创新、经济社会发展和国家安全。 | 形成健全完善的科研数据管理与共享政策体系，以保障和规范科研数据的管理与共享。 |
| 国务院科学技术行政部门 | 组织研究制定国家科研数据管理与共享政策和标准规范；<br>协调推动科研数据的规范管理、开放共享及评价考核工作；<br>统筹推进国家科研数据中心建设和发展；<br>负责国家科研数据网络管理平台建设和数据维护。 | 研究制定国家科研数据管理政策和标准规范；<br>研究制定科研数据科学管理、开放共享及评价考核工作规范；<br>研究制定科研数据中心建设和发展规范。 |
| 主管部门（国务院相关部门、省级人民政府相关部门） | 宣传贯彻落实国家科研数据管理与共享政策，建立健全本部门/地区的科研数据管理与共享政策和规章制度；<br>指导所属法人单位的科研数据管理与共享工作，按照有关规定做好科研数据定密工作；<br>统筹规划和建设本部门/地区的科研数据中心，推动科研数据开放共享；<br>建立完善激励机制，组织本部门/地区科研数据的评价考核工作。 | 建立健全本部门/地区的科研数据管理政策与规章制度，包括采集生产、汇交保存、分级分类、保密安全、共享利用等制度；<br>制定本部门/地区的科研数据中心建设与发展制度，以及科研数据的开放共享制度；<br>建立完善本部门/地区科研数据工作的激励、评价考核制度。 |
| 科研数据资助/管理机构 | 建立科研数据管理与共享制度；<br>开展科研数据管理与共享的实践实施；<br>推动科研数据管理与共享实践的可持续发展。 | 建立与科研项目管理流程相协调的科研数据管理制度；<br>建立科研数据的激励、评价考核制度。 |

续表

| 责任者 | 职责 | 政策需求 |
| --- | --- | --- |
| 法人单位 | 贯彻落实相关部门的科研数据管理政策，建立健全本单位的科研数据管理制度；<br>按照有关标准规范进行科研数据的采集生产、加工整理和长期保存，确保数据质量；<br>按照有关规定做好保密和安全管理工作；<br>建立科研数据管理系统，开展共享服务。 | 建立健全本单位的科研数据管理制度，包括数据的采集生产、加工整理和长期保存制度，确保数据的质量与可靠；<br>健全科研数据的分级分类制度，确保涉密数据的安全；<br>建立科研数据的人才队伍发展规划、岗位设置和激励机制。 |
| 科研数据中心 | 承担科研数据的整合汇交工作；<br>负责科研数据的分级分类、加工整理和分析挖掘；<br>保障数据的安全，依法依规推动科研数据开放共享；<br>加强国内外科研数据的交流合作。 | 建立科研数据的整合汇交工作规范；<br>建立科研数据开放共享与使用规范；<br>健全科研数据的长期保存与安全保障的规章制度，确保数据安全。 |

注：表中国务院科学技术行政部门和主管部门都属于政府层面的科研数据主管机构，其中，前者是我国统筹负责全国科研数据宏观管理与综合协调的部门/机构，后者是负责所分管行业/领域科研数据管理与共享的部门/机构。

由表5-6可知，不同责任主体由于职责与管理权限不同，其科研数据的政策需求也各不相同。本研究将在深入分析我国科研数据各责任主体的政策需求的基础上构建我国的科研数据管理与共享政策体系。

## 第四节 我国科研数据管理与共享政策体系的构成

政策科学指出，每个国家的公共政策一定要与本国的国情特点及具体实践相适应，只有这样才能确保政策的顺利实施并真正发挥作用,这与循证决策思想的理念目标是一致的。一个国家的政策的制定及执行与该国的政治制度与文化有着密切关系,因此,在政策科学中,相当多的内容并不具有普适性,相反应具有国别性、时代性。[①]与美国多元分散的科技管理体系相比,我国在长期的建设与发展中形成了统一集中型的科技管理体制和科层制管理组织结构,我国的《科学数据管理办法》也明确指出,我国科研数据管理工作遵循"分级管理"的原则,实行"国家统筹、各部门与各地区分工负责的体制"。因而,本研究在构建我国的科研数据管理与共享政策体系时,基于循证决策思想,一方面,充分考虑我国国情特别是我国在科研数据管理与共享的长期探索实践中所形成的基本原则、共识,以及所积累的宝贵经验;另一方面,充分参考国内外相关专家学者的研究成果,对相关管理主体的职责及需求进行调研分析,在此基础上构建我国的科研数据管理与共享政策体系。

基于上述分析,参照我国《科学数据管理办法》确立的我国科研数据管理的总体原则思路,笔者构建了我国科研数据管理与共享的政策体系,如图 5-3 所示,我国科研数据管理与共享的政策体系主要由五部分构成:

第一部分为全国人大和国务院制定的相关法律和行政法规。其中,《中华人民共和国科学技术进步法》《中华人民共和国促进科技成果转化法》《中华人民共和国保守国家秘密法》《中华人民共和国保守国家秘密法实施条例》和《政务信息资源共享管理暂行办法》是我国科研数据管理政策的法律依据。《中华人民共和国科学技术进步法》指出:"利用财政性资金设立的科学技术研究开发机构,应当建立有利于科学技术资源共享的机制,促进科学技术资源的有效利

---

① 胡象明:《中国传统政策文化及其对政策科学本土化的价值》,《中国行政管理》2017 年第 2 期。

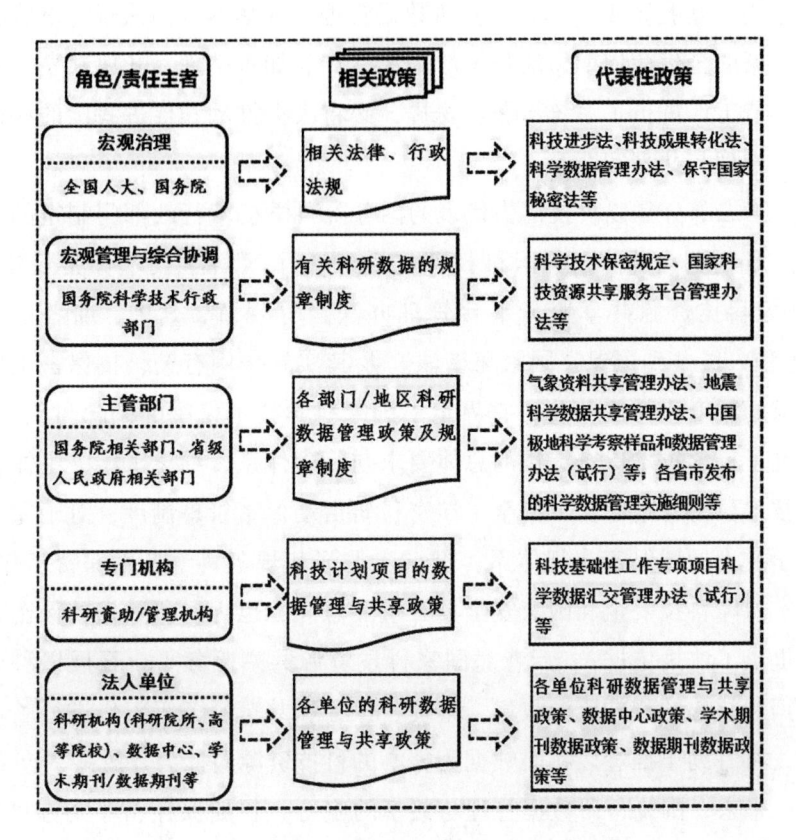

图 5-3 我国科研数据管理与共享的政策体系

用"[①];《政务信息资源共享管理暂行办法》提出"加快推动政务信息系统互联和公共数据共享",是我国政府层面数据开放共享的法律基础;《中华人民共和国促进科技成果转化法》鼓励和促进科技成果转化,特别是促进职务科技成果转让与许可,为科研数据的市场化开发提供了法律依据;《中华人民共和国保守国家秘密法》将科学技术中的秘密事项纳入法律规定,为科研数据的保密与安全提供了法律依据。在此基础上,国务院办公厅于 2018 年 3 月颁布的《科学数据管

---

① 薛智胜、罗蕾:《我国科技资源共享法律关系分析》,《科技创新导报》2012 年第 18 期。

理办法》是我国第一部有关科研数据管理与共享的专门法规，围绕科研数据的全生命周期，对数据的采集生产、加工整理、开放共享等各个环节工作进行了系统部署与安排，必将大大推动和促进我国的科研数据管理与共享实践。

第二部分是以科技部为代表的国务院科学技术行政部门制定的相关规章制度。目前，我国科技部先后颁布了《科学技术保密规定》《国家科技资源共享服务平台管理办法》等规章，其中，前者是对《中华人民共和国保守国家秘密法》及其实施条例有关科技保密工作要求的制度化与规范化，它界定了国家科学技术秘密的概念与范围，明确了科学技术保密工作的总体要求与管理体系，细化了相关主体科学技术保密管理职责，健全了涉密科研活动保密管理制度，对于完善科学技术领域保密法规体系，进一步加强和规范科学技术保密工作，切实保障科技安全和国家安全具有重要意义，也为科研数据的保密管理提供了法规依据[①]；后者对国家科技资源共享服务平台开展以科研数据为核心的科技资源收集、整理、保存和共享服务等工作进行了规范，将有助于推进以科研数据为核心的科技资源向社会开放共享。

未来，围绕科研数据管理与共享的安全、长期保存、开放与共享等方面的工作，国务院科学技术行政部门还应进一步制定出台相关规章制度，为科研数据的管理与共享提供全面的法规依循。

第三部分是以国务院相关部门、省级人民政府相关部门为代表的主管部门的规章制度。目前，我国一些涉及科研数据的政府部门已出台了本部门/行业领域的科研数据管理与共享规章，如中国气象局早在2001年就出台了《气象资料共享管理办法》，中国地震局（现自然资源部）于2006年发布了《地震科学数据共享管理办法》等，有力地推动了我国科研数据共享。此外，自国务院颁布《科学数据管理办法》以来，已有10余省市出台了科研数据管理办法实

---

[①] 《新修订的〈科学技术保密规定〉有哪些新变化》，《保密工作》2015年第12期。

施细则，见表 3-2。

第四部分是科研资助与管理机构制定的有关科技计划项目产生的科研数据的管理与共享政策。目前，我国科技部先后发布了《国家重点基础研究发展计划资源环境领域项目数据汇交暂行办法》《科技基础性工作专项项目科学数据汇交管理办法（试行）》等文件，对相关科技计划项目产生的科研数据的汇交进行了规范。[①] 但正如前文所指出的，目前我国优化整合后的 5 类科技计划项目（国家自然科学基金、国家科技重大专项、国家重点研发计划、技术创新引导专项、基地与人才专项）均尚未制定专门的科研数据管理与共享制度，这不利于我国科研数据价值的充分发挥。未来我国科技计划项目的管理机构应尽快制定出台有关科技计划项目产生的科研数据管理与共享的专门政策，以促进项目产生的科研数据的汇交、管理与共享，充分发挥科研数据的价值，更好支撑国家科技创新、经济社会发展和国家安全。

第五部分是以高校、科研院所、数据中心、学术期刊及数据期刊为代表的法人单位的科研数据管理与共享政策和规章制度。笔者调研发现，截至目前，我国尚未有高校出台相关科研数据管理与共享政策；科研院所方面，中国科学院出台了《中国科学院科学数据管理与开放共享办法（试行）》，中国农业科学院出台了《中国农业科学院农业科学数据管理与开放共享办法》；数据中心方面，农业科学数据共享中心制定了《农业科学数据共享管理办法》和《农业科学数据汇交管理办法》，国家人口健康科学数据中心制定了《国家人口健康科学数据中心运行服务管理办法》，国家海洋科学数据中心制定了《国家海洋科学数据共享服务平台暂行管理办法》，国家气象科学数据中心制定了《气象资料汇交服务指南》，国家地球系统科学数据中心制定了《地球系统科学数据共享平台章程》；数据期刊方面，中国科学院地理与资源研究所在创办的《全球变化数据学报》（中英文版）

---

① 万望辉等：《天文观测数据开放共享政策与策略分析研究》，《天文研究与技术》2015 年第 3 期。

发布了《全球变化科学研究数据出版与共享指南》；学术期刊方面，目前越来越多的期刊通过投稿指南/投稿须知/用稿规范等栏目明确科研数据的管理及使用规范。少数期刊制定了专门的科研数据政策，如国家科技部中国生物技术发展中心和中国科学院文献情报中心主办的《中国生物工程杂志》制定了专门的《支撑数据提交政策》；上海市图书馆学会和上海图书馆主办的《图书馆杂志》建立了"《图书馆杂志》数据管理平台"（http：//data.libraryjournal.com.cn/home/），发布了"《图书馆杂志》关于论文上传数据的启事"，鼓励作者上传论文支撑数据和投稿数据论文；中国科学院文献情报中心主办的《数据分析与知识发现》制定了《支撑数据提交要求》。① 笔者对我国期刊的数据政策进行了调研，结果见表5-5。

表5-5　　　　国内期刊科研数据政策制定情况（部分）

| 期刊名称 | 主办单位 | 政策/栏目名称 | 学科领域 | 相关内容 |
| --- | --- | --- | --- | --- |
| 《财贸经济》 | 中国社会科学院财经战略研究院 | 投稿须知 | 经济学 | 投稿须知——稿件中的所有数据和引文都应注明资料来源，相关数学公式、曲线图、数据表格，务必字迹清楚、规范、图形清晰。数学公式、有关数据请核对准确；图形请用计算机制作。② |
| 《当代经济研究》 | 吉林财经大学 | 用稿规范 | 经济学 | 用稿规范——如文章中需要表格、图形，请采用专用制图软件（如Excel）制作，以便于加工修改。③ |

---

① 《数据分析与知识发现》编辑部：《支撑数据提交要求》，http：//manu44.magtech.com.cn/Jwk_infotech_wk3/fileup/2096-3467/NEWS/20161213090914.pdf，2020年5月17日。

② 财贸经济：《投稿须知》，http：//www.cmjj.org/CommonBlock/SiteContentList?ChannelID=257，2020年5月17日。

③ 当代经济研究：《用稿规范》，http：//www.ddjjyj.com/CN/column/column25.shtml，2020年5月17日。

第五章 利益相关者视角下我国科研数据管理与共享政策体系设计　　207

续表

| 期刊名称 | 主办单位 | 政策/栏目名称 | 学科领域 | 相关内容 |
| --- | --- | --- | --- | --- |
| 《世界经济研究》 | 上海社会科学院世界经济研究所 | 投稿须知 | 经济学 | 投稿须知——图表和数学公式须规范。图中的点、线、面及其相互之间的关系预计标记符号必须清晰准确；图表中的文字一般用中文表达（缩略语等除外），术语须规范；文中的数学符号和公式用斜体表示（图表中的标记符号除外）。① |
| 《工程数学学报》 | 中国工业与应用数学学会 | 投稿指南 | 数学 | 投稿指南——中文插图请用描图纸黑墨绘制或由计算机打出，插图要有图题；表格用三线表，要有表题。插图要正规，图中字母要用印刷字剪贴以便用扫描仪直接扫入。用铅笔注明图片在稿中位置，并在稿中相应位置画上草图。② |
| 《运筹学学报》 | 中国运筹学会 | 投稿指南 | 数学 | 投稿指南——文中量、单位及符号的使用应符合国际标准和国家标准。容易混淆的外文字母的文种、大小写、正斜体及上下角标的正确书写。注意：微分记号 d，转置符号 T，常数 e 等数学式中的变量均用正体。文中外国人名、术语统一为英文，不宜采用中文译法。图、表和公式应通篇分别编号，图题、表题应有中英文对照。表格应采用三线表形式，内容以英文表述。③ |

---

① 世界经济研究：《投稿须知》，http：//jing.cbpt.cnki.net/WKB2/WebPublication/wkTextContent.aspx?navigationContentID=98b47930-5e45-4f40-8d24-47949651169e&mid=jing，2020年5月17日。

② 工程数学学报：《投稿指南》，http：//jgsx-csiam.org.cn/CN/column/column12.shtml，2020年5月17日。

③ 运筹学学报：《投稿指南》，http：//www.ort.shu.edu.cn/CN/column/column3.shtml，2020年5月17日。

续表

| 期刊名称 | 主办单位 | 政策/栏目名称 | 学科领域 | 相关内容 |
| --- | --- | --- | --- | --- |
| 《应用概率统计》 | 中国数学会概率统计学会 | 投稿指南 | 数学 | 投稿指南——文中插图请用 LaTeX 命令直接绘制,无法绘制的复杂图形可由其他绘图软件完成,然后转换为 EPS 格式。为了保证印刷质量,所转换 EPS 格式图形的分辨率最好在 600—1200dpi。插图要正规,并有图题。文中表格用三线表,要有表题。① |
| 《应用数学与力学》 | 重庆交通大学 | 投稿指南 | 力学 | 投稿指南——稿件采用后请保存原始照片或原始数据,以备审稿和编辑流程中查验或修改。② |
| 《物理学报》 | 中国物理学会 | 投稿须知 | 物理学 | 投稿须知——本刊为半月刊,国内外公开发行,被 SCI-CD、SCI-E、Scopus、EI、CA、INSPEC、JICST、AJ 和 MR 等国际核心检索系统收录。3.10 插图、照片、表;3.11 公式③ |
| 《声学学会》 | 中国科学院声学研究所 | 征稿简则 | 物理学 | 征稿简则——对图纸和符号等的要求。④ |

---

① 应用概率统计:《投稿指南》,http://aps.ecnu.edu.cn/CN/column/column106.shtml,2020 年 5 月 17 日。

② 应用数学与力学:《投稿指南》,http://www.applmathmech.cn/CN/column/column107.shtml,2020 年 5 月 17 日。

③ 物理学报:《投稿须知》,http://wulixb.iphy.ac.cn/news/tougaoxuzhi.htm,2020 年 5 月 17 日。

④ 声学学报:《征稿简则》,http://xiba.chinajournal.net.cn/WKC/WebPublication/wkTextContent.aspx?navigationContentID=cc6e521e-10ba-40e6-9f93-f39269c22046&mid=xiba,2020 年 5 月 17 日。

续表

| 期刊名称 | 主办单位 | 政策/栏目名称 | 学科领域 | 相关内容 |
|---|---|---|---|---|
| 《原子核物理评论》 | 中国科学院近代物理研究所、中国核物理学会 | 投稿指南 | 物理学 | 《原子核物理评论》投稿指南——所有插图需另提供1份画图软件的源数据文件，比如Origin的opj（word文件可直接将opj插入word文档中），或提供高分辨原图，或含图的文献pdf文件，以备修图制版。所有插图打包压缩为一个文件上传或发到邮箱，并注明稿号。① |
| 《无机化学学报》 | 中国化学会 | 投稿须知 | 化学 | 投稿须知——图、表和照片应力求清晰简明，照片应是原照片。有关晶体结构的文章，请在投稿时将cif文件作为附件上传至网站。② |
| 《有机化学》 | 中国化学会 | 投稿须知 | 化学 | 投稿须知——辅助材料（Supporting Information）：实验获得的原始谱图和数据，包括谱图、色谱、图、表、晶体结构数据和计算数据等。研究论文类稿件必须提供。辅助材料单独一个PDF文档，内容有文章题目、作者及单位、对提供材料的描述和相关材料。图应清晰，分辨率不小于300 dpi。③ |
| 《影像科学与光化学》 | 中国科学院理化技术研究所与中国感光学会 | 投稿须知 | 化学 | 投稿须知——线图请提供Origin生成的ORG或OPJ文件；照片图需提供清晰的原始图；表格使用三线表（不用竖线）。④ |

① 原子核物理评论：《投稿指南（2018年版）》，http://www.npr.ac.cn/CN/column/column118.shtml，2020年5月17日。

② 无机化学学报：《投稿须知》，http://www.wjhxxb.cn/wjhxxbcn/ch/first_menu.aspx?parent_id=9，2020年5月17日。

③ 有机化学：《投稿须知》，http://sioc-journal.cn/Jwk_yjhx/CN/column/column78.shtml，2020年5月17日。

④ 影像科学与光化学：《投稿须知》，http://www.yxkxyghx.org/CN/column/column314.shtml，2020年5月17日。

续表

| 期刊名称 | 主办单位 | 政策/栏目名称 | 学科领域 | 相关内容 |
|---|---|---|---|---|
| 《天文学报》 | 中国天文学会 | 征稿简则 | 天文学 | 征稿简则——稿件经审定录用后，作者应根据编辑部"清稿要求"修改录用稿，在规定时间内将稿件用 LaTeX 软件排版后的 TeX 文件及 eps 格式的图以 E-mail 返回编辑部。① |
| 《地球信息科学学报》 | 中国科学院地理科学与资源研究所 | 投稿须知 | 测绘学 | 投稿须知——插图或彩图照片的图像要求清晰美观，凡涉及国界线的图件，请按地图出版社最新标准底图绘制，插图应是清绘原图，标题为中英文对照，在图下方居中。② |
| 《地球物理学报》 | 中国地球物理学会 | 投稿须知 | 地球物理学 | 投稿须知——对量、符号和单位；图件及表格的要求。③ |
| 《环境工程学报》 | 中国科学院生态环境研究中心 | 投稿须知 | 环境科学 | 投稿须知——稿件中的插图应按照本刊插图规范要求设计，建议使用 Excel 及 Origin 软件制图，并将可编辑的原图（矢量图）复制到稿件中，连续调图或金相图尽量使用拍摄原图；稿件中的公式不要使用图片格式。稿件中的插图和公式应符合上述基本要求，否则无法送外审。④ |

---

① 天文学报：《投稿简则》，http://www.twxb.org/twxb/site/menu/20190812180148001，2020 年 5 月 17 日。
② 地球信息科学学报：《投稿须知》，http://www.dqxxkxxb.cn/html/list-10-1.html，2020 年 5 月 17 日。
③ 地球物理学报：《投稿须知》，http://www.dqwlxb.cn/index.php?m=content&c=index&a=lists&catid=3，2020 年 5 月 17 日。
④ 《〈环境工程学报〉投稿须知》，http://www.cjee.ac.cn/hjgcxb/news/solo-detail/tougaoxuzhi，2020 年 5 月 17 日。

第五章 利益相关者视角下我国科研数据管理与共享政策体系设计　　211

续表

| 期刊名称 | 主办单位 | 政策/栏目名称 | 学科领域 | 相关内容 |
| --- | --- | --- | --- | --- |
| 《数据分析与知识发现》 | 中国科学院文献情报中心 | 支撑数据提交要求 | 图书馆、情报与文献学 | 要求作者提供支撑论文结论的两类数据：内在数据和附加数据，并给定提交数据格式与提交存储方式。"具体的共享与管理细则，另见本刊网站下载专区的'支撑数据共享与管理细则'文件"，该文件暂未找到。① |
| 《图书馆杂志》 | 上海市图书馆学会、上海图书馆 | 《图书馆杂志》数据上传帮助 | 图书馆、情报与文献学 | 图书馆杂志数据平台数据上传一般性原则为：使感兴趣的研究者能够重现所有的分析报告。不禁用或隐瞒与文章相关的数据。无须提供额外信息或数据。作者上传的数据中应包含以下内容：支撑文档和信息；分析数据集。② |
| 《图书情报工作》 | 中国科学院文献情报中心 | 《图书情报工作》杂志社出版伦理声明 | 图书馆、情报与文献学 | 要高度重视研究数据与管理的规范性。要保证所提供的数据的原始性、真实性、可靠性、完整性，杜绝一切数据造假行为。论文中如涉及关键数据和分析，作者需向编辑部提供原始数据集以及原始分析的网络平台地址或计算机截屏文件，以便评审专家和编辑部对论文的数据进行审理和判断。建议作者要保留原始数据 3 年及以上备查。遵守国务院办公厅《科学数据管理办法》，强化数据管理与开放共享。③ |

---

① 《数据分析与知识发现》编辑部：《支撑数据提交要求》，http：//manu44. magtech. com. cn/Jwk_infotech_wk3/attached/file/20161213/20161213170318_884. pdf，2020 年 5 月 17 日。

② 《〈图书馆杂志〉数据上传帮助》，http：//www. libraryjournal. com. cn/CN/item/downloadFile. jsp? filedisplay = 20190225101041. pdf，2020 年 5 月 17 日。

③ 《〈图书情报工作〉杂志社出版伦理声明（2020 年 2 月第一版）》，http：//www. lis. ac. cn/CN/column/column291. shtml，2020 年 5 月 17 日。

续表

| 期刊名称 | 主办单位 | 政策/栏目名称 | 学科领域 | 相关内容 |
|---|---|---|---|---|
| 《图书情报知识》 | 武汉大学 | 投稿须知 | 图书馆、情报与文献学 | 投稿须知——支撑数据为保证数据的客观性和可重复检验性，提高科学诚信，本刊对于涉及数据处理和分析的文章，要求作者在文章末尾处提供支撑数据的获取途径，以及数据文件名称和数据标题。<br>支撑数据获取途径：（1）如果是可公开获取的，请提供开放获取的平台地址；（2）如果是作者自存储的，请提供联系的邮箱地址。<br>支撑数据文件名称和说明：请注明数据处理/分析/存储负责人的姓名，数据文件名称等。① |
| 《中国图象图形学报》 | 中国科学院遥感与数字地球研究所、中国图象图形学会、北京应用物理与计算数学研究所 | 投稿须知处理流程 | 自动化技术、计算机技术 | 投稿须知处理流程——作者在上传论文时，在"可验证代码和实验数据"模块可上传与论文成果相关的代码程序、实验源数据、实验结果等相关信息，以便审稿专家全面审理验证稿件，加快审稿速度。代码和数据与论文同步出版，有助于提升论文学术价值，保护作者知识产权，促进相关成果的共享、传播和交流，更好地扩大论文的影响力，增加论文引用。② |
| 《应用生态学报》 | 中国生态学学会、中国科学院沈阳应用生态研究所 | 投稿须知 | 生物科学 | 投稿须知（2019年8月修订）——论文插图须能在Word文档中编辑并带有数据源，或提供作图源文件。③ |

---

① 图书情报知识：《投稿须知》，http：//dik. whu. edu. cn/jwk3/tsqbzs/CN/column/column192. shtml，2020年5月17日。

② 中国图象图形学报：《投稿须知》，http：//www. cjig. cn/jig/ch/common_ item. aspx? parent_ id =20080618121717001&menu_ id =20160229100757374&is_ three_ menu =0，2020年5月17日。

③ 《〈应用生态学报〉投稿须知》，http：//www. cjae. net/CN/column/column107. shtml，2020年5月17日。

第五章 利益相关者视角下我国科研数据管理与共享政策体系设计　　213

续表

| 期刊名称 | 主办单位 | 政策/栏目名称 | 学科领域 | 相关内容 |
|---|---|---|---|---|
| 《生物化学与生物物理进展》 | 中国科学院生物物理研究所和中国生物物理学会 | 投稿基本要求 | 生物科学 | 投稿基本要求——投稿时作者需提供稿件中全部图片的图文件。图文件作为稿件附件一并上传。文件格式以 TIFF（图像文件）或 EPS（图形文件）为首选。① |
| 《中国生物工程杂志》 | 国家科技部中国生物技术发展中心和中国科学院文献情报中心 | 《中国生物工程杂志》支撑数据提交政策 | 生物科学 | 本刊鼓励作者提交的数据分两大类：（1）有助于重复论文研究的内容；（2）有助于扩展论文内容的资料，如：子成果、拓展成果、说明性资料。数据提交途径、推荐的数据存储库、提交数据格式、数据清单格式投稿指南②——所有图片的压缩包。③ |
| 《生命科学》 | 中国科学院上海生命科学研究院 | 投稿须知 | 生物科学 | 投稿须知——来稿如包含图片，请单独提供电子版图片文件，最低分辨率为 600dpi，并且提供切合文意的图注。④ |
| 《建筑钢结构进展》 | 同济大学 | 稿件格式要求 | 建筑科学 | 稿件格式要求——文中图表随文出现，图表用 AutoCAD 或 Excel 绘制，须符合制图规范，要求将图表原始文件随文寄至编辑部。⑤ |

---

① 生物化学与生物物理进展：《投稿基本要求》，http：//www.pibb.ac.cn/pibbcn/ch/common_item.aspx? parent_id=3&menu_id=80，2020 年 5 月 17 日。

② 中国生物工程杂志：《投稿指南》，http：//manu60.magtech.com.cn/biotech/attached/file/20180508/20180508161222_731.pdf，2020 年 5 月 17 日。

③ 《〈中国生物工程杂志〉支撑数据提交政策》，http：//manu60.magtech.com.cn/biotech/CN/column/item234.shtml，2020-05-17。

④ 《〈生命科学〉投稿须知》，http：//www.lifescience.net.cn/tgxz.asp，2020 年 5 月 17 日。

⑤ 《〈建筑钢结构进展〉稿件格式要求》，http：//www.jzjz.cbpt.cnki.net/WKE/WebPublication/wkTextContent.aspx? navigationContentID=98b47930-5e45-4f40-8d24-47949651169e&mid=jzjz，2020 年 5 月 17 日。

续表

| 期刊名称 | 主办单位 | 政策/<br>栏目名称 | 学科<br>领域 | 相关内容 |
|---|---|---|---|---|
| 《工程地质学报》 | 中国科学院地质与地球物理研究所 | 道德说明 | 建筑科学 | 道德声明——作者应当做好研究数据的存储和保留。在需要的情况下，编辑部有权要求作者提供原始研究数据。① |

通过对上述我国科研数据管理与共享政策体系分析可知，目前，我国已初步形成了包括国家法律和行政法规、国务院科学技术行政部门相关规章、主管部门规章制度和法人单位的规章制度的科研数据管理与共享政策体系。而从政策体系完备程度看，科研资助/管理机构层面的科研数据管理与共享政策、法人单位层面的科研机构和数据中心的科研数据管理与共享政策还有待加强和完善。以下，笔者将重点对这些政策进行探讨。

---

① 工程地质学报：《出版伦理与出版弊端声明》，http://www.gcdz.org/news/daodeshengming.htm，2020年5月17日。

# 第六章 信息生命周期视角下我国科研数据管理与共享政策探讨

通过对上述我国科研数据管理与共享政策体系的分析可知，目前，我国科研资助/管理机构的科研数据政策、法人单位层面的科研机构和数据中心的科研数据管理与共享政策还有待加强和完善。本章将重点探讨这几类科研数据管理与共享政策的大纲及主要内容。

## 第一节 科研资助/管理机构的科研数据管理与共享政策研究

目前，我国科研资助/管理机构尚未制定专门的科研数据管理与共享政策，仅有科技部、财政部于2008年3月18日联合发布的《国家重点基础研究发展计划资源环境领域项目数据汇交暂行办法》（国科发基〔2008〕142号），对国家重点基础研究发展计划（973计划）资源环境领域项目数据汇交进行了规范。同时，为了规范我国科技基础性工作专项项目科研数据汇交管理工作，促进项目产生的科研数据的共享与服务，科技部还发布了《科技基础性工作专项项目科学数据汇交管理办法（试行）》。

此外，相关部门为重大科技计划项目制定的管理办法里提到了数据共享的要求，如科技部、总装备部、财政部于2011年8月11日联合印发的《国家高技术研究发展计划（863计划）管理办法》第四十四条指出："建立规范、健全的项目科研数据和科技报告档案，建立项目科技资源的汇交和共享机制。课题承担单位按照国家科技计划信息管理、科研数据共享和成果登记等有关规定，按时报送课题有关数据和成果信息。"①

科技部、财政部于 2011 年 9 月 2 日联合印发的《国家科技支撑计划管理办法》第五十一条指出：建立规范、健全的项目科研数据和科技报告档案，建立项目科技资源的汇交和共享机制。项目组织单位和课题承担单位按照国家有关科研数据共享的规定，按时上报项目（课题）有关数据和成果。建立健全支撑计划项目数据和成果库，实现信息公开、资源共享。②

科技部、财政部于 2011 年 11 月 21 日联合印发的《国家重点基础研究发展计划管理办法》第二十五条将开展学术交流，推动科研数据共享作为首席科学家的主要职责之一；同时第四十三条规定：项目（课题）承担单位应建立规范、健全的项目科研数据和科技报告档案，按照科技部有关科研数据共享和科技计划项目信息管理的规定和要求，按时上报项目和课题有关数据。③

这些项目管理规定虽然涉及科研数据的汇交与共享，但都较为简单，不够具体，对科研项目/课题执行过程中的数据收集与生成、管理保存、共享利用等都没有具体明确的规定，不利于科研数据的规范管理，也难以保障科研数据的共享与再利用。因而，制定专门科研数据管理与共享政策是当务之急。科研数据管理与共享政策的制定首先要明确政策的重点及其组织结构（即章节目录），以下笔者将分别对

---

① 中华人民共和国科学技术部：《国家高技术研究发展计划（863 计划）管理办法》，2011 年 8 月 21 日，http：//www.most.gov.cn/fggw/zfwj/zfwj2011/201109/t20110906_89492.htm，2020 年 5 月 18 日。

② 中华人民共和国科学技术部：《关于印发国家科技支撑计划管理办法的通知》，2011 年 9 月 16 日，http：//www.most.gov.cn/tztg/201109/t20110916_89660.htm，2020 年 5 月 18 日。

③ 中华人民共和国科学技术部：《关于印发国家重点基础研究发展计划管理办法的通知》，2011 年 12 月 9 日，http：//www.most.gov.cn/tztg/201112/t20111209_91296.htm，2020 年 5 月 18 日。

科研资助/管理机构的政策大纲和政策内容进行探讨,以期为我国科研资助/管理机构制定相关政策提供参考。

### 一 国外科研资助/管理机构科研数据政策大纲借鉴

英国、美国、澳大利亚、加拿大等国家的科研资助/管理机构大都已制定了较完善的科研数据政策,可供我们参考。笔者对这些政策及其大纲/框架进行调研,见表6-1。

表6-1　国外科研资助/管理机构科研数据政策大纲调研

| 国家 | 机构名称 | 政策名称 | 政策大纲 | 备注 |
| --- | --- | --- | --- | --- |
| 美国 | 国家科学基金会(NSF) | 申请授予政策与程序 Proposal & Award Policies & Procedures Guide (PAPPG)① | — | "Chapter II. C. 2. j 特别详细与补充文件"(Special Information and Supplementary Documentation)要求项目申请书包含数据管理计划;"Chapter XI. D. 4 传播与共享研究成果"(Dissemination and Sharing of Research Results)包含科研数据的共享。 |
|  | 国立卫生研究院(NIH) | NIH科研数据共享最终声明 Final NIH Statement on Sharing Research Data② | — | NIH还出台了《NIH数据共享政策与实施指南》(NIH Data Sharing Policy and Implementation Guidance)。③ |

---

① National Science Foundation, "Proposal & Award Policies & Procedures Guide (PAPPG)", 24th January 2020, https://www.nsf.gov/publications/pub_summ.jsp?ods_key=nsf20001, 2020-05-18.

② National Institutes of Health, "Final NIH Statement on Sharing Research Data", 26th February 2003, https://grants.nih.gov/grants/guide/notice-files/NOT-OD-03-032.html, 2020-05-18.

③ National Institutes of Health, "NIH Data Sharing Policy and Implementation Guidance", 5th March 2003, https://grants.nih.gov/grants/policy/data_sharing/data_sharing_guidance.htm, 2020-05-18.

续表

| 国家 | 机构名称 | 政策名称 | 政策大纲 | 备注 |
|---|---|---|---|---|
| 英国 | 英国研究和创新署（UKRI） | 开放研究数据协议 Concordat on Open Research Data① | 包含10项原则及其阐释 | UKRI的前身RCUK还先后发布了《数据政策共同原则》（Common Principles on Data Policy）②和《科研数据管理最佳实践指南》（Guidance on Best Practice in the Management of Research Data）。③ |
| | 艺术与人文研究委员会（AHRC） | 研究资助指南 Research Funding Guide④ | — | 要求提交数据管理计划（DMP） |
| | 生物技术与生物科学研究委员会（BBSRC） | BBSRC数据共享政策声明 BBSRC Data Sharing Policy Statement⑤ | 包含数据共享声明和实施说明 | BBSRC还发布了《数据共享政策常见问题解答》（BBSRC Data Sharing Policy-Frequently Asked Questions）。⑥ |

---

① UK Research and Innovation, "Concordat on Open Research Data", 28th July 2016, https：//www.ukri.org/files/legacy/documents/concordatonopenresearchdata-pdf/, 2020-05-18.

② UK Research and Innovation, "Common Principles on Data Policy", https：//www.ukri.org/funding/information-for-award-holders/data-policy/common-principles-on-data-policy/, 2020-05-18.

③ UK Research and Innovation, "Guidance on Best Practice in the Management of Research Data", https：//www.ukri.org/files/legacy/documents/rcukcommonprinciplesondatapolicy-pdf/, 2020-05-18.

④ Arts and Humanities Research Council, "Research Funding Guide", 4th June 2019, https：//ahrc.ukri.org/documents/guides/research-funding-guide1/, 2020-05-18.

⑤ Biotechnology and Biological Sciences Research Council, "BBSRC Data Sharing Policy Statement", https：//bbsrc.ukri.org/documents/data-sharing-policy-pdf/, 2020-05-18.

⑥ Biotechnology and Biological Sciences Research Council, "BBSRC Data Sharing Policy-Frequently Asked Questions", https：//bbsrc.ukri.org/documents/data-sharing-faq-pdf/, 2020-05-18.

第六章　信息生命周期视角下我国科研数据管理与共享政策探讨　　219

续表

| 国家 | 机构名称 | 政策名称 | 政策大纲 | 备注 |
| --- | --- | --- | --- | --- |
| 英国 | 工程与物理科学研究委员会（EPSRC） | EPSRC科研数据共享政策框架EPSRC policy framework on research data① | 包含《期待》②《原则》③以及《数据管理期望说明》④三个文件 | — |
| | 经济与社会研究委员会（ESRC） | 科研数据政策Research Data Policy⑤ | 概述<br>术语定义<br>政策原则<br>实施说明<br>伦理问题<br>数据安全<br>角色与职责 | "角色与职责"部分包含资助申请者、受资助者、受资助机构、ESRC、ESRC数据服务提供者等的责任；此外，ESRC还发布了《科研数据政策常见问题解答》（Research Data Policy FAQs）。⑥ |
| | 医学研究委员会（MRC） | MRC数据共享政策MRC Data Sharing Policy⑦ | 概述<br>原则<br>相关文档<br>生效日期<br>审查日期 | 原则部分是核心内容，包含12项原则（无标题/关键词）。 |

---

① Engineering and Physical Sciences Research Council, "EPSRC Policy Framework on Research Data", https：//epsrc.ukri.org/about/standards/researchdata/, 2020 – 05 – 18.

② Engineering and Physical Sciences Research Council, "EPSRC's Expectations", https：//epsrc.ukri.org/about/standards/researchdata/, 2020 – 05 – 18.

③ Engineering and Physical Sciences Research Council, "Principles", https：//epsrc.ukri.org/about/standards/researchdata/principles/, 2020 – 05 – 18.

④ Engineering and Physical Sciences Research Council, "Clarifications of EPSRC Expectations on Research Data Management", 9th October 2014, https：//epsrc.ukri.org/files/aboutus/standards/clarificationsofexpectationsresearchdatamanagement/, 2020 – 05 – 18.

⑤ Economic and Social Research Council, "Research Data Policy", https：//esrc.ukri.org/files/about-us/policies-and-standards/esrc-research-data-policy/, 2020 – 05 – 18.

⑥ Economic and Social Research Council, "Research Data Policy FAQs", 24th Marh 2015, https：//esrc.ukri.org/files/about-us/policies-and-standards/research-data-policy-faqs/, 2020 – 05 – 18.

⑦ Medical Research Council, "MRC Data Sharing Policy", 12th September 2016, https：//mrc.ukri.org/documents/pdf/mrc-data-sharing-policy/, 2020 – 05 – 19.

续表

| 国家 | 机构名称 | 政策名称 | 政策大纲 | 备注 |
|---|---|---|---|---|
| 英国 | 自然环境研究委员会（NERC） | NERC 数据政策 NERC Data Policy① | 主要原则 数据访问 NERC 环境数据中心 数据收集 开放获取数据 | NERC 还发布了《NERC 数据政策指导说明》（Guidance notes for the NERC Data Policy）。② |
| | 科技设施委员会（STFC） | 科学数据政策 Scientific Data Policy③ | 适用范围 基本原则 最佳实践建议 | 基本原则部分共 13 项内容，最佳实践建议部分共 6 项内容，均无标题/关键词。 |
| | 维康基金（The Wellcome Trust） | 数据、软件和资料管理与共享政策 Data, Software and Materials Management and Sharing Policy④ | — | — |

---

① Natural Environment Research Council, "Data Policy", https://nerc.ukri.org/research/sites/data/policy/data-policy/, 2020–05–19.

② Natural Environment Research Council, "Guidance Notes for the NERC Data Policy", https://nerc.ukri.org/research/sites/data/policy/datapolicy-guidance/, 2020–05–19.

③ Science and Technology Facilities Council, "Scientific Data Policy", https://stfc.ukri.org/stfc/cache/file/D0D76309-252B-4EEF-A7BFAF6271B8EC11.pdf, 2020–05–19.

④ The Wellcome Trust, "Data, Software and Materials Management and Sharing Policy", 10th July 2017, https://wellcome.ac.uk/funding/guidance/data-software-materials-management-and-sharing-policy, 2020–05–19.

第六章 信息生命周期视角下我国科研数据管理与共享政策探讨 221

续表

| 国家 | 机构名称 | 政策名称 | 政策大纲 | 备注 |
|---|---|---|---|---|
| 英国 | 英国癌症研究院（Cancer Research UK） | 数据共享与保存政策 Data Sharing and Preservation Policy① | 无章节，主要包括九个原则性条款 | CRUK发布了《数据共享指南》（Data Sharing Guidelines)②、《数据共享常见问答》（Data Sharing FAQs)③、《数据共享计划实用指南》（Practical Guidance for Researchers on Writing Data Sharing Plans)。④ |
| 澳大利亚 | 澳大利亚研究理事会（ARC）、国家卫生与医学研究委员会（NHMRC）、澳洲大学联盟（Universities Australia） | 澳大利亚负责任研究行为准则 Australian Code for the Responsible Conduct of Research⑤ | 包括"负责任研究行为准则""机构职责""科研人员职责"三部分，每部分由若干基本原则/条款构成 | 还发布了《研究数据与信息管理》（Management of Data and Information in Research⑥） |

---

① Cancer Research UK, "Data Sharing and Preservation Policy", https：//www. cancerresearchuk. org/sites/default/files/cruk_ data_ sharing_ policy_ 2017_ final. pdf, 2020 – 05 – 19.

② Cancer Research UK, "Data Sharing Guidelines", https：//www. cancerresearchuk. org/funding-for-researchers/applying-for-funding/policies-that-affect-your-grant/submission-of-a-data-sharing-and-preservation-strategy/data-sharing-guidelines, 2020 – 05 – 19.

③ Cancer Research UK, "Data Sharing FAQs", https：//www. cancerresearchuk. org/funding-for-researchers/applying-for-funding/policies-that-affect-your-grant/submission-of-a-data-sharing-and-preservation-strategy/data-sharing-faqs, 2020 – 05 – 19.

④ Cancer Research UK, "Practical Guidance for Researchers on Writing Data Sharing Plans ", https：//www. cancerresearchuk. org/funding-for-researchers/applying-for-funding/practical-guidance-for-researchers-on-writing-data-sharing-plans, 2020 – 05 – 19.

⑤ NHMRC, "Australian Code for the Responsible Conduct of Research", 2018, 14th June 2018, https：//www. nhmrc. gov. au/file/14384/download? token = UTh-EclL, 2020 – 05 – 19.

⑥ NHMRC, " Management of Data and Information in Research ", https：//www. nhmrc. gov. au/file/14359/download? token = 0FwepbdZ, 2020 – 05 – 19.

续表

| 国家 | 机构名称 | 政策名称 | 政策大纲 | 备注 |
|---|---|---|---|---|
| 加拿大 | 卫生研究所CIHR、自然科学与工程研究理事会NSERC、社会科学与人文科学研究理事会（SSHRC） | 三机构数字数据管理原则声明 Tri-Agency Statement of Principles on Digital Data Management① | 前言<br>目标<br>期望<br>责任 | 其中，"期望"部分包含数据管理计划、限制与义务、相关标准、数据收集、元数据、保存与共享、致谢与引用等内容；"责任"部分包含科研人员、科研社区、科研机构、资助者等的职责。 |
| | 加拿大社会科学与人文科学研究理事会（SSHRC） | 科研数据存档政策 Research Data Archiving Policy② | 无章节，主要由五个段落构成 | — |
| | 加拿大渔业与海洋部（DFO） | 渔业与海洋部科学数据政策 Department of Fisheries and Oceans Policy for Scientific Data③ | 生效日期<br>适用范围<br>背景<br>术语定义<br>政策声明<br>政策要求 | "政策要求"部分包含原则、数据提交、数据访问、数据目录清单、数据获取等内容。 |

注：表中内容来自笔者网络搜集整理，其中"—"表示政策/指南无明显章节。

由表6-1可看出，大部分政策（主要是英国和美国的科研资助/管理机构的政策）都没有区分章节，尽管个别政策区分了章节，但是

---

① "Tri-Agency Statement of Principles on Digital Data Management", 21th December 2016, http://www.science.gc.ca/eic/site/063.nsf/eng/h_83F7624E.html?OpenDocument, 2020-05-19.

② Social Sciences and Humanities Research Council of Canada, "Research Data Archiving Policy", https://www.sshrc-crsh.gc.ca/about-au_sujet/policies-politiques/statements-enonces/edata-donnees_electroniques-eng.aspx, 2020-05-19.

③ Fisheries and Oceans Canada, "Policy for Scientific Data", 24th January 2019, https://waves-vagues.dfo-mpo.gc.ca/Library/365555.pdf, 2020-05-19.

核心内容部分（通常是数据共享原则）也没有章节标题/关键词，无法为我国科研资助/管理机构制定科研数据管理与共享政策提供参考。在这些政策中有参考价值的主要有以下三个：澳大利亚研究理事会、国家卫生与医学研究委员会和澳洲大学联盟共同制定的《澳大利亚负责任行为研究准则》（以下简称《准则》），以及与其一同发布作为《准则》的说明与指南的《研究数据与信息管理》；加拿大卫生研究所、自然科学与工程研究理事会、社会科学与人文科学研究理事会共同制定的《三机构数字数据管理原则声明》；加拿大渔业与海洋部发布的《渔业与海洋部科学数据政策》。以下笔者将分别对其进行介绍和分析。

（一）澳大利亚《准则》及其《研究数据与信息管理》

早在 2007 年，澳大利亚研究理事会（ARC）、国家卫生与医学研究委员会（NHMRC）和澳洲大学联盟（Universities Australia）三方就共同制定了《澳大利亚负责任行为研究准则》（以下简称《准则 2007》）。2018 年 6 月 14 日，三方又共同发布了最新修订的《澳大利亚负责任行为研究准则》（以下简称《准则 2018》）以及作为其说明与指南的《研究数据与信息管理》。[①]《准则 2007》在其第二章"科研数据与原始资料的管理"部分，分别对科研机构与科研人员的责任进行了界定；而《准则 2018》最大的变化就是仅包含若干基本原则与责任，具体内容则在《研究数据与信息管理》中体现，其具体内容和《准则 2007》并无太大出入。

（二）加拿大《三机构数字数据管理原则声明》

2016 年 12 月 21 日，加拿大卫生研究所、自然科学与工程研究理事会、社会科学与人文科学研究理事会共同发布了《三机构数字数据管理原则声明》（以下简称《声明》）。《声明》的主要内容包括四个部分：序言、目标、期待、责任。其中，第三部分"期待"包括数据

---

[①] 洪程：《我国高校科研数据管理政策研究》，硕士学位论文，湘潭大学，2019 年。

管理计划、限制与义务、相关标准、数据收集、元数据、保存与共享、致谢与引用等内容；第四部分"责任"部分包含科研人员、科研社区、科研机构、资助者等的职责。

（三）加拿大渔业与海洋部《渔业与海洋部科学数据政策》

2019年1月，加拿大渔业与海洋部发布了最新修订的《渔业与海洋部科学数据政策》（以下简称《科学数据政策》），该《科学数据政策》的主要内容是第六部分的"政策要求"，包含原则、数据提交、数据访问、数据目录清单、数据获取等内容，对科研数据的共享进行了全面规定。

上述三个政策由于包含了较明确的章节目录，因而对我国科研资助/管理机构制定科研数据管理与共享政策较有参考价值。分析发现，这三个政策的章节/大纲的共同特点就是围绕数据生命周期和责任两个维度展开。澳大利亚《准则2007》和作为《准则2018》解释说明的《研究数据与信息管理》如出一辙，分别对科研机构和科研人员的责任进行明确，体现了责任者的维度；对于每一责任主体，又分别从科研数据的管理、保存、安全、访问获取、使用与引用等环节进行界定，体现了生命周期维度。《声明》的"期待"部分体现了数据生命周期维度，而"责任"部分则体现了"责任"维度；《科学数据政策》的章节目录同样体现了这一特点。由此可见，从生命周期与责任两个维度组织科研数据管理与共享政策是国外科研资助/管理机构的共同特点。

之所以如此，笔者认为是由于生命周期与职责划分是科研数据管理与共享过程中两个基本指导要素：第一，科研数据是一种重要的信息资源，具有信息生命周期的天然特征（前文已有论述，此处不再赘述），因而从生命周期角度对其进行管理具有理论与实践的双重合理性；第二，科研数据的管理与共享不仅涉及不同环节，每个环节的工作任务离不开相应的责任主体的执行与落实，如数据的采集与生产、元数据创建、提交等工作主要由科研人员负责，数据的保存与安全主要由科研机构或数据中心负责，数据的合理与规范使用则有赖于使用者。因而，在制定科研数据管理与共享政策时，应围绕科研数据管理与共享的不同阶段，分别明确不同责任者的职责，这样才能保障科研数据管理与共享政策的科学合理性和实践可行性，从而保障科研数据管理与共享政策的顺利进行。

## 二　国内科研资助/管理机构的科研数据政策大纲构建

在上述分析的基础上，笔者将从科研数据生命周期和责任相关者两个维度来构建我国科研资助/管理机构的科研数据管理与共享政策的大纲/框架。

### （一）数据生命周期维度

数据生命周期维度应从科研数据所经历的流程与环节出发，明确其主要生命周期阶段，从而为政策的制定提供依据。笔者认为，科研数据是在科研过程中产生的，因而应与科学研究及科研项目的周期阶段紧密结合，如在科研项目开始前，科研人员应制订相关计划，对科研项目的开展包括数据的收集与产生进行严谨认真的规划，明确项目需要收集哪些数据、数据的类型、如何收集和获取数据、数据的质量如何保证等，同时还可以对项目结束后科研数据如何实现长期保存以及共享等问题进行思考；在项目进行过程中，应按照预先计划开展数据的收集与获取，遵循相关标准规范，确保数据质量；在项目结束后，科研人员应及时将科研数据存储到本单位数据平台或数据共享中心，同时为科研数据添加必要的说明和元数据信息，以保证未来的使用者易于理解数据的相关信息，便于再利用；在数据保存与共享阶段，数据中心应确保数据的安全和长期可用性，并确保数据使用者遵循相关标准规范；而数据使用者也应根据相关规范，合理充分引用与致谢，尊重他人劳动成果。据此，笔者归纳了面向科研数据管理与共享政策的生命周期阶段：数据管理计划、数据采集与获取、数据提交与汇交、数据的存储与保存、数据的共享利用。

## （二）责任维度

责任维度应明确科研数据管理与共享实践中涉及哪些责任者，以及不同责任主体的职责。调查发现，国外科研资助/管理机构的科研数据管理与共享政策通常明确科研人员（包括数据提供者和数据使用者）、科研机构和数据服务提供者的职责，这对我国同样适用。据此，笔者归纳了面向科研数据管理与共享政策的责任相关者及其职责，见图6-1。

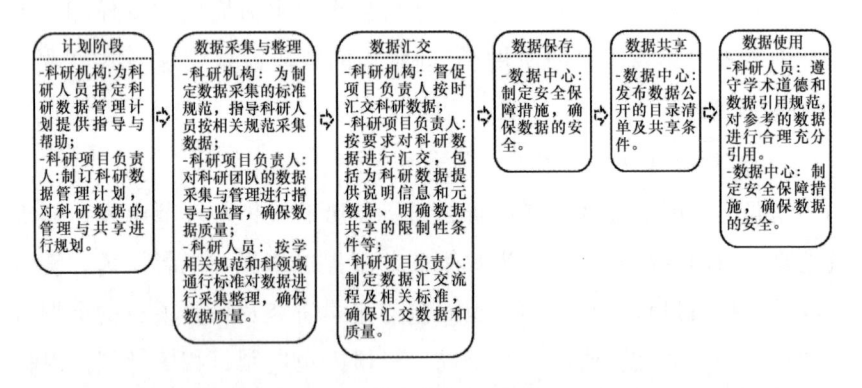

| 计划阶段 | 数据采集与整理 | 数据汇交 | 数据保存 | 数据共享 | 数据使用 |
| --- | --- | --- | --- | --- | --- |
| -科研机构：为科研人员指定科研数据管理计划提供指导与帮助。<br>-科研项目负责人：制订科研数据管理计划，对科研数据的管理与共享进行规划。 | -科研机构：为制定数据采集的标准规范，指导科研人员按相关规范采集数据。<br>-科研项目负责人：对科研团队的数据采集与管理进行指导与监督，确保数据质量。<br>-科研人员：按学科相关规范和科研领域通行标准对数据进行采集整理，确保数据质量。 | -科研机构：督促项目负责人按时汇交科研数据。<br>-科研项目负责人：按要求对科研数据进行汇交，包括为科研数据提供说明信息和元数据、明确数据共享的限制性条件等；<br>-科研项目负责人：制定数据汇交流程及相关标准，确保汇交数据和质量。 | -数据中心：制定安全保障措施，确保数据的安全。 | -数据中心：发布数据公开的目录清单及共享条件。 | -科研人员：遵守学术道德和数据引用规范，对参考的数据进行合理充分引用。<br>-数据中心：制定安全保障措施，确保数据的安全。 |

图6-1 科研资助/管理机构科研数据政策的责任者及其责任体系

由图6-1可知，不同的责任者在不同环节或阶段承担着不同的责任，如科研机构应为科研人员制订数据管理计划、开展科研数据的收集与管理提供培训、指导与帮助，同时制定相关标准规范，规范科研人员的数据采集、管理与共享利用行为；科研项目负责人需要在科研项目开始前制订科研数据管理计划，对项目中将要收集或产生的数据的管理、汇交、保存、共享等进行计划，并在项目进行过程中落实执行，确保数据质量；科研人员应按相关要求和规范进行数据的生产、管理和使用；数据中心应确保数据的安全与合理使用等。

基于上述分析，笔者认为我国科研资助/管理机构的科研数据管理与共享政策大纲也应建立在数据生命周期和责任相结合的基础上，这样有助于政策制定者较好地组织政策内容，确保政策内容的全面性与科学性。据此，笔者构建了我国科研资助/管理机构的科研数据管理与共享政策大纲，见表6-2。

表6-2 我国科研资助/管理机构的科研数据管理与共享政策大纲

| 序号 | 政策大纲 | 内容要点 | 备注 |
| --- | --- | --- | --- |
| 1 | 政策背景与目的 | 相关法规依据及实践背景 | 可以包括遵循的原则 |
| 2 | 政策适用范围 | 哪些数据或人员须遵守该政策 | 应有明确的界限 |
| 3 | 相关概念与术语 | 政策中涉及的相关概念或术语的界定 | — |
| 4 | 职责分工 | 明确不同责任主体的职责及分工 | 不同主体职责应明确且相互协同 |
| 5 | 数据的采集、生产与管理 | 明确数据采集与生产时的标准规范及相关管理制度 | — |
| 6 | 数据的提交与汇交 | 数据提交与汇交的方式、时限等 | — |
| 7 | 数据的保存 | 数据保存中的安全与备份 | 需考虑是否存储在本单位内 |
| 8 | 数据的开放共享 | 数据开放共享的途径与方式 | — |
| 9 | 数据的利用 | 数据使用时应遵循的义务与规范 | — |

## 三 我国科研资助/管理机构科研数据政策的内容探讨

在明确政策大纲的基础上，本部分将进一步探讨我国科研资助/管理机构科研数据管理与共享政策的主要内容。

（一）政策背景与目的

科研资助/管理机构的科研数据管理与共享政策背景通常来自两个方面：一是科研数据开放的法理基础，即公共资助产生的科研成果（包括科研数据）是为了公共利益而产生的重要的公共财富，应确保在不违反知识产权、商业秘密、伦理道德、安全等限制的前提下以最少限制、及时和负责任的方式向公众公开提供；二是科研数据开放共享带来的重大科学、经济和社会价值，如推动高质量研究并加速科技创新、从整体上降低科研成本且提升科研效率与效益、促进科研规范、学术诚信和学术透明度从而形成良好科研实践、获得公众对科研投入的支持以及增加公众对研究的信任等。此外，我国《科学数据管理办法》还强调指出加强和规范科研数据管理有助于保障科研数据安全和国家安全。

政策的目的主要是通过加强科研数据的管理以实现科研数据的最大程度开放共享与再利用，履行科研数据共享的法理义务，获得科研数据共享的价值。

（二）政策适用范围

科研资助/管理机构的科研数据管理与共享政策的适用范围可分为适用主体和适用客体两方面。其中，适用主体通常是科研项目申请人员、项目依托单位及其支持建立的科研数据平台/中心，而适用客体则主要指受其资助的科研项目所产生的科研数据。

（三）相关概念与术语

国外科研资助/管理机构的科研数据管理与共享政策通常对"科研数据"这一概念进行界定，如英国研究理事会（RCUK）发布的《数据管理最佳实践指南》指出："科研数据包括：通过实验、分析、调查、测量、仪器和观测等研究活动产生的数字信息，以及通过自动或人工整理、分析的数据，包括模拟和模型中的输入与输出。"

此外，我国《科学数据管理办法》对"科研数据"概念的界定也具有较大参考价值："本办法所称科学数据主要包括在自然科学、工程技术科学等领域，通过基础研究、应用研究、试验开发等产生的数据，以及通过观测监测、考察调查、检验检测等方式取得并用于科学研究活动的原始数据及其衍生数据。"

（四）职责分工

明确的职责分工是确保科研数据管理与共享政策顺利实施的关

第六章　信息生命周期视角下我国科研数据管理与共享政策探讨　　**229**

键。英国研究信息网络（Research Information Network，RIN）发布的《数字科研数据管理：原则与指南框架》（Stewardship of Digital Research Data：a Framework of Principles and Guidelines）指出，应尽可能明确界定研究人员、研究机构和资助者的角色与责任，并应共同建立一个实践守则框架，以确保研究数据的创造者和使用者了解并按照这些原则履行其责任。张晓林指出，科研资助/管理机构的科研数据管理与共享政策应分别明确受资助者、受资助机构、数据平台/中心、数据使用者以及自身的职责[①]，如对于受资助者，应明确：项目负责人是科研数据管理与开放共享的主体责任人，在科研项目的整个过程及项目结束后对项目产生的科研数据负全面责任；在项目申请时（或在项目正式开始前）提交规范的数据管理计划，并在项目执行过程中按照数据管理计划进行数据的管理与共享；允许利用项目经费开展科研数据的管理与共享工作；将科研数据的管理与提交/汇交作为项目阶段性检查和结题验收的必备环节，确保数据得到规范管理和按时提交/汇交，项目负责人应对数据质量负责，保证数据的真实、完整、可靠；提交/汇交的科研数据应明确科研数据开放共享的条件与要求，否则将默认执行资助/管理机构规定的开放共享条件与要求；项目发表的学术成果要注明如何获取支持其结论的原始数据；项目发表论文时所提交的支撑数据必须存放一份在中国境内合规的数据仓储库中。对于受资助/管理机构，应明确：科研项目的依托管理机构应对本机构受资助者的数据共享行为负责；依托机构应建立健全本单位的科研数据管理与共享政策/制度，以及激励/奖惩机制，对本单位科研人员的科研数据管理与共享行为进行管理监督、评估与考核；根据相关法规和标准对科研数据进行分级分类，完善对数据不公开或暂不公开的申请审核机制；建立科研数据管理与共享的支持与服务机制，为本单位科研人员管理与共享科研数据提供培训、支持、指导与咨询等服

---

① 张晓林：《实施公共资助科研项目研究数据开放共享的政策建议》，《中国科学基金》2019年第1期。

务。对于科研数据平台/中心，应明确：承担相关领域科研数据的汇交整合工作，制定明确的汇交流程与规范；负责科研数据的分级分类、加工整理和分析挖掘，依法依规推动科研数据开放共享；按照国家网络安全管理规定，建立网络安全保障体系、应急管理和容灾备份机制，确保科研数据的安全；建立科研数据共享的标准规范，如引用要求等；加强国内外科研数据的交流与合作。对于资助/管理机构自身，应明确：将科研数据的管理与共享纳入申请资助要求或资助合同中；将科研数据的管理与共享纳入科研项目的管理与考核评价流程中，例如先提交/汇交科研数据再验收结项；定期对各项目依托单位的科研数据提交/汇交/共享情况进行考核评估，形成良性的引导激励机制；制定科研数据管理与共享的实践规范/指南（如数据管理计划、数据引用格式要求等）。

（五）数据的采集、生产与管理

在科研数据的采集与生产环节，为了确保科研数据的质量，一方面应制定明确的数据标准与规范，另一方面，应明确标准规范的监督实施者。对于数据的标准与规范，国内外相关政策通常都指出遵循学科领域的通行标准或最佳实践；对于标准规范的监督实施，我国《科学数据管理办法》明确了科研机构监督管理者的责任，指出：法人单位及科研数据生产者要按照相关标准规范组织开展科研数据采集生产和加工整理，形成便于使用的数据库或数据集；法人单位应建立科研数据质量控制体系，保证数据的准确性和可用性。而国外科研资助/管理机构的政策形成了以科研项目负责人及科研数据管理计划为核心的数据管理机制，即项目负责人要在项目申请时或项目正式开始前制定合理的科研数据管理计划，并以该计划为依据在科研项目全过程中对科研数据的管理与共享负责，同时要求科研机构负责对本单位的科研数据的质量进行监督。这一做法值得我们参考。[①]

---

① 洪程：《我国高校科研数据管理政策研究》，硕士学位论文，湘潭大学，2019年。

(六) 数据的提交与汇交

我国《科学数据管理办法》指出:"主管部门应建立科研数据汇交制度,在国家统一政务网络和数据共享交换平台的基础上开展本部门(本地区)的科研数据汇交工作。"根据这一规定,我国科研资助/管理机构应建立完善的科研数据汇交机制:一是建立"先汇交科研数据、再验收科研项目"的机制,同时,受资助产生的科研论文的支撑数据,也应进行汇交;二是明确汇交的流程与规范;三是明确汇交的责任人。为了确保提交/汇交的数据的质量与可用性,国外科研资助/管理机构明确要求数据背景信息或描述信息应以元数据或数据文档的格式与科研数据集一起提交。①

目前,我国科技部于 2008 年 3 月颁布了《国家重点基础研究发展计划资源环境领域项目数据汇交暂行办法》,且已按照该办法进行了大量科技计划项目的数据汇交工作,形成了较成熟的数据汇交工作流程与机制。我国科研资助/管理机构可在此基础上为其他科技计划项目(科研项目)制定相应的科研数据汇交政策,完善我国科研数据汇交政策体系。

(七) 数据的保存

数据的保存应明确三方面的内容:一是明确保存的期限;二是确保数据的安全;三是确保数据长期可用。对于科研数据的保存期限,应根据不同学科领域的通行标准及数据重要程度加以确定。同时,英国工程与物理科学研究委员会(EPSRC)的《科研数据政策框架》的规定有一定的参考价值:由 EPSRC 资助产生的科研数据从任何研究人员"特权访问期"到期之日起至少安全保存 10 年,如果有其他人访问了数据,则从访问数据的最后一天起至少保存 10 年。对于如何确保科研数据的安全,应要求科研数据保存的责任者(通常是科研机构和数据中心)承担相应的责任。如《科学数据管

---

① 黄源等:《基于科学数据管理流程的科研机构职责分析》,《数字图书馆论坛》2020 年第 1 期。

理办法》指出：主管部门和法人单位应加强科研数据全生命周期安全管理，制定科研数据安全保护措施，按照国家网络安全管理规定，建立网络安全保障体系，采用安全可靠的产品和服务，完善数据管控、属性管理、身份识别、行为追溯、黑名单等管理措施，健全防篡改、防泄露、防攻击、防病毒等安全防护体系；建立应急管理和容灾备份机制，按照要求建立应急管理系统，对重要的科研数据进行异地备份。对于如何确保科研数据长期可用，应尽可能采用通用的格式/标准存储科研数据，并在系统更新/升级时考虑数据的安全与可用性。

（八）数据的开放共享

科研数据的开放共享是实现数据再利用，获得科技、经济和社会价值的前提。国外科研资助/管理机构的科研数据管理与共享政策大都通过科研数据管理计划来规范科研数据的开放共享，要求科研人员在制定科研数据计划时说明是否愿意共享数据、不愿意共享的原因、共享方式等。有研究指出，我国科研资助/管理机构的科研数据管理与共享政策一方面应明确支持科研数据的开放共享，将"科研数据默认为开放共享"作为基本原则，如果不开放共享则需要提供合理理由；另一方面，还应明确科研数据开放共享的合规监测、激励与惩罚机制等，以确保科研数据开放共享的顺利进行。[1]

此外，科研数据的开放共享还应考虑如下问题：数据开放的时间；数据开放的限制；如何确保数据易于使用。对于数据开放的时间，原则上，数据应尽可能及早公开，但考虑到科研人员需要一定的时间用于发表科研发现/成果，因而，国外科研资助/管理机构通常为科研人员设置一个"特权期"（或称"独家/独占使用期"）。如英国经济与社会研究委员会（ESRC）的《科研数据政策》指出："为了确保研究团队在收集和分析数据方面的努力得到适当的承认，科研人

---

[1] 张晓林：《实施公共资助科研项目研究数据开放共享的政策建议》，《中国科学基金》2019年第1期。

员有权在有限的特权期内优先使用他们收集的数据，以支持研究结果的发表，但特权使用期不应妨碍尽早公布元数据"。英国生物技术与生物科学研究委员会（BBSRC）的《BBSRC 数据共享政策声明》指出：数据的价值通常取决于开放的及时性。BBSRC 承认研究人员对于自己付出时间和努力所产生的数据享有合法权益，但认为研究人员不应长期独占使用这些数据；数据开放的时限受数据性质的影响，但及时发布的时间通常不应迟于主要研究发现出版的时间，并应符合该领域的既定最佳做法。对于数据开放的限制，BBSRC 指出：在认识到保护知识产权和保护研究成果商业化机会的必要性的同时，不应过度延迟或阻碍数据共享。对于如何确保数据易于使用，英国工程与物理科学研究委员会（EPSRC）的《科研数据政策框架》指出：提供开放共享的科研数据必须包含充分的元数据信息，元数据必须足以让其他人了解哪些数据、为何/何时及如何产生，以及如何访问获取这些数据。如果元数据中所指的研究数据是数字对象，则元数据应包含数据的数字对象标识符（例如通过 DataCite 组织获取）。该《政策框架》同时指出：发表的研究论文应包括一份简短的声明，说明如何以及以何种方式访问任何支撑研究数据。英国经济与社会研究委员会（ESRC）的《科研数据政策》也有类似的规定：为了确保研究数据能够被其他人有效地再利用，应为研究数据提供充分的元数据并公开发布，以确保研究数据既可被发现，又可独立理解，而无须求助于创建者；出版的成果应始终包括有关如何获取支撑数据和/或相关元数据的信息。

（九）数据的利用

科研数据的使用一方面应遵守数据提供者的相关要求（或许可使用条件），另一方面应尽可能进行规范引用与致谢。如 EPSRC 的《科研数据政策框架》指出：为了认可生成、保存和共享关键研究数据集的研究人员的智力贡献，研究数据的所有用户都应承认其数据的来源，并遵守访问这些数据的条款和条件。[①]

## 第二节　科研机构的科研数据管理与共享政策研究

根据研究目标，本书的科研机构主要聚焦于科研院所和高等院校。依据第三章的调研结果，我国科研机构除中国科学院于 2019 年 12 月发布了《中国科学院科学数据管理与开放共享办法（试行）》，中国农业科学院于 2019 年 7 月发布了《中国农业科学院农业科学数据管理与开放共享办法》外，其他科研机构尚未出台科研数据管理与共享政策。本部分将在参考借鉴国外相关科研数据管理与共享政策模型的基础上，探讨科研机构科研数据管理与共享政策的大纲及政策的主要内容，从而为科研机构制定科研数据管理与共享政策提供参考。

### 一　国外相关科研数据政策模型参考

如何制定本单位/机构的科研数据管理与共享政策是科研机构的管理与决策者面临的重要问题。调研发现，目前国外一些研究机构发布了机构科研数据政策大纲模板可供借鉴。政策大纲/模板为政策制定者提供政策的框架（及主要内容），如同学术文献的大纲一样，一方面为政策制定者提供了考虑问题的角度；另一方面便于政策制定者根据自己实际需要，酌情增删，因而对科研机构制定本单位的科研数据管理与共享政策具有重要的参考借鉴价值。

目前，澳大利亚国家数据中心（The Australian National Data Service，ANDS）发布的《澳大利亚大学/机构科研数据管理政策大纲》（Outline of Research Data Management Policy for Australian Universities/

---

[①] 姜鑫：《国外资助机构科学数据开放共享政策研究——基于 NVivo 12 的政策文本分析》，《现代情报》2020 年第 8 期。

Institution)①、英国数据监护中心（DCC）发布的《五步制定科研数据政策》（Five Steps to Developing a Research Data Policy）②、瑞士数据生命周期管理项目（Data Life-Cycle Management Project，DLCM Project）发布的《科研数据管理政策模板》（Research Data Management Policy Template）③ 和美国东南部研究图书馆协会（Association of Southeastern Research Libraries，ASERL）发布的《科研数据管理政策模型》（Model Language for Research Data Management Policies）④ 等科研数据政策框架/模型为科研机构制定本单位科研数据管理与共享政策提供了参考⑤，本部分将对这些大纲进行简要介绍并梳理总结其特点及可供借鉴的经验。

（一）澳大利亚《大学/机构科研数据管理政策大纲》

澳大利亚国家数据中心于 2010 年 8 月 20 日发布了《大学/机构科研数据管理政策大纲》，提出了包括政策名称、政策目标、主要原则、相关概念、例外情况、适用对象与职责、数据与记录的保存期限、数据与记录的储存、安全与保护、数据与记录的访问获取、数据与记录的删除和移动、数据销毁、数据所有权、协作研究项目的相关规定、特殊要求、何处可获得建议、科研数据或记录的储存/登记处、相关政策、相关文件/进度安排、相关法规、政策生效日期、审核日

---

① ANDS，"Outline of a Research Data Management Policy for Australian Universities / Institutions"，20th August 2010，http：//www.ands.org.au/__data/assets/pdf_file/0004/382072/datamanagementpolicyoutline.pdf，2020 – 05 – 23.

② DCC，"Five Steps to Developing a Research Data Policy"，http：//www.dcc.ac.uk/resources/policy-and-legal/five-steps-developing-research-data-policy/five-steps-developing-research，2020 – 05 – 23.

③ DLCM，"Research Data Management Policy Template"，https：//www.dlcm.ch/download_file/force/68/276，2020 – 05 – 23.

④ Working Group of the ASERL/SURA Research Data Coordinating Committee，"Model Language for Research Data Management Policies"，https：//www.fosteropenscience.eu/sites/default/files/pdf/619.pdf，2020 – 05 – 23.

⑤ 邢文明等：《国外教育机构科研数据管理政策大纲解读及启示》，《数字图书馆论坛》2019 年第 5 期。

期、政策负责人、政策联系人和审批机构等在内的 25 项政策要点，见表 6-3。

表 6-3　澳大利亚《大学/机构科研数据管理政策大纲》一览[①]

| 序号 | 政策大纲 | 内容要求 |
| --- | --- | --- |
| 1 | 政策名称 | 政策的名称应当简洁明了，不包含简写（首字母缩略词）或缩写，同时要考虑到便于检索或查找。 |
| 2 | 政策目标 | 简要概述通过这个政策所要达到的目标。 |
| 3 | 主要原则 | 制定政策需遵循的相关原则。 |
| 4 | 相关概念 | 政策中出现的专业术语，例如"存档文件""机构储存库"等。 |
| 5 | 例外情况 | 概述政策不适用的情况，或明确不适用本政策的情形。 |
| 6 | 适用对象与职责 | 政策的适用对象（"研究人员""学生研究员及其导师""机构"等）及其具体职责。 |
| 7 | 数据与记录的保存期限 | 根据相关规定明确数据与资料的保存时间。 |
| 8 | 数据与记录的储存 | 详细说明科研数据与资料的存储方式与地点，既包括数字形式的记录（如照片、录音等），也包括物理对象（如纸张、实物等）。 |
| 9 | 安全与保密 | 哪些记录需要安全保护，以及如何实现等。 |
| 10 | 数据与记录的访问获取 | 根据数据的类型和敏感程度来定义谁拥有数据的访问权。 |
| 11 | 数据与记录的移动 | 由谁移动？哪些数据与记录能够被移动？从哪里到哪里？什么时候？如何移动？ |
| 12 | 数据销毁 | 由谁实施？哪些数据能够被销毁？何时、何地、如何销毁？ |
| 13 | 数据所有权 | 明确在本单位产生的科研数据的所有权。 |
| 14 | 协作研究项目的规定 | 在开展协作研究项目时，在项目开始前需明确数据所有权。 |

---

① 邢文明等：《国外教育机构科研数据管理政策大纲解读及启示》，《数字图书馆论坛》2019 年第 5 期。

续表

| 序号 | 政策大纲 | 内容要求 |
| --- | --- | --- |
| 15 | 特殊要求 | 对特殊情况的规定,如:实验室笔记、专利、隐私、涉及人类受试者的研究、受资助的研究、档案价值、纪律守则、人种学资料等。 |
| 16 | 何处可获得建议 | 在该机构中哪里可以就本政策所涵盖的内容寻求建议。 |
| 17 | 科研数据或记录的储存/登记处 | — |
| 18—20 | 相关政策、法规 | 联邦、地方政府、科研资助机构与科研数据相关的法律法规,以及本单位与本政策相关的政策法规。 |
| 21 | 政策生效日期 | 政策什么时候生效? |
| 22 | 审核日期 | 计划什么时候对政策进行评估? |
| 23 | 政策负责人 | 由谁/机构对政策负责? |
| 24 | 政策联系人 | 通常是政策负责人的直接下属 |
| 25 | 审批机构 | 对政策批准、修订的部门 |

数据来源:http://www.ands.org.au/__data/assets/pdf_file/0004/382072/datamanagementpolicyoutline.pdf,访问日期:2019-12-02。

该政策大纲以《澳大利亚负责任研究行为准则》为参照,列出了供科研机构参考的科研数据管理与共享政策大纲,并对各部分的主要内容进行了说明。其特点是围绕科研数据管理与共享所经历的主要生命周期阶段来组织政策大纲,同时也兼顾相关责任者的职责。

(二)美国东南部研究图书馆协会的《科研数据管理政策模型》

2013年2月,美国东南部研究图书馆协会(Association of Southeastern Research Libraries,ASERL)、东南部大学研究协会(Southeastern Universities Research Association,SURA)的科研数据协调委员会(Research Data Coordinating Committee)发布了《科研数据管理政策模型》(Model Language for Research Data Management Policies)[1],包括政策陈述、数据所有权(Data Ownership)、利益相关者(Stakeholders)、

---

[1] Working Group of the ASERL/SURA Research Data Coordinating Committee, "Model Language for Research Data Management Policies", https://www.fosteropenscience.eu/sites/default/files/pdf/619.pdf, 2020-05-25.

角色与职责（Roles and Responsibilities）、相关政策（Related Policies）构成等，见表6-4。

表6-4　　《科研数据管理政策模型》的政策框架

| 序号 | 政策大纲 | 内容要点 |
| --- | --- | --- |
| 1 | 政策陈述 | （1）作为学校致力于卓越研究的一部分，研究数据应在整个生命周期中按照最高标准进行管理；<br>（2）每个研究项目或课题的主要负责人（PIs）承担通过完善的研究数据管理计划对研究数据进行管理的责任；<br>（3）所有新的研究申请（从获批之日起）必须包含研究数据管理计划或协议，在适当的情况下明确说明数据的获取、管理、完整性、机密性、保留、共享、访问和发布等问题；<br>（4）学校将为研究数据的管理和研究数据管理计划提供培训、支持、建议和指导以及模板；<br>（5）学校将在研究项目实施期间和完成后，为研究数据的存储、备份、注册、存放、描述、访问和保留提供机制与服务，以支持当前和未来的访问需要；<br>（6）如果研究人员不再是最初研究团队的成员，或者离开了学校工作岗位，学校将始终考虑保持其对所参与数据的访问权限的请求。根据离开学校的情况，学校可与研究人员协商转让协议，以确保各方都能获得数据；<br>（7）如果研究数据存放在本校之外，学校将制定适当的指导原则。所有存放在其他地方的任何数据——如国际数据服务或领域存储库——都应在本校登记。学校支持将研究数据存放在校内外的多个地方；<br>（8）研究数据管理计划必须确保科研数据在适当和保障安全的情况下可访问和可再使用；<br>（9）数据在传输过程中（无论是在校内还是校外），必须考虑和保护研究数据主体的合法权益；<br>（10）研究人员应考虑将具有未来历史意义的研究数据和能证实研究结果的数据存放在适当的本校、学科或政府存储库中；<br>（11）学校的数据管理计划应在适当的情况下在本校范围内分享，以增进社区对良好数据管理实践的理解，同时应在适当的情况下向非本校研究合作者咨询；<br>（12）确保科研数据的获取以供日后再使用是政策的主要目标。除非是资助要求、学校政策或许可选择的结果，否则不得将重复使用或发布研究数据的专有权分配给商业出版者或其他代理。 |
| 2 | 数据所有权 | 为了保护科研数据，学校保留所有利用本校运营或控制的设施产生的数据、由本校管理的基金资助产生的数据，以及学校成员在日常工作过程中产生的数据的权利、所有权和权益。为了科学知识进步的最大利益，学校将始终支持科研数据的共享。 |

续表

| 序号 | 政策大纲 | 内容要点 |
|---|---|---|
| 3 | 利益相关者 | （1）科研项目负责人和研究人员是学校数据管理计划制订过程中的关键利益相关者。政策必须支持而不是抑制他们申请和执行受资助的研究的能力。<br>（2）主管研究的副校长办公室、资助研究管理办公室和学术副校长办公室等支持研究型大学的资助政策。学校审查委员会确保所有全部或部分参与人类受试研究的所有对象的权利、福利和保护。由于数据管理实践往往与资助机构的授权相联系，因此参与数据管理政策以确保大学在获取研究资助方面的持续竞争优势符合这些利益相关者的利益。<br>（3）图书馆致力于获取和保存各种形式的信息。学校图书馆应为数据管理提供访问、资源描述、元数据服务和教学支持等服务。<br>（4）IT部门通过维护一个安全的信息环境来支持学校发展。学校科研数据的管理需要以合理的成本建立安全的信息体系结构。<br>（5）合规办公室通过管理和监督本校研究项目的合规性来支持学校发展。 |
| 4 | 角色与职责 | 执行这项政策的责任主要由学术副校长、学校图书馆馆长、研究总监/主管研究的副校长、首席信息官/信息技术副校长和合规长官承担。具体如下：<br>（1）学术副校长、研究总监/主管研究的副校长：作为数据受托人，高级副校长、研究副校长、首席研究官/主管研究副校长和资助研究管理办公室负责确保学校在获取研究资助方面的竞争力。数据受托人确保数据管理实践不与学校其他政策或利益相冲突，如保护研究对象、国家安全利益、知识产权或技术转让等；<br>（2）图书馆馆长：作为数据管理者，学校图书馆馆长将监督研究数据的获取、描述、维护与传播，以及本政策中概括的其他数据管理活动。学校图书馆应负责通过管理、元数据、存储库和其他检索工具确保研究数据的可访问性。此外，学校图书馆还应负责为科研人员制定和实施数据管理计划提供培训和支持；<br>（3）首席信息官/信息技术副校长：首席信息官/信息技术副校长负责监督学校信息技术系统的管理；IT部门应负责提供存储研究数据的基础设施，并保护数据的安全性和完整性。 |
| 5 | 相关政策 | （1）学校知识产权政策；<br>（2）学校信息安全政策；<br>（3）学校记录管理、保存与处置政策；<br>（4）学校研究伦理政策；<br>（5）学校数据分类政策；<br>（6）学校数据管理政策；<br>（7）学校治理政策或数据/信息治理政策。 |

数据来源：https://www.fosteropenscience.eu/sites/default/files/pdf/619.pdf，访问日期：2019-12-02。

该政策模型主要是为图书馆所服务的高等院校设计的，其特点是将高校科研数据的政策陈述和相关责任者及其职责进行了详细的归纳梳理，较全面地反映了科研数据的管理、支持与服务体系，能为高校制定科研数据管理与共享政策提供较详细的参考。

（三）英国《五步制定科研数据政策》

英国数据监护中心于2014年1月发布了《五步制定科研数据政策》，提出了科研机构制定科研数据管理与共享政策的"五个步骤"，分别是：列出现有规章制度（Map out the existing regulatory framework）；明确政策大纲（Develop a table of contents）；获得管理层支持（Get managerial backing）；讨论、起草、修改（Consult, draft, revise）；批准与实施（Approve and implement）。

在第二步"明确政策大纲"中提供了科研数据管理与共享政策的参考大纲，包括头部信息（机构标识）、政策标题、政策目标、政策原则、政策适用范围、政策文本、角色与职责、批准和定期审查、页脚信息（政策版本号）和附件等十个要素，详见表6-5。

表6-5　　　《五步制定科研数据政策》之参考大纲[①]

| 序号 | 政策大纲 | 内容要点 |
| --- | --- | --- |
| 1 | 头部信息 | 文件标题、机构标识等。 |
| 2 | 政策标题 | — |
| 3 | 政策目标 | — |
| 4 | 政策原则 | — |
| 5 | 政策适用范围 | ①适用的机构、院系、部门？<br>②涵盖所有研究？或仅涵盖外部资助的研究？<br>③仅包含职工？还是包含职工与学生？<br>④是否涵盖非数字化数据。 |

---

① 邢文明等：《国外教育机构科研数据管理政策大纲解读及启示》，《数字图书馆论坛》2019年第5期。

续表

| 序号 | 政策大纲 | 内容要点 |
| --- | --- | --- |
| 6 | 政策文本 | 考虑为段落编号以备参考。 |
| 7 | 角色与职责 | ①机构;<br>②项目负责人;<br>③研究助理;<br>④研究支持人员。 |
| 8 | 批准与定期审查 | 可定期进行,也可以根据需要进行。 |
| 9 | 页脚信息 | 页码、版本号、状态。 |
| 10 | 附件 | ①科研数据的定义;<br>②资助机构的政策与要求;<br>③本机构与该政策相关的政策法规。 |

数据来源:http://www.dcc.ac.uk/resources/policy-and-legal/five-steps-developing-research-data-policy/five-steps-developing-research,访问日期:2019/12/02。

该参考大纲相对于前两个政策大纲较为简洁,仅包含了科研机构科研数据管理与共享政策应包含的主要内容,其特点是重点明确了科研数据管理与共享所涉及的责任主体的角色与职责。[①]

(四) 瑞士《科研数据管理政策模板》

《科研数据管理政策模板》是瑞士"数据生命周期管理项目"于2016年8月26日发布的一项成果。其给出的科研数据管理与共享政策参考框架包含前言(Preamble)、相关概念定义(Definitions)、政策覆盖范围(Coverage)、职责与责任(Responsibilities)和政策主要内容(Policy Statements)五个部分,详见表6-6。

---

① 邢文明等:《国外教育机构科研数据管理政策大纲解读及启示》,《数字图书馆论坛》2019年第5期。

表6-6　《科研数据管理政策模板》的参考框架[①]

| 序号 | 章节 | 主要内容 | |
|---|---|---|---|
| 1 | 前言 | 总体原则 | ①良好的科研数据管理是卓越研究和学术诚信的基础；②肯定科研数据在未来可重复利用的重要性；③高等教育机构将采取适当制度措施，帮助研究人员遵循良好的数据管理实践。 |
| | | 一般结构（与科研数据管理与共享政策相关的校内外政策） | ①指令和法律；②指南；③其他文件。 |
| | | 政策实施说明。 | |
| 2 | 相关概念定义 | ①科研数据；②数据管理计划；③其他重要术语。 | |
| 3 | 政策覆盖范围 | ①哪些数据？②哪些研究项目？③哪些人适用本政策？ | |
| 4 | 职责与责任 | ①学校；②项目负责人；③研究人员；④数据保护官。 | |
| 5 | 政策主要内容 | 目标 | ①数据管理计划的目标及主要内容（数据获取/归档及元数据/存储与备份/所有权/保存期限等）；②帮助研究人员和相关部门履行他们在科研数据管理中的职责；③确保科研数据的存储、保存和可用性以便再利用。 |
| | | 数据管理计划 | ①目标与需要主要考虑方面的列表；②研究项目应包含一个数据管理计划；③机构的支持。 |

① 邢文明等：《国外教育机构科研数据管理政策大纲解读及启示》，《数字图书馆论坛》2019年第5期。

续表

| 序号 | 章节 | 主要内容 |
|---|---|---|
|  | 数据的访问与获取 | ①机构对于数据访问、获取和共享的建议；<br>②知识产权、伦理道德、隐私、保密要求等。 |

数据来源：https://www.dlcm.ch/download_file/force/68/276，访问日期：2019-12-02。

该参考模型是在对多所科研教育机构的科研数据管理与共享政策进行归纳提炼的基础上提出的，其特点是不仅明确了不同主体的责任，还对科研数据管理与共享不同阶段的主要任务进行明确，增强了政策的灵活性。

（五）总结

通过对上述科研数据管理与共享政策大纲/模型的分析，笔者发现这些政策大纲主要从两个角度来组织政策内容，一个是数据生命周期维度，主要从科研数据所经历的各阶段来组织政策的大纲与内容，重点明确各阶段的任务与要求；另一个是责任相关者维度，主要明确科研数据管理与共享所涉及的责任主体及其职责。其中澳大利亚《大学/机构科研数据管理政策大纲》和瑞士的《科研数据管理政策模板》都是从数据生命周期和责任相关者相结合的角度来组织科研数据管理与共享政策的大纲，而英国的《五步制定科研数据政策》和美国的《科研数据管理政策模型》则主要是从责任相关者的角度来阐述科研数据管理与共享政策的大纲。

## 二 国内外科研机构的科研数据政策大纲的借鉴

为进一步验证数据生命周期和责任相关者视角的科研数据管理与共享政策的合理性，笔者进一步对中科院发布的《中国科学院科学数据管理与开放共享办法（试行）》和国外高校的科研数据管理与共享政策的大纲进行分析，以验证上述视角的通用性。

(一) 中科院《中国科学院科学数据管理与开放共享办法 (试行)》的政策大纲

中国科学院于 2019 年 2 月 11 日印发了《中国科学院科学数据管理与开放共享办法 (试行)》(以下简称《中科院办法》), 共 36 条, 分为"总则""职责分工""科技项目数据汇交与管理""论文关联数据汇交与管理""科研数据开放共享""保障机制""安全保密""附则"八个部分。其中, 第一章总则部分对《中科院办法》的制定背景与目标、科研数据概念、政策适用范围、科研数据共享的原则与机制等的总体性阐述; 第二章职责分工部分重点对中国科学院网络安全和信息化领导小组 (简称"院网信领导小组")、中国科学院网络安全和信息化领导小组办公室 (简称"院网信办")、中国科学院机关各部门 (简称"责任部门")、院属法人单位、中国科学院科研数据中心等各责任主体的职责分工进行了明确 (详见表 6-7); 第三、四、五章分别对科研数据的汇交管理和开放共享进行了明确; 第六、七章则是对科研数据共享的保障机制与安全保密措施进行了明确。可见,《中科院办法》的政策大纲是将责任相关者视角和数据生命周期视角充分融合的结果, 见表 6-7。

(二) 国外高校科研数据管理与共享政策的政策大纲

笔者以上海软科 (Shanghai Ranking Consultancy) 发布的《2019 年世界大学学术排名》(Academic Ranking of World Universities 2019, ARWU 2019)[①] 榜单为依据 (该榜单为全球较权威的高校排名榜单, 且以科研成果为主要评价指标, 较具代表性), 选取澳大利亚、英国和美国各 10 所高校科研数据管理与共享政策, 以 "Research Data Policy + 高校名称"为检索式逐一检索, 梳理其政策章节, 并通过内容分析确定章节框架的视角 (见表 6-8)。

---

① Shanghairanking, "Academic Ranking of World Universities 2019", http://www.shanghairanking.com/ARWU2019.html, 2020-05-26.

第六章　信息生命周期视角下我国科研数据管理与共享政策探讨　245

**表6-7　数据生命周期及责任相关者二维体系的《中科院办法》解析**

| 责任主体<br>生命周期 | 院网信息领导小组 | 院网信办 | 责任部门 | 院属法人单位 | 中科院科研数据中心 | 项目负责人 | 研究人员 |
|---|---|---|---|---|---|---|---|
| 采集生产 | 是全院科研数据工作的领导和决策机构，负责贯彻落实国家科研数据管理政策和全院科研数据工作的项层设计与统筹规划。 | 是全院科研数据工作统筹协调机构，负责组织落实院信息化领导小组的各项决策部署。①组织编制全院科研数据工作的政策与规章制度；②负责全院科研规划部署与推进实施；③负责全院科研数据管理与开放共享工作；④负责发布全院开放数据管理与开放共享工作年度报告；⑤负责联系国家科研数据主管部门开展相关工作。 | | 按照相关标准规范组织开展科研数据采集生产和加工整理，形成便于使用的数据库或数据集。 | | 按照科技项目数据管理计划开展数据规范化整编和质量控制工作。 | 将支持学术论文的科研数据汇交到科研数据管理机构。 |
| 汇交 | | | ①将科研数据汇交与管理情况作为项目验收的必要条件，对科技项目数据管理计划的执行情况和科研数据的产出情况进行监督评估，再验收先汇交数据，后验收项目/课题的机制；②对于未按规定汇交数据行为，对相关负责人采取责令整改，通报批评等处理措施。 | 建立论文关联数据的汇交与管理机制，确保在本单位科研数据管理机构留存备份，并将论文关联数据汇交情况纳入科研人员考核评价体系。 | 承担科研数据的汇交整合工作。 | 及时向项目指定的科研数据管理机构汇交数据。 | |

续表

| 责任主体＼生命周期 | 院网信领导小组 | 院网信办 | 责任部门 | 院属法人单位 | 中科院科研数据中心 | 项目负责人 | 研究人员 |
|---|---|---|---|---|---|---|---|
| 保存 | | | | ①按照国家网络安全保障体系，完善科研数据库系统安全，行为追溯、黑客安全、防病毒等安全防护体系；②加强数据全生命周期数据利用流程及安全责任人。在对外提供科研数据目录或保密审查制度；③数据中心应建立应急管理和按照相关要求建立应急管理系统。 | 按照国家网络安全管理规定，建立网络安全保障的产品和服务，采用安全可靠的产品和服务，属性管理措施，定期推进数据、身份识别，防泄露、防攻击，健全防护体系；制定完善的科研数据安全管理，明确数据开放责任人，应对外公布科研数据开放的安全保障或必备份机制，建立应急管理系统。 | | |
| 开放共享 | | | | 对所产生和管理的科研数据分级分类开放共享，通过分级分类开放共享，形成的清单科研数据管理机构或科学院指定的中国科研数据中心进行开放共享。 | ①依法依规推动科研数据开放共享，加强国内外科研数据交流合作；②对共享数据进行规范加工编制，开展质量控制工作，形成分级分类开放共享的目录与清单，建立科研数据开放共享平台和服务系统，面向全社会提供科研数据共享服务。 | | |

第六章 信息生命周期视角下我国科研数据管理与共享政策探讨 247

续表

| 责任主体<br>生命周期 | 院网信领导小组 | 院网信办 | 责任部门 | 院属法人单位 | 中科院科研数据中心 | 项目负责人 | 研究人员 |
|---|---|---|---|---|---|---|---|
| 利用 | | | | ①对于政府决策、公共安全、国防建设、环境保护、防灾减灾、公益性科学研究等需要使用科研数据的情况，科研数据中心、院属法人单位应当无偿提供；②对于经营性活动需要使用科研数据的，当事人双方应当签订有偿服务合同，明确双方的权利和义务；③鼓励科研数据中心开展科研数据加工及增值服务。 | 对于政府决策、公共安全、国防建设、环境保护、防灾减灾、公益性科学研究等需要使用科研数据的情况，科研数据中心、院属法人单位应当无偿提供 | | 恪守学术道德，在论文发表、专利申请、专著出版等工作中按相关标准注明参考引用的数据。 |

数据来源：中国科学院：《关于印发〈中国科学院科学数据管理与开放共享办法（试行）〉的通知》，2019年2月11日，http://www.cas.cn/tz/201902/P020190222035804191 5907.pdf，2020年8月14日。

表6-8 澳大利亚、英国及美国高校科研数据管理与共享政策大纲

| 国家 | 高校 | 政策名称 | 政策大纲 |
|---|---|---|---|
| 澳大利亚 | 墨尔本大学 | 科研数据与记录管理政策 Management of Research Data and Records Policy | ①相关法律（**）；②范围（RS）；③政策（DLC&RS）；④相关文件（**）；⑤定义（**）；⑥主管人员（RS）；⑦执行人员（RS）；⑧实施时间（**）；⑨版本历史（**） |
| | 昆士兰大学 | 科研数据管理 Research Data Management | ①目的和目标（**）；②术语和定义（**）；③政策范围（RS）；④政策声明（DLC&RS）；⑤所有权、监护权和责任（RS）；⑥存储（DLC）；⑦保留（DLC）；⑧处置（DLC）⑨访问（DLC） |
| | 悉尼大学 | 2014科研数据管理政策 Research Data Management Policy 2014 | ①政策名称（**）；②实施时间（**）；③政策约束力（RS）；④意向声明（DLC&RS）；⑤适用（RS）；⑥定义（**）；⑦科研数据（**）；⑧元数据和文档（**）；⑨RDM计划（DLC）；⑩保留（DLC）；⑪所有权（RS）；⑫访问（DLC）；⑬角色与职责（RS）；⑭备注（**）；⑮修订历史（**） |
| | 莫纳什大学 | 科研数据管理政策 Research Data Management Policy | ①政策信息（**）；②政策声明（DLC&RS）；③备注信息（**） |
| | 阿德莱德大学 | 科研数据与原始资料政策 Research Data and Primary Materials Policy | ①概述（**）；②适用范围（RS）；③资源（**）；④政策原则（**）；⑤所有权（RS）；⑥存储（DLC）；⑦数据访问和重用（DLC）；⑧保留和处置（DLC）；⑨政策程序（DLC&RS）；⑩定义（**） |
| | 科廷大学 | 科研数据与原始资料政策 Research Data and Primary Materials Policy | ①目的（**）；②政策声明（DLC&RS）；②实施、合规监控、测量和持续改进（RS）；③政策范围（**）；④定义（**）；⑤支持程序（**）；⑥相关文件/链接（**） |

续表

| 国家 | 高校 | 政策名称 | 政策大纲 |
|---|---|---|---|
| 澳大利亚 | 迪肯大学 | 科研数据与原始资料管理程序 Research Data and Primary Materials Management Procedure | ①序言（**）；②目的（**）；③范围（RS）；④政策（**）；⑤程序（DLC & RS）；⑥定义（**） |
| | 昆士兰科技大学 | 昆士兰科技大学科研数据管理指南 Guidelines for the Management of Research Data at QUT | ①简介（**）；②科研数据（RS）；③存储和备份（DLC）；④数据格式（**）；⑤文档和元数据（**）；⑥隐私与保密（RS）；⑦保存和处理（DLC）；⑧获取和重用（DLC）；⑨参考资料、来源和联系人（RS） |
| | 塔斯马尼亚大学 | 科研数据管理政策 Management of Research Data Policy | ①目标（**）；②范围（RS）；③政策规定（DLC&RS）；④定义和缩略语（**）；⑤支持性文件（**）；⑥版本控制（**） |
| | 伍伦贡大学 | 科研数据管理政策 Research Data Management Policy | ①政策目的（**）；②定义（**）；③适用范围（RS）；④RDM 计划（DLC）；⑤文档和元数据（DLC）；⑥存储和安全性（DLC）；⑦所有权（RS）；⑧保留、存档和处置（DLC）；⑨获取（DLC）；⑩角色和职责（RS）；⑪版本控制和修订记录（**） |
| 英国 | 剑桥大学 | 科研数据管理政策框架 Research Data Management Policy Framework | ①背景（**）；②原则（**）；③高校的责任（RS）；④教职工的责任（RS） |
| | 牛津大学 | 研究成果支撑数据管理政策 Policy on The Management of Data Supporting Research Outputs | ①简介（**）；②高校的责任（RS）；③研究者的责任（RS）；④与现有政策的关系（**）；⑤更多信息和支持（**） |
| | 伦敦大学学院 | 伦敦大学学院科研数据政策 UCL Research Data Policy | ①政策背景（**）；②政策声明（**）；③责任（RS）；④政策执行和审查程序（RS） |

续表

| 国家 | 高校 | 政策名称 | 政策大纲 |
|---|---|---|---|
| 英国 | 伦敦帝国理工学院 | 科研数据管理政策 Research Data Management Policy | ①简介（**）；②定义（**）；③首席调查员职责（RS）；④教职工职责（RS）；⑤图书馆职责（RS）；⑥信息和通信技术部门作用和责任（RS）；⑦研究办公室职责（RS） |
| | 爱丁堡大学 | 科研数据管理政策 Research Data Management Policy | ①政策声明（DLC&RS） |
| | 曼彻斯特大学 | 科研数据管理政策 Research Data Management Policy | ①简介和目的（**）；②范围和定义（RS）；③知识产权（**）；④处理科研数据（DLC）；⑤角色和职责（RS）；⑥承诺（**）；⑦监督和审计（RS）；⑧审查（RS） |
| | 伦敦国王学院 | 科研数据管理政策 Research Data Management Policy | ①政策目的（**）；②原则（**）；③范围（DLC&RS）；④政策声明（DLC&RS）；⑤政策驱动因素（**）；⑥角色和职责（RS）；⑦定义（**） |
| | 布里斯托大学 | 科研数据管理与开放数据政策 Research data management and open data policy | ①背景（**）；②所有权（RS）；③范围和定义（RS）；④研究者职责（RS）；⑤研究生和主管职责（RS）；⑥高校职责（RS）；⑦相关政策（**） |
| | 伯明翰大学 | 科研数据管理政策 Research Data Management Policy | ①简介（**）；②定义（**）；③对科研人员的期望（RS）；④对机构的期望（RS） |
| | 利兹大学 | 科研数据管理政策 Research Data Management Policy | ①政策声明（DLC&RS） |
| 美国 | 斯坦福大学 | 科研数据保存与获取 Retention of and Access to Research Data | ①简介（RS）；②定义（**）；③适用性（RS）；④所有权（RS）；⑤收集和保留（DLC）；⑥访问（DLC）；⑦数据转移（RS） |

第六章　信息生命周期视角下我国科研数据管理与共享政策探讨　251

续表

| 国家 | 高校 | 政策名称 | 政策大纲 |
|---|---|---|---|
| 美国 | 耶鲁大学 | 科研数据与资料政策 Research Data & Materials Policy | ①范围（RS）；②政策声明（DLC&RS）；③政策原因（**）；④定义（**）；⑤政策部分（DLC&RS）；⑥角色和职责（RS） |
| | 华盛顿大学 | 科研数据 Research Data | ①背景（**）；②适用性和管理（RS）；③所有权和管理权（RS）；④数据保存（DLC）；⑤转移（RS）；⑥争议审查程序（RS） |
| | 加州大学圣迭戈分校 | 加州大学圣迭戈分校科研数据管理与获取政策 UC San Diego Guidelines on Access and Management of Research Data | ①范围和管理（RS）；②定义（**）；③所有权（RS）；④数据获取和使用（DLC）；⑤数据共享（DLC） |
| | 西北大学 | 科研数据：所有权、保存与获取 Research Data: Ownership, Retention and Access | ①政策声明（**）；②目的（**）；③适用对象（RS）；④定义（**）；⑤政策执行（DLC&RS）；⑥相关信息（**）；⑦联系人（**）；⑧版本历史（**）；⑨政策URL（**） |
| | 纽约大学 | 科研数据保存与获取 Retention of and Access to Research Data | ①相关资源（**）；②责任（RS）；③保留（DLC）；④访问（DLC）；⑤转移（DLC）；⑥备注（**） |
| | 明尼苏达大学 | 科研数据管理：存档、所有权、保存、安全存储与转移 Research Data Management: Archiving, Ownership, Retention, Security, Storage, and Transfer | ①政策声明（DLC&RS）；②政策原因（**）；③程序（DLC）；④表格/指令（RS）；⑤附录（**）；⑥常见问题（RS）；⑦联系人（RS）；⑧定义（**）；⑨责任（RS）；⑩相关信息（**）；⑪版本历史（**） |
| | 波士顿大学 | 科研数据政策 Scientific Research Data Policy | ①所有权（RS）；②收集与保留（DLC）；③获取（DLC）；④转移（DLC） |
| | 爱荷华大学 | 科研数据政策 Research Data Policy | ①目的（**）；②适用性（RS）；③定义科研数据（**）；④所有权（RS）；⑤权利和责任（DLC&RS）；⑥转移（DLC）；⑦争议调解（RS） |

续表

| 国家 | 高校 | 政策名称 | 政策大纲 |
|---|---|---|---|
| 美国 | 科罗拉多州立大学 | 科罗拉多州立大学科研数据政策 CSU Policy: Research Data | ①政策目的（\*\*）；②政策适用（RS）；③政策定义（\*\*）；④政策声明（RS）；⑤政策规定（RS）；⑥责任（DLC&RS）；⑦资助项目研究数据保留（DLC&RS）；⑧PI离开大学或转移资助时的数据传输（DLC&RS）；⑨论文相关的科研数据（DLC&RS）；⑩遵守本政策（\*\*） |

注：1. 据2018年世界大学学术排名（ARWU 2018）排序，若该校无相关政策，则据名单向后顺延。

2. "DLC"指Data Life Cycle，即数据生命周期；"RS"指Responsible stakeholder，即利益相关者；"DLC&RS"指两者结合的视角；"\*\*"符号表示无明确视角。下文同。

由表6-8可看出，澳大利亚、英国及美国30所高校的科研数据管理与共享政策基本遵循数据生命周期和责任相关者相结合的视角，其章节大纲共计201项，其中：数据生命周期视角（DLC）为32项，占比约为15.9%，主要包括RDM计划、数据存储、保留、处置、访问、重用、转移等体例要素；责任相关者视角（RS）为69项，占比约为34.3%，主要包括适用范围、所有权、角色与职责、实施与审查、隐私与保密等体例要素；两者相结合视角（DLC&RS）为17项，占比约为8.5%，主要包括政策的声明、规定、程序、执行以及权利和责任等体例要素；无明确视角（\*\*）为84项，占比约为41.8%，主要包括政策名称、目的与原则、术语与定义、相关法律与文件、实施与修订时间、其他重要备注信息（如联系人、版本历史）等体例要素。

通过上述分析可知，国内外科研机构在制定科研数据管理与共享政策时，大都以数据生命周期和责任相关者相结合的视角组织政策的大纲，这种政策组织方式既便于明晰各利益相关者的权责，又能充分实现科研数据全生命周期的管理。

### 三 我国科研机构的科研数据政策大纲构建

基于上述分析,笔者认为我国高校科研数据管理与共享政策大纲也应建立在数据生命周期和责任相关者相结合的基础上,这样有助于政策制定者较好地组织政策内容,确保政策内容的全面性与科学性。基于此,笔者从数据生命周期和利益相关者双重视角出发,构建了我国科研机构的科研数据管理与共享政策大纲,见表6-9。

表6-9 科研机构的科研数据管理与共享政策大纲

| 序号 | 政策大纲 | 内容要点 | 备注 |
| --- | --- | --- | --- |
| 1 | 政策背景与目的 | 相关法规依据及实践背景 | 可以包括遵循的原则 |
| 2 | 政策适用范围 | 哪些数据或人员须遵守该政策 | 应有明确的界限 |
| 3 | 相关概念与术语 | 政策中涉及的相关概念或术语的内涵界定 | — |
| 4 | 职责分工 | 明确不同责任主体的职责及分工 | 不同主体职责应清晰明确且相互协同 |
| 5 | 数据的采集、生产与管理 | 明确数据采集与生产时的标准规范及相关管理制度 | — |
| 6 | 数据的提交与汇交 | 数据提交与汇交的方式、时限等 | — |
| 7 | 数据的保存 | 数据保存中的安全与备份 | 需考虑是否存储在本单位内 |
| 8 | 数据的开放共享 | 数据开放共享的途径与方式 | — |
| 9 | 数据的利用 | 数据使用时应遵循的义务与规范 | — |

由表6-9可知,该政策大纲以数据生命周期和责任相关者相结合理论为指导,在借鉴国外政策模板基础上,结合国内外科研机构已制定的科研数据管理与共享政策特别是我国实际情况的基础上设计的政策大纲,仅供科研机构政策制定者参考。其中,第1—3项分别明确政策背景与目的、适用范围、相关概念与术语,属于一般性信息,

也是通常政策的必备要件；第 4 项职责分工着重构建分工合理、职责明晰、彼此协同的科研数据管理与共享责任体系，确保科研数据共享的顺利进行；第 5—9 项则依数据的生命周期理论，分别对数据的采集生产与管理、数据的提交与汇交、数据保存、数据的开放共享、数据的使用等各阶段的任务及责任主体进行明确，既兼顾了政策的科学完备性，也有效地保证了政策的可执行性。

### 四　我国科研机构科研数据政策的内容探讨

在上述政策大纲的基础上，本部分将对政策大纲的各部分应包含的主要内容进行解析。

（一）政策的背景与目的

1. 政策背景

政策背景包括实践背景和法规背景。实践背景主要是科研数据共享所蕴藏的巨大经济社会科技价值，尤其是长远价值；法规背景则是政策制定的法律依据，如《中华人民共和国科学技术进步法》第四十六条规定："利用财政性资金设立的科学技术研究开发机构，应当建立有利于科学技术资源共享的机制，促进科学技术资源的有效利用"，可视为制定科研数据管理与共享政策的法理依据，而国家《科学数据管理办法》的要求则是科研数据管理与共享政策制定的直接动因。

2. 政策目的

政策目的是制定政策的初衷及希望达到的目标。国外科研机构的科研数据管理与共享政策的目标通常是：加强对科研过程中产生的科研数据与资料的管理与保存，确保数据与资料的可访问性与可获取性，促进科研数据的共享和再利用，推动数据的潜在科研、经济和社会价值的实现。而我国除了以上目标外，还强调保障国家科研数据安全的目标。

（二）政策适用范围

调研发现，国外科研机构的科研数据管理与共享政策通常从两个角度对政策的适用范围进行界定：一是清楚界定政策中科研数据所涵盖的数据类型与范围；二是明确哪些人需要遵守该政策[①]。我国的《中科院办法》也遵循这一原则，分别从两个角度进行了界定。

（三）相关概念与术语

对政策中提到的专业概念或术语进行界定有助于明确其内涵，减少政策执行时遇到的阻力。对国外 30 所高校的科研数据政策中相关概念调研发现，出现频次较高的概念主要有科研数据（Research data）、研究员（Researchers）、原始资料（Primary Materials）、元数据（Metadata）、研究（Research）、项目负责人（Principal Investigator，PI）等，可供我国科研机构制定政策时参考。

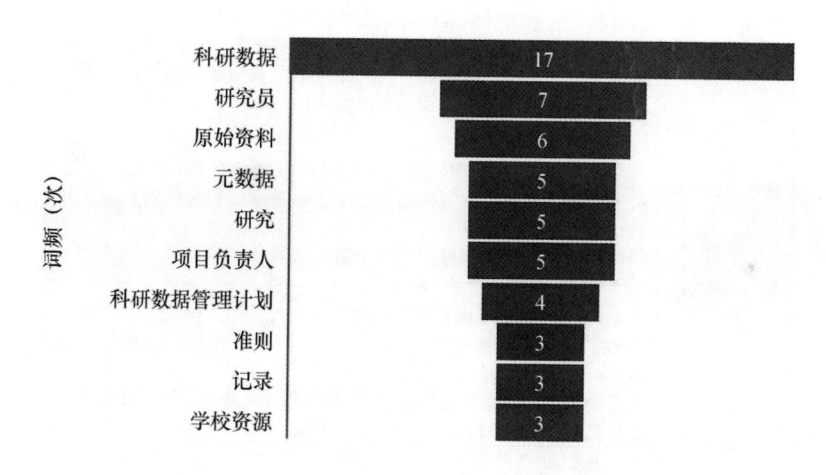

| 术语 | 词频（次） |
| --- | --- |
| 科研数据 | 17 |
| 研究员 | 7 |
| 原始资料 | 6 |
| 元数据 | 5 |
| 研究 | 5 |
| 项目负责人 | 5 |
| 科研数据管理计划 | 4 |
| 准则 | 3 |
| 记录 | 3 |
| 学校资源 | 3 |

图 6-2　"术语和定义"的 Top 10 高频词统计

（四）职责分工

明确的职责分工有助于各责任主体各司其职，确保政策的顺利实施。《中科院办法》专辟一章，对不同责任主体的职责进行明确。国外也有一些科研机构的科研数据管理与共享政策设置了这一部分，如拉筹

---

① 邢文明、宋剑：《英国高校科研数据政策内容分析》，《数字图书馆论坛》2019 年第 1 期。

伯大学《科研数据管理政策》的"职责"部分区分了学校、学院、研究项目负责人、研究人员、学生导师等不同主体的职责（见表6-10），便于各主体各司其职，协同配合，保证了政策有较高的可行性，可供我国科研机构制定科研数据管理与共享政策时参考。

表6-10　拉筹伯大学《科研数据管理政策》的职责分工

| 责任者 | 职责 |
| --- | --- |
| 学校 | ①根据《维多利亚公共记录法》或其他法定要求、资助机构指南或与研究伙伴的合同安排，建立和沟通研究数据与研究记录管理的流程；<br>②提供或确保经批准的设施，以安全可靠地储存研究数据与原始资料，并保存研究数据和原始资料存放地点的记录；<br>③确保备份、存档和监控程序到位，防止研究数据与原始资料丢失；<br>④提供使研究数据可供其他研究人员使用的机制，但因隐私、保密或其他道德事项或其他合同或法律义务而妨碍数据共享的除外；<br>⑤提供培训、支持、建议和指导，促进研究数据管理的最佳实践；<br>⑥监督研究人员遵守本政策和相关程序的情况。 |
| 学院院长及其他组织单位负责人 | ①为学院/部门提供物理研究数据与原始资料的存储设施，以满足安全和保密要求，并保持清晰准确的记录，以帮助定位和检索存储的数据与资料；<br>②确保其研究人员了解他们对研究数据与原始资料的责任。 |
| 研究项目负责人 | ①在研究项目的开始前考虑相关事宜，并在研究数据管理计划（RDMP）中明确为研究数据与原始资的创建、存储、共享和长期保存所做出的决定；<br>②为资助协议中有关数据管理要求分配适当资源（如时间和资金资源）；<br>③在研究生命周期的各个阶段确定并建立其研究数据与原始资料的存储要求，并根据本政策和学校《信息安全管理政策》管理所有的研究数据；<br>④确保收集或处理研究数据的研究人员具备适当的资格，并意识到他们有遵守学校的政策、道德要求和相关法规的责任；<br>⑤向所在学院院长、首席信息官或相关道德或生物安全委员会（视情况而定）报告任何违反安全或保密规定的行为；<br>⑥确保研究数据的格式和存储方式易于审查和评估，并便于进一步研究和分析；<br>⑦在可能且遵守隐私、道德和法律规范的前提下，在图书馆的研究数据门户或其他适当的公共存储库中发布研究数据及其相关研究结果；<br>⑧确保研究数据能足以验证和还原研究结果，且符合学校《记录和档案管理政策》。 |

第六章 信息生命周期视角下我国科研数据管理与共享政策探讨 257

续表

| 责任者 | 职责 |
| --- | --- |
| 研究人员 | ①确保研究数据准确、完整、真实可靠；<br>②对研究方法和数据来源进行清晰准确的记录，包括研究过程中和研究结束后获得的任何批准；<br>③在研究项目中应用数据管理实践，以确保遵守学校隐私政策和有关数据隐私和保密的所有规定；<br>④只要研究数据与原始资料对全球科学界或其他利益相关方具有持续价值或利益，应确保其按照相关研究资助协议、专业标准、法律或其他要求的规定予以保留。<br>⑤其他职责。 |
| 研究生导师 | ①确保学生了解其作为研究人员对本项政策负有的责任；<br>②与研究生共同承担对研究生的研究数据与原始资料管理的责任。 |

注：表中资料来自拉筹伯大学《科研数据管理政策》（Research Data Management Policy）。①

（五）数据的采集、生产与管理

数据的采集、生产与管理是确保数据共享的源头，确保数据的质量以及数据得到良好的管理是社会各界共同的目标。在数据采集与生产环节，遵循相关标准规范或业界/学科领域的通行做法至关重要。而在数据管理环节，国外科研机构的政策形成了以科研项目负责人及科研数据管理计划为核心的数据管理机制，即项目负责人要在项目申请时或项目正式开始前制定合理的科研数据管理计划，并以该计划为依据在科研项目全过程中对科研数据的管理与共享负责：项目实施前对科研数据的收集、管理、保存与共享的相关事项进行计划；项目实施过程中根据有关规定对科研数据管理的相关事宜作出决定并负责与项目组成员及主管部门沟通；项目结束后对科研数据的保存、访问与

---

① La Trobe University, "Research Data Management Policy", https：//policies. latrobe. edu. au/document/view. php？id = 106，2020 - 05 - 25.

共享进行跟踪负责。这一管理机制既有助于确保科研数据管理的连续性与稳定性,也有助于减轻管理部门的负担,值得我国学习、借鉴。①

(六) 数据的提交与汇交

数据的汇集是开放共享的前提,如果数据分散在科研人员个人或各个科研机构,数据需求者将花大量时间查找数据,还难以保证能否查找到。国外科研数据的科研数据管理与共享政策通常没有数据汇交的概念,而是在数据保存中要求科研人员将数据提交到单位数据存储库(或指定存储中心),或者提交到学科领域通用数据中心(须告知单位数据存储地方)。笔者认为,"数据提交"主要针对科研论文的支撑数据,由科研人员在学术论文正式出版前(或后)提交到指定数据存储中心/平台。而"数据汇交"则包括两种情况:一是项目负责人在科研项目结束或验收时将项目中产生的数据统一汇交至指定数据存储中心/平台;二是科研机构根据上级单位的要求,定期将本机构科研人员提交的数据汇交至指定数据存储中心/平台,以便共享。

(七) 数据的保存

数据的保存应明确三方面的内容:一是明确保存的期限;二是确保数据的安全;三是确保数据长期可用。对于科研数据的保存期限,国外科研机构的科研数据管理与共享政策通常规定由研究项目负责人按照相关规定或按照学科领域通行标准,并考虑数据的价值及重要程度进行确定。如澳大利亚堪培拉大学的《科研数据与原始研究资料管理政策》指出:通常来说,科研数据自发布后应保存 5 年,然而,保存期限最终应该由研究的具体性质决定,不同类型数据的保存期限的参照标准见表 6-11。

---

① 邢文明、洪程:《美国高校科研数据政策内容分析》,《数字图书馆论坛》2018 年第 10 期。

表6-11　堪培拉大学不同类型科研数据的最短保存期限

| 研究类型 | 数据最短保存期限 |
| --- | --- |
| 仅以评估为目的短期项目，如由学生完成的项目 | 项目完成后12个月 |
| 未涉及临床干预的已发表研究 | 成果发表后5年 |
| 临床试验资料 | 15年 |
| 基因治疗有关的数据资料（如病人记录） | 永久 |
| 有重要社会或遗产价值的研究 | 永久 |
| 研究结果受到质疑或学术不端指控的情况下 | 保存至问题最终解决 |

对于如何确保科研数据的安全，国外政策通常没有明确规定，或仅要求学科及科研人员必须将科研数据与资料存储在安全可靠的地方，并通过定期备份、维护或更新的方式确保其安全。《科学数据管理办法》及《中科院办法》的相关规定较为详细，可供参考[①]：法人单位或数据中心应建立科研数据保存制度，配备数据存储、管理、服务和安全等必要设施；按照国家网络安全管理规定，建立网络安全保障体系，采用安全可靠的产品和服务，完善数据管控、属性管理、身份识别、行为追溯、黑名单等管理措施，定期维护数据库系统安全，健全防篡改、防泄露、防攻击、防病毒等安全防护体系；数据中心还应建立应急管理和容灾备份机制，按照相关要求建立应急管理系统。不同等级科研数据按照不同标准进行备份，重要数据应采取多份异地备份，一般数据可在本地进行备份。各类科研数据中心应定期对备份数据进行应急演练。

---

① 中华人民共和国中央人民政府：《国务院办公厅关于印发科学数据管理办法的通知》，2018年4月2日，http://www.gov.cn/zhengce/content/2018-04/02/content_5279272.htm，2020年5月6日。中国科学院：《关于印发〈中国科学院科学数据管理与开放共享办法（试行）〉的通知》，2019年2月21日，http://www.cas.cn/tz/201902/P020190220358041915907.pdf，2020年8月14日。

对于如何确保科研数据的长期可用，《中科院办法》指出①：科研数据应按照"可发现、可访问、可重用的原则"进行开放共享。其中，"可发现"指每个数据集都应被赋予符合国家标准、唯一且长期不变的标识符，并配有规范的元数据描述，易于发现和定位；"可访问"指在保障数据安全的同时，开放共享的数据应公开提供稳定且易于获取的访问地址和访问方式；"可重用"指开放共享的数据应明确数据使用的条件和要求，具有对数据生成及处理过程、数据质量等的详细描述信息，符合相关的标准规范，以便可以在不同应用中重复使用或和其他数据融合后使用。

（八）数据的开放共享

国外政策对于开放共享通常没做规定。我国《科学数据管理办法》及《中科院办法》相关规定可供参考：对数据进行分类并公布科研数据目录：法人单位和科研数据中心应对其所产生和管理的科研数据进行分级分类，明确各级别/类别数据的开放共享条件，形成开放共享的清单目录，通过本单位科研数据管理机构或指定的科研数据中心进行开放共享；通过数据期刊进行开放共享：鼓励有条件的科研机构创办数据论文期刊，同时科研人员发表数据论文，数据论文纳入成果统计和晋升考核，拓宽数据开放共享的渠道；面向市场开展深层次服务：鼓励法人单位和科研数据中心根据需求，对其所产生和管理的科研数据进行分析挖掘，形成有价值的科研数据产品，开展增值服务。

（九）数据的使用

科研数据的使用应明确两方面的内容，一是使用的条件，二是使用者应遵循的义务规范。我国《科学数据管理办法》及《中科院办法》均有相关规定，可供参考。对于科研数据的使用条件，我国对于

---

① 中国科学院：《关于印发〈中国科学院科学数据管理与开放共享办法（试行）〉的通知》，2019年2月21日，http://www.cas.cn/tz/201902/P020190220358041915907.pdf，2020年8月14日。

政府预算资金资助的科研数据按照开放为常态、不开放为例外的原则进行共享，分两种情况：对于政府决策、公共安全、国防建设、环境保护、防灾减灾、公益性科学研究等需要使用科研数据的情况，法人单位或科研数据中心应当无偿提供或仅收取合理的成本费；对于因经营性活动需要使用科研数据的情况，当事人双方应当根据国家法律法规的规定，签订有偿服务合同，明确双方的权利和义务。对于使用者应遵循的义务规范，科研数据使用者应恪守学术道德，在论文发表、专利申请、专著出版等工作中应按照相关标准注明参考引用的科研数据。

## 第三节 数据中心的科研数据管理与共享政策

数据中心是科研数据管理与共享的重要责任主体，是我国科研数据管理与共享的重要保障，因而其科研数据政策具有重要意义。然而调研发现，我国大部分科研数据中心尚未制定出台系统规范的政策，无法保障科研数据中心的规范运营和科研数据的有效共享。本部分将在调研借鉴国内外已有数据中心的科研数据政策的基础上，探讨科研数据中心的科研数据政策大纲及其主要内容，为科研数据中心制定科研数据政策提供参考。

### 一 国内外数据中心的科研数据政策大纲的借鉴

（一）国外科研数据中心的政策大纲调研

笔者以科研数据知识库注册目录系统（re3data.org）为基础进行调研。re3data 是全球综合性的科研数据存储库的注册系统，目的是帮助研究人员找到合适的存储库用于存储和访问科研数据。对于收录的科研数据储存库，re3data 提供了其名称、网址、所属学科、简介等多项基本信息。笔者通过 re3data 提供的科研数据储存库的网址，逐一访问这些储存库。调查发现，大部分科研数据存储库都未在网站公布数据访问与使用政策，仅有英国"剑桥晶体数据中心"（The Cambridge Crystallographic Data Centre，CCDC）建设维护的"剑桥晶体结构数据库"（Cambridge Structural Database，CSD）发布了《使用条款》（Terms of Use）、美国"国家冰雪数据中心"（The National Snow and Ice Data Center，NSIDC）发布了《国家冰雪数据中心数据政策》（NSIDC Data Policies）、加拿大"国家污染物信息系统"（National Contaminants Information System，NCIS）引用加拿大渔业与海洋部发布的《科学数据政策》（Policy for Scientific Data）。这些政策大纲见表 6-12。

表 6-12　　　　　　　　国外科研数据中心政策的大纲

| 数据中心 | （英国）剑桥晶体数据中心 | （美国）国家冰雪数据中心 | （加拿大）国家污染物信息系统 |
| --- | --- | --- | --- |
| 政策名称 | 使用条款 | 国家冰雪数据中心数据政策 | 科学数据政策 |
| 政策大纲 | ①访问和使用我们的网站；②知识产权；③免责信息；④责任限制；⑤计算机病毒；⑥链接到我们的网站；⑦我们网站上的第三方链接与资源；⑧适用法律；⑨条款的变更。 | ①适用范围；②数据管理原则；③数据收集与接收；④服务水平；⑤元数据与数据格式标准；⑥数据访问与获取。 | ①概述；②相关概念；③政策声明（Ⅰ.目标；Ⅱ.预期结果）；④政策要求（Ⅰ.原则；Ⅱ.数据节点；Ⅲ.数据提交；Ⅳ.数据访问；Ⅴ.政策实施）；⑤相关法规。 |

由表 6-12 可知，国外科研数据中心的政策大纲主要围绕科研数据的收集与使用展开，对科研数据的收集、保管与使用等内容规定较详细，可供我们参考借鉴。

（二）国内科研数据中心政策大纲调研

由第三章的调研可知，目前我国国家人口健康科学数据中心制定的《国家人口健康科学数据中心运行服务管理办法》和国家海洋科学数据中心制定的《国家海洋科学数据共享服务平台暂行管理办法》较完整规范,因而,本部分将对这两个《办法》的大纲进行分析借鉴。

表6-13  国内相关数据中心政策大纲

| 政策名称 | 《国家人口健康科学数据中心运行服务管理办法》 | 《国家海洋科学数据共享服务平台暂行管理办法》 |
| --- | --- | --- |
| 政策大纲 | (一) 总则<br>(二) 组织保障体系<br>(三) 标准与规范<br>(四) 数据资源建设<br>(五) 共享服务模式<br>(六) 监督与评价<br>(七) 人力资源管理<br>(八) 经费管理<br>(九) 附则 | (一) 总则<br>(二) 组织管理与职责<br>(三) 数据资源建设与汇交管理<br>(四) 平台建设与共享服务<br>(五) 考核评价<br>(六) 经费使用<br>(七) 附则 |

尽管表6-13中两个数据中心的政策大纲不完全相同,但两者都遵循了责任相关者与业务流程二维视角这一基本框架:《国家人口健康科学数据中心运行服务管理办法》的第二章"组织保障体系"部分分别明确了主管部门、理事会、专家委员会、用户委员会、人口健康平台管理中心、人口健康平台工程技术中心、科研数据中心、地方服务中心等责任主体的构成及其职责,而第四章"数据资源建设"和第五章"共享服务模式"则是从业务流程的角度明确各环节的主要工作内容及相关责任人;《国家海洋科学数据共享服务平台暂行管理办法》的第二章"组织管理与职责"部分对平台管理机构、平台依托单位、平台专家组、分中心和数据节点等责任主体的职责任务加以明确,而第三章"数据资源建设与汇交管理"和第四章"平台建设与共享服务"是从业务流程的角度明确各流程的工作任务与要求。

同时，国内相关学者分别从责任者角度[①]和业务流程角度[②]对国内外科研数据知识库的政策进行了探讨，相关结果见表6-14。

表6-14　责任者和业务流程视角下的科研数据储存库政策要素

| 维度 | | 政策要素 | 内容建议 |
| --- | --- | --- | --- |
| 责任者 | 数据存储库管理者 | 数据审核 | 建立审核机制（元数据符合规范、保留抽查权利、数据的可用性等） |
| | | 数据质量 | 制定数据识别标准（说明数据来源、DOI及其标示方式、版本标示方式等） |
| | | 数据迁移 | 为长期保存的数据迁移程序 |
| | | 数据传播 | 颁布传播使用规定（开放获取时滞期、许可协议、允许第三方利用、撤销条款等） |
| | 数据提交者 | 权利 | 免费存储一定量数据、更新元数据、设置开放获取时滞期 |
| | | 义务 | 保证数据来源可靠、遵守数据存储库政策、避免知识产权争议 |
| | 数据使用者 | 权利 | 免费使用数据存储库中的数据 |
| | | 义务 | 遵守数据存储库的引用方式 |
| 业务流程 | 数据提交 | 数据界定 | 存储的数据类型不一样，数据内容也不尽相同 |
| | | 数据格式规范 | 依据学科社群约定成俗的规范进行制定 |
| | | 数据来源要求 | 符合科学伦理和学术道德 |
| | | 数据归属说明 | 保证数据提供者的精神和财产权利 |
| | 数据管理 | 数据公开 | 要求数据尽可能开放共享 |
| | | 数据注册 | 给数据分配唯一标识符 |
| | | 免责申明 | 使用风险、知识产权、访问过程、其他 |
| | | 数据版本管理 | 更新或修改数据版本时都需要提交说明文件 |
| | 数据使用 | 数据访问 | 通常可以自由下载、使用和传播 |
| | | 数据引用 | 数据知识库名称、网址以及数据注册的编号ID |
| | | 数据授权许可 | 通常采用CC/BY协议，也强调特殊保密和非专属权 |

---

[①] 刘晶晶等：《国外通用型数据知识库的政策调研与分析》，《现代图书情报技术》2015年第11期。

[②] 孙轶楠等：《学科数据知识库的政策调研与分析——以生命科学领域为例》，《现代图书情报技术》2015年第12期。

综上，通过对国内外科研数据中心政策和学者研究成果的调研，发现科研数据中心的政策也遵循责任相关者—业务流程这一基本框架。可见，这一框架具有普遍的适用性。

## 二 我国数据中心的科研数据政策大纲构建

根据上述结论，笔者基于责任者—业务流程的视角构建了我国科研数据中心的政策大纲，见表6-15。

表6-15　　　　　我国科研数据中心的政策大纲

| 序号 | 政策大纲 | 内容要点 |
| --- | --- | --- |
| 1 | 总则 | 政策的目标、原则、适用范围等 |
| 2 | 职责分工 | 明确不同责任主体的职责及分工 |
| 3 | 数据的建设与汇交 | 数据提交与汇交的标准规范、方式、时限等 |
| 4 | 数据的保存 | 数据保存中的安全与备份 |
| 5 | 数据的共享利用 | 数据开放共享的途径与方式、使用时应遵循的义务与规范等 |

## 三 我国数据中心科研数据政策的内容探讨

在明确政策大纲的基础上，本部分将进一步探讨我国科研数据中心科研数据政策的主要内容。

(一) 总则

政策的总则是指其开头的概括性条文，通常包含政策的法规依据、实施目标、总体原则、适用范围等内容。

由第三章的调研可知，目前我国有关指导和规范科研数据中心的相关法律法规主要有：《中华人民共和国科技进步法》《国家科技资源共享服务平台管理办法》《科学数据管理办法》和《国家科技创新基地优化整合方案》等。

从我国科研数据中心的职责与需求来看，其政策目标与总体原则通常应包含如下内容：一是通过对科研数据的良好管理和组织整合，推动科研数据的开放共享与广泛利用；二是加强科研数据中心的规范化运行与管理，确保数据中心的安全稳定运行和可持续发展。

（二）职责分工

明确的职责分工有助于各责任主体各司其职，确保政策的顺利实施。从已有相关政策来看，我国科研数据中心的政策应明确三类主体的责任与职责：数据中心的上级管理部门，承担有关数据中心建设发展的协调、指导、规范、监督及考核评估等职责；数据中心的建设与运行责任主体，全面负责数据中心的建设、运行与管理，包括规划长期发展目标、制定中心运行管理与服务规范、确保数据平台的安全稳定运行等；数据中心的用户，应遵守国家和数据中心的相关法律法规，按照数据中心的相关标准规范进行提交和使用数据，确保数据的充分有序、优质高效共享。

（三）数据的建设与汇交

数据的建设与汇交是数据共享的基础，也是科研数据中心的重要工作内容之一。科研数据中心通常是在其研究领域具有明显优势，长期建设和积累了大量数据，因而其数据一方面来源于自身的建设与积累，另一方面来源于科研人员和相关单位提交与汇交的数据。目前，我国科技部与财政部联合发布的《国家高技术研究发展计划（863计划）管理办法》《科技支撑计划管理办法》《国家重点基础研究发展计划管理办法》均明确指出"项目（课题）承担单位应建立规范、健全的项目科研数据和科技报告档案，按照科技部有关科研数据共享和科技计划项目信息管理的规定和要求，按时上报项目和课题有关数据"。同时，为规范科研数据的提交与汇交，科技部先后发布《国家重点基础研究发展计划资源环境领域项目数据汇交暂行办法》和《科技基础性工作专项项目科学数据汇交管理办法（试行）》，对科研数据汇交的组织管理、汇交的方案与内容、汇交流程等问题进行了明确，为科研数据的规范汇交提供了参照依据。此外，中国气象局制定的《气象探测资料汇交管理办法》对气象探测资料的汇交工作进行了规范；中国地震局发布的《地震科学数据共享管理办法》、原国家海洋局发布的《中国极地科学考察样品和数据管理办法（试行）》均对数据汇交作出了规定，可供其他数据中心参考借鉴。

围绕科研数据的建设与汇交，数据中心的政策应明确如下内容：一是科研数据的质量标准与规范。高质量的数据资源是进行共享的基础，该部分应在充分吸收国家已发布的有关标准规范、本学科或行业领域的通行标准规范的基础上制定科研数据标准规范，确保数据质量。二是科研数据提交/汇交的流程规范与要求。为了确保科研数据的质量，科研数据中心应根据国家相关规章制度，明确汇交的方案、内容与具体流程，以确保科研数据的提交/汇交工作规范有序进行。三是科研数据的组织整合与分析挖掘。对于接收的数据，科研数据中心应以便于共享利用为原则进行组织整合、导航展示、挖掘开发，形成便于利用的数据集和数据产品，为共享利用奠定基础。此外，科研数据中心还应在政策中明确数据组织整合的流程与标准规范等，以接受社会监督。

（四）数据的保存与存储

科研数据的长期安全保存是科研数据中心的重要目标之一。根据《科学数据管理办法》《科技基础性工作专项项目科学数据汇交管理办法（试行）》等相关法规的要求，科研数据中心的政策应重点明确两方面的内容：第一，建立网络安全保障体系，采用安全可靠的产品和服务，完善数据管控、属性管理、身份识别、行为追溯、黑名单等管理措施，健全防篡改、防泄露、防攻击、防病毒等安全防护体系，防止数据被非法下载和恶意使用；第二，建立应急管理和容灾备份机制，按照相关要求建立应急管理系统，定期对重要的科研数据进行异地备份，确保数据的长久安全。

（五）数据的共享利用

科研数据的广泛充分共享是科研数据中心的最终目标。根据相关法规，科研数据中心的政策应明确如下内容：一是数据的分级分类，并根据数据的密级和保密期限、开放条件等标准向社会开放和提供共享利用；二是数据开放共享的方式途径，如编制和公布科研数据开放目录、在线服务、离线服务、面向特定单位的主动推送服务等；三是数据开放共享的程序，如注册—申请—提供等相关环节与要求等；四是数据使用规范等，如引用的格式标准、发现不引用的惩罚措施等。

综上，明确的规范是确保科研数据中心长期可持续运行的基础和保障。我国科研数据中心应尽快建立和完善相关政策，推动科研数据的充分广泛共享。

# 第七章　总结与展望

## 第一节　总　结

科研数据既是科学研究的重要成果，也是进行科研创新的基础，同时还是政府部门制定政策、进行科学决策的重要依据。因而，科研数据的管理与共享已受到国际组织、各国政府及研究机构的高度重视。在推动科研数据管理与共享的诸多努力中，政策无疑居于首要地位：首先，政策的强制性有助于打通管理与共享的难点，确保科研数据共享的顺利推进；其次，政策还具有明确各方职责、协调平衡各方利益的作用，有助于形成利益均衡、分工协作、各司其职的科研数据管理与共享机制，从而确保科研数据管理与共享的可持续发展；最后，部分政策以标准规范的形式出现，能确保科研数据的质量和共享的效果。由此，通过制定政策以促进和规范科研数据的管理与共享成为各国的共识，发达国家纷纷制定了科研数据管理与共享的相关政策，形成了以国际组织的倡议与指南为基础，以本国法律法规、科研资助/管理机构、科研机构和出版机构等不同层面的法规政策构成的较完善的科研数据管理与共享政策体系，有效地保障和促进了科研数据的管理与共享。

我国的科研数据管理与共享经历了长期探索尝试，取得了不少成绩与经验，但由于缺少健全完善的科研数据管理与共享政策体系，导致共享中存在着职责不清、能力不足、应用水平不高等诸多问题，不利于科研数据价值的充分发挥。因此,当前亟待建立完善我国的科研数据管理与共享政策体系,以保障和规范我国的科研数据共享工作。本书以建立和完善我国科研数据管理与共享的政策体系为目标,以信息生命周期和利益相关者理论为指导,在深入调研分析我国科研数据管理与共享的实践现状、借鉴国外科研数据管理与共享的政策经验的基础上,探讨我国科研数据管理与共享政策的体系、大纲与主要内容,从而为相关部门提供参考借鉴,促进我国的科研数据共享实践。具体来说,主要有如下几个方面的结论:

第一,信息生命周期理论和利益相关者理论为科研数据的管理与共享提供了理论基础。

本书认为,科研数据具有自然和社会双重属性。从自然属性出发,科研数据是一种重要的信息资源,从信息资源的管理与利用的角度引入信息生命周期理论,有助于从科研数据的生命周期(如数据的采集与生产、提交与汇集、保管与安全、共享与利用)的不同环节考察其具体特点和管理利用措施,确保政策的科学合理性和成效的最优化;从社会属性出发,科研数据是一种重要的社会资源,其生产、管理与共享利用必然会涉及数据的生产者、组织管理者和利用者等不同角色与利益群体,因而从组织管理的角度引入利益相关者理论,有助于明确不同利益相关者的角色职责、利益均衡机制以及协作协同机制,以确保科研数据管理与共享政策的科学合理性,促进政策的顺利实施。

第二,我国科研数据管理与共享的实践已取得了较大成就,但仍有待进一步完善。

从政策层面看,目前我国已初步形成了一个包含国家法律、国务院行政法规、部门及地方规章、数据共享中心与科研机构等不同层面的科研数据管理与共享政策体系,为我国科研数据的共享奠定了基础。但我国的科研数据管理与共享政策体系还不够健全完善:在科学技术主管部门层面,围绕《科学数据管理办法》的相关实施细则和配套政策措施亟待健全完善；在资助/管理机构层面，我国各类科技计划项目尚未形成系统完善的科研数据管理与共享利用政策；在科研机构层面，目前仅有中国科学院和中国农业科学院发布了相关政策，作为科研数据重要产出阵地的高校尚未出台相关政策；在科研数据共享中心/平台方面，国家确定的20个科研数据共享中心仅有5个发布了共享服务规范。因而，我国应从各个方面完善我国的科研数据管理与共享政策体系。

从实践层面看，大部分科研人员在科研过程中经常涉及科研数据，且都有一定的数据保管意识，注重对数据的保管，但也存在如下问题：一、由于我国科研资助/管理机构尚未形成完善的科研项目数据的管理、提交/汇交与共享制度，导致科研项目结束后科研数据分散在科研人员手中，既不利于国家投资产生的科研数据的共享，也存在着较大的安全风险（如丢失/损毁/流到国外等）；二、我国科研人员具有较好的互助共享精神，但由于当前尚未形成成熟的科研数据共享机制，科研人员分享科研数据的对象以具有信任关系的人员为主，范围较窄，并且科研人员对于科研数据共享存在一些顾虑，不利于科研数据的广泛共享，也限制了科研数据价值的充分发挥与实现；三、无论是科研管理部门人员还是科研人员，都对我国的《科学数据管理办法》了解有限，亟待加强对《科学数据管理办法》的宣传与推广。这些都表明：我国应尽快建立和完善科研数据的管理与共享政策，以推进科研数据的安全管理和充分共享利用。

第三，国外已形成了较为系统完善的科研数据管理与共享政策体系，可供我国参考借鉴。

考察国外的科研数据管理与共享政策有助于我们更好地把握借鉴国外有益经验，为我国科研数据管理与共享政策的制定与实施提供参考借鉴。本书对国外科研数据管理与共享政策较为完善的英国、美国、澳大利亚等国的科研数据管理与共享政策进行了深入的比较分析，发现他们均已形成了适合本国国情的科研数据管理与共享政策体系。这些政策体系主要包括国家法律、政府法规、科研资助/管理机构、科研机构和数据中心等不同层面的科研数据管理与共享政策等。其中，科研资助/管理机构是推动科研数据管理与共享政策完善的关键，不同政策之间注重相互关联与协同。同时，国外的科研数据管理与共享政策还形成了以科研项目负责人为主要责任人、以科研数据管理计划为核心、各方协同配合的科研数据管理与共享机制，有效地保障了科研数据的管理与共享。这些经验为建立适合我国国情的科研数据管理与共享政策体系提供了有益的参考借鉴。

第四，我国的科研数据管理与共享政策应在《科学数据管理办法》的基础上，重点完善科研资助/管理机构、科研单位和数据中心等层面的政策法规。

在充分的国内外调研的基础上，笔者基于信息生命周期与责任相关者理论构建了我国科研数据管理与共享的政策。政策体系主要包括：由全国人大和国务院制定的相关法律和行政法规；以科技部为代表的国务院科学技术行政部门制定的相关规章制度；以国务院相关部门和省级人民政府相关部门为代表的主管部门的规章制度；科研资助与管理机构制定的有关科技计划项目产生的科研数据的管理与共享政策；以高校、科研院所、数据中心、学术期刊及数据期刊为代表的法人单位的科研数据管理与共享政策和规章制度。根据政策法规的完备程度，笔者认为，当前我国应在《科学数据管理办法》的基础上，重点完善科研资助/管理机构、科研单位和数据中心等层面的政策法规。并从业务流程和责任相关者视角构建了上述政策法规的大纲和主要内容。

## 第二节　展望

本书对我国科研数据管理与共享政策进行了探讨，梳理了相关政策体系，提出了各层面的政策应包含的内容。但任何一项政策从提出到实施都会牵涉很多方面的内容，如与政策相关的配套措施与机制、政策实施的效果评估、政策的修订与完善等，是一个不断完善优化的动态过程而不是一蹴而就的事，对于科研数据管理与共享这样的系统工程来说更是如此。为了更好地推动和促进我国科研数据管理与共享实践，围绕政策的实施、完善与优化，对如下问题有待进一步深入探究。

## 一 推进科研数据管理与共享政策的配套措施与机制研究

对于科研数据管理与共享政策来说，政策的制定不是终点，政策的顺利实施并达到预期目标成效才是关键。为了确保政策的顺利实施，必须对保障科研数据管理与共享政策的落实与实施的系列措施机制进行探讨，譬如：与科研数据管理与共享政策的相关法规的修订与完善研究，如推动尽快制定出台《个人信息保护法》以及不同类型和学科领域的《科研数据采集标准与规范》，以及与科研数据管理与共享相关的《中华人民共和国政府信息公开条例》《中华人民共和国保密法实施办法》《中华人民共和国国家安全法》和知识产权法律法规的修订完善等，以适应科研数据的管理与共享；科研数据管理与共享的基础设施体系优化完善研究，探讨在现有国家数据中心的基础上，形成包括各级各类科研数据中心、科研数据期刊、科研数据引用标准规范在内的科研数据管理与共享基础设施体系，以支持科研数据的管理与共享；科研数据管理与共享的指导、支持与服务机制研究，探索形成包括科研数据管理与共享的建议指南、科研数据管理与共享的培训课程、科研数据管理与共享的支持工具等多种形式协同互动的科研数据管理与共享支持服务体系，以促进科研数据管理与共享政策的实施；健全科研数据管理与共享的激励考核机制研究；构建有利于科研数据共享的环境氛围研究等。

## 二 开展科研数据管理与共享政策实施的效果评估与政策优化研究

科研数据管理与共享实施效果的评估与分析有助于把握数据共享

的成绩和不足，了解科研数据管理与共享政策中存在的问题与盲点，及时进行修订完善，以确保政策的科学合理性和与时俱进性。未来一方面应加强国内外科研数据管理与共享政策的比较研究，不断推进我国科研数据管理与共享政策体系的完备度和科学合理性；另一方面应建立以用户满意为核心、兼顾成本与效益的科研数据管理与共享绩效评估体系，对不同层面的科研数据管理与共享政策的实施效果进行跟踪评估，以分析政策实施中存在的问题，不断推进政策的优化与完善，实现科研数据管理与共享效益的最大化。

# 参考文献

## 中文文献

**专著类**

顾立平：《前瞻导论——推动政策与形塑未来》，设计家出版社2013年版。

顾立平：《科学数据开放获取的政策研究》，科学技术文献出版社2016年版。

黄鼎成、郭增艳：《科学数据共享管理研究》，科学技术出版社2002年版。

刘桂锋：《高校科研数据管理理论与实践》，江苏大学出版社2017年版。

**论文/报纸**

（1）学位论文

程欢：《面向学生用户的高校图书馆科研支持服务研究》，硕士学位论文，河北大学，2020年。

耿寒冰：《高校图书馆科学数据服务模式研究》，硕士学位论文，吉林大学，2020年。

郭仕琳：《政策视角下科学数据开放共享的利益平衡机制研究》，硕士学位论文，黑龙江大学，2018年。

洪程：《我国高校科研数据管理政策研究》，硕士学位论文，湘潭大学，2019 年。

刘佳美：《生命周期视角下高校科研数据监护流程分析》，硕士学位论文，曲阜师范大学，2018 年。

刘文婷：《数据权利研究》，硕士学位论文，武汉理工大学，2018 年。

梅清银：《气象信息共享管理系统的设计与实现》，硕士学位论文，电子科技大学，2010 年。

濮静蓉：《高校科研数据开放机理研究》，硕士学位论文，江苏大学，2019 年。

谢艳秋：《高校科学数据共建共享实现机制研究》，硕士学位论文，东南大学，2015 年。

邢文明：《我国科研数据管理与共享政策保障研究》，博士学位论文，武汉大学，2014 年。

张莉：《中国农业科学数据共享发展研究》，博士学位论文，中国农业科学院，2006 年。

张勋：《学术图书开放获取研究》，硕士学位论文，北京印刷学院，2018 年。

庄晓喆：《我国高校科研数据机构库联盟的建设模式研究》，博士学位论文，武汉大学，2017 年。

（2）期刊论文

《国家科技基础条件平台建设问答》，《中国高校科技与产业化》2008 年第 7 期。

Christine L. B.、青秀玲：《科研数据共享的挑战》，《现代图书情报技术》2013 年第 5 期。

CODATA 发展中国家任务组：《发展中国家数据共享原则（内罗毕数据共享原则）》，《全球变化数据学报》2017 年第 1 期。

毕达天等：《科学数据共享研究现状与展望》，《图书情报工作》2019 年第 24 期。

陈传夫、曾明：《科学数据完全与公开获取政策及其借鉴意义》，《图书馆论坛》2006年第2期。

陈大庆：《英国科研资助机构的数据管理与共享政策调查及启示》，《图书情报工作》2013年第8期。

陈晋：《2008—2018年我国科研数据管理服务研究述评》，《图书馆工作与研究》2019年第11期。

陈萌：《澳大利亚政府数据开放的政策法规保障及对我国的启示》，《图书与情报》2017年第1期。

陈全平：《学术期刊数据政策及相关研究》，《图书与情报》2015年第5期。

陈秀娟、吴鸣：《学科领域科研数据知识库调研与分析——以化学领域为例》，《图书情报工作》2015年第9期。

陈媛媛、王苑颖：《科研数据开放共享的利益相关者互动关系》，《图书馆论坛》2020年第5期。

程结晶等：《基于耗散结构理论的科研数据管理系统概念模型及运行策略》，《现代情报》2018年第1期。

褚文博、Uhlir, P. F.：《地球观测组织（GEO）数据共享、数据管理解决方案及最佳案例研讨会总结》，《全球变化数据学报》2017年第4期。

崔雁：《科学数据开放中数据中心政策分析与建议》，《图书情报工作》2016年第8期。

邸弘阳等：《科学数据引用规范的内容特点分析》，《数字图书馆论坛》2017年第6期。

丁宁、马浩琴：《国外高校科学数据生命周期管理模型比较研究及借鉴》，《图书情报工作》2013年第6期。

丁培：《国外大学科研数据管理政策研究》，《图书馆论坛》2014年第5期。

董坤、顾立平：《若干国家科研数据开放政策结构研究》，《中国科技资源导刊》2016 年第 3 期。

杜琪、高波：《英国高校图书馆科研数据管理现状及启示》，《图书馆工作与研究》2019 年第 11 期。

樊俊豪：《图书馆在科学数据管理中的角色定位研究》，《图书情报工作》2014 年第 6 期。

傅天珍、陈妙贞：《我国学术期刊数据出版政策分析及建议》，《中国出版》2014 年第 23 期。

傅小锋：《关于促进科学数据共享管理的一些思考》，《中国基础科学》2006 年第 6 期。

高瑜蔚等：《〈科学数据管理办法〉实施细则比较研究——以正式发布的 11 份细则为例》，《中国科技资源导刊》2019 年第 3 期。

韩蓓蓓：《国内外科学数据引用要求的现状调查》，《图书馆界》2018 年第 6 期。

韩金凤：《加拿大高校图书馆科研数据管理服务调研及启示》，《国家图书馆学刊》2017 年第 1 期。

何琳、常颖聪：《科研人员数据共享意愿研究》，《图书与情报》2014 年第 5 期。

何青芳：《国外科学数据管理政策的调查与分析》，《上海高校图书情报工作研究》2016 年第 2 期。

后向东：《美国 2016 年〈信息自由法〉改革法案述评》，《电子政务》2016 年第 10 期。

胡媛等：《科研数据管理研究综述——基于词频分析和阶段分布统计》，《科技管理研究》2019 年第 18 期。

黄鼎成等：《科学数据共享法规体系建设的若干思考》，《中国基础科学》2003 年第 6 期。

黄国彬、屈亚杰：《英国科研资助机构的科学数据共享政策调研》，《图书馆论坛》2017 年第 5 期。

黄如花、周志峰：《近十五年来科学数据管理领域国际组织实践研究》,《国家图书馆学刊》2016 年第 3 期。

黄如花、李楠:《国外科学数据引用规范调查分析与启示》,《图书馆学研究》2016 年第 10 期。

黄如花、李楠:《基于数据生命周期模型的国外数据期刊政策研究》,《图书与情报》2017 年第 3 期。

黄源等:《基于科学数据管理流程的科研机构职责分析》,《数字图书馆论坛》2020 年第 1 期。

江洪、钟永恒:《国际科学数据共享研究》,《现代情报》2008 年第 11 期。

姜鑫:《国际图书情报领域"科学数据"研究进展述评——基于 SCI/SSCI 期刊论文的内容分析》,《现代情报》2018 年第 12 期。

雷秋雨、马建玲:《数据期刊的出版模式与发展研究》,《图书与情报》2015 年第 1 期。

雷秋雨、马建玲:《学术期刊数据出版政策研究综述——以 JCR 中进化生物学领域期刊为例》,《图书馆理论与实践》2016 年第 1 期。

李娟等:《国际科学数据共享原则和政策研究》,《图书情报工作》2008 年第 12 期。

李莉、王朝晖:《国外期刊科研数据发表政策分析与比较——以化学类期刊为例》,《情报探索》2019 年第 9 期。

李向阳等:《国外科研资助机构数据管理计划政策的调研与分析》,《情报资料工作》2016 年第 1 期。

李永春、谢安:《澳大利亚政府开放数据的演变及启示》,《中国统计》2015 年第 8 期。

凌晓良等:《澳大利亚南极科学数据管理综述》,《地球科学进展》2007 年第 5 期。

刘灿等:《数据期刊的发展现状及趋势分析》,《编辑学报》2018 年第 4 期。

刘闯:《美国国有科学数据共享管理机制及对我国的启示》,《中国基础科学》2003年第1期。

刘闯：《加强多方合作促进发展中国家数据共享》，《全球变化数据学报》2017年第1期。

刘晶晶等：《国外通用型数据知识库的政策调研与分析》，《现代图书情报技术》2015年第11期。

刘晶晶、顾立平：《数据期刊的政策调研与分析——以 Scientific Data 为例》，《中国科技期刊研究》2015年第4期。

刘敬仪、江洪：《开放科学环境下国外高校图书馆科研数据管理服务启示》，《图书馆工作与研究》2018年第10期。

刘可静：《欧美保障科学数据共享法制探究》，《科技与法律》2006年第3期。

刘莉等：《基于 DEMATEL 的科研数据共享关键影响因素识别与分析》，《图书馆学研究》2019年第18期。

刘莉等：《英国科研数据管理与共享政策研究》，《情报资料工作》2019年第5期。

刘倩：《论国外高校图书馆科研数据管理服务调查及启示》，《才智》2019年第22期。

刘润达、彭洁：《我国科学数据共享政策法规建设现状与展望》，《科技管理研究》2010年第13期。

刘细文、熊瑞：《国外科学数据开放获取政策特点分析》，《情报理论与实践》2009年第9期。

刘颖、王旋：《医学领域国际学术期刊数据出版政策分析》，《中国科技期刊研究》2017年第8期。

刘玉敏、张群：《中美高校图书馆科学数据服务调查与分析》，《图书馆论坛》2017年第11期。

刘兹恒、曾丽莹：《我国高校科研数据管理与共享平台调研与比较分析》，《情报资料工作》2017年第6期。

路鹏等：《构建完善合理的科学数据共享政策法规体系》，《国际地震动态》2008 年第 3 期。

路鹏等:《国家科技计划项目科学数据汇交的法律制度建设构想》,《国际地震动态》2007 年第 10 期。

路鹏等:《科学数据共享领域的政策规范和法律规范》,《国际地震动态》2008 年第 4 期。

罗博:《国外开放政府数据计划:进展与启示》,《情报理论与实践》2014 年第 12 期。

马波等:《高校图书馆科研数据管理服务的保障机制研究》,《四川图书馆学报》2019 年第 5 期。

马费成、望俊成:《信息生命周期研究述评(Ⅰ)——价值视角》,《情报学报》2010 年第 5 期。

马费成、望俊成:《信息生命周期研究述评(Ⅱ)——管理视角》,《情报学报》2010 年第 6 期。

马慧萍:《2010—2019 年国内图书馆科学数据共享研究综述》,《图书馆学研究》2020 年第 8 期。

孟祥保、高凡:《利益相关者视角下科研数据战略规划研究》,《图书情报工作》2016 年第 9 期。

孟祥保、钱鹏:《数据生命周期视角下人文社会科学数据特征研究》,《图书情报知识》2017 年第 1 期。

孟祥保、张璇:《OCLC〈科研数据管理的现实〉系列报告解读与启示》,《图书情报工作》2019 年第 7 期。

莫崇、菊廖球等:《地方高校科研数据的集中管理与服务》,《农业图书情报学刊》2017 年第 7 期。

彭琳、韩燕丽:《我国科技期刊数据政策分析及启示——以中国科学院主办英文期刊为例》,《中国科技期刊研究》2019 年第 8 期。

彭鑫等:《英国基金机构数据管理计划的实践调查与分析》,《图书情报工作》2016 年第 17 期。

钱鹏:《信息生命周期管理两重性辨析:以科学数据管理为例》,《情报理论与实践》2013 年第 3 期。

秦顺、邢文明：《开放·共享·安全：我国科学数据共享进入新时代——对〈科学数据管理办法〉的解读》，《图书馆》2019 年第 6 期。

任红娟：《科学研究数据共享保障体系研究》，《科学管理研究》2008 年第 4 期。

盛小平、王毅：《利益相关者在科学数据开放共享中的责任与作用——基于国际组织科学数据开放共享政策的分析》，《图书情报工作》2019 年第 17 期。

盛小平、吴红：《科学数据开放共享活动中不同利益相关者动力分析》，《图书情报工作》2019 年第 17 期。

史雅莉：《科学数据引用标准实施的关键问题探析》，《现代情报》2019 年第 4 期。

司莉、邢文明：《国外科学数据管理与共享政策调查及对我国的启示》，《情报资料工作》2013 年第 1 期。

司莉、辛娟娟：《英美高校科学数据管理与共享政策的调查分析》，《图书馆论坛》2014 年第 9 期。

司莉、辛娟娟：《科学数据共享中的利益平衡机制研究》，《图书馆学研究》2015 年第 1 期。

司莉、王雨娃：《科研数据机构库联盟服务现状与启示》，《图书馆学研究》2019 年第 10 期。

宋宇等：《数据引用的共同原则》，《情报理论与实践》2015 年第 8 期。

孙俐丽、赵乃瑄：《基于元人种志的科学数据共享关键影响因素识别》，《情报理论与实践》2020 年第 3 期。

孙枢等：《美国科学数据共享政策考察报告》，《中国基础科学》2002 年第 5 期。

孙晓燕等：《面向科研人员的科学数据共享影响因素的调查分析——基于计划行为理论》，《图书馆学研究》2019 年第 5 期。

孙轶楠等：《学科数据知识库的政策调研与分析——以生命科学领域为例》，《现代图书情报技术》2015 年第 12 期。

索传军：《试论信息生命周期的概念及研究内容》，《图书情报工作》2010 年第 13 期。

完颜邓邓：《澳大利亚高校科学数据管理与共享政策研究》，《信息资源管理学报》2016 年第 1 期。

汪俊：《美国科学数据共享的经验借鉴及其对我国科学基金启示：以 NSF 和 NIH 为例》，《中国科学基金》2016 年第 1 期。

王丹丹：《科学数据规范引用关键问题探析》，《图书情报工作》2015 年第 8 期。

王继娜：《国外高校图书馆科学数据管理服务的调研与思考》，《情报理论与实践》2019 年第 8 期。

王卷乐、孙九林：《世界数据中心（WDC）回顾、变革与展望》，《地球科学进展》2009 年第 6 期。

王明明等：《ICPSR 科学数据中心的建设经验与启示》，《中国科技资源导刊》2017 年第 6 期。

王巧玲等：《英国科学数据共享政策法规研究》，《图书馆杂志》2010 年第 3 期。

王琼、曹冉：《英国高校科研数据保存政策调查与分析》，《中国图书馆学报》2016 年第 5 期。

王涛等：《澳大利亚科研管理和监督的体系、特点及启示》，《国家教育行政学院学报》2014 年第 11 期。

王婉：《澳大利亚高校图书馆参与科研数据管理服务研究》，《图书馆论坛》2014 年第 3 期。

王晓文等：《高校科学数据管理服务中利益相关者合作博弈研究》，《大学图书情报学刊》2019 年第 6 期。

王怡、邵波：《国高校科研数据管理现状、困境及未来发展路径》，《图书馆学研究》2019 年第 19 期。

魏悦、刘桂锋：《英国高校科研数据管理政策内容调查及启示》，《图书情报研究》2016年第4期。

温芳芳：《国外科学数据开放共享政策研究》，《图书馆学研究》2017年第9期。

吴蓉等：《国外学术期刊数据政策的调研与分析》，《图书情报工作》2015年第7期。

武彤：《基于数据生命周期的美国研究图书馆科学数据开放共享服务研究》，《图书与情报》2019年第1期。

项英等：《高校图书馆科学数据管理服务实践探索——以武汉大学社会科学数据管理为例》，《情报理论与实践》2013年第12期。

肖云等：《第二十届国际科技数据委员会学术会议综述》，《中国科学院院刊》2006年第6期。

邢文明：《国际组织关于科学数据的实践、会议与政策及对我国的启示》，《国家图书馆学刊》2013年第2期。

邢文明、洪程：《开放为常态，不开放为例外——解读〈科学数据管理办法〉中的科学数据共享与利用》，《图书馆论坛》2018年第1期。

邢文明、华小琴：《澳大利亚高校科研数据政策内容分析》，《知识管理论坛》2018年第5期。

邢文明、洪程：《美国高校科研数据政策内容分析》，《数字图书馆论坛》2018年第10期。

邢文明、杨玲：《我国科研机构科研数据管理现状调研》，《数字图书馆论坛》2018年第12期。

邢文明、宋剑：《英国高校科研数据政策内容分析》，《数字图书馆论坛》2019年第1期。

邢文明等：《国外教育机构科研数据管理政策大纲解读及启示》，《数字图书馆论坛》2019年第5期。

邢文明等：《科学数据管理体系的二维视角——〈科学数据管理办法〉

解读》,《图书情报工作》2019 年第 23 期。

徐枫:《科学数据共享标准体系结构》,《中国基础科学》2003 年第 1 期。

阎保平、肖云:《中国科学院科学数据库共享技术与政策》,《科学中国人》2004 年第 9 期。

杨云秀等:《国外科研教育机构数据政策的调研与分析——以英国 10 所高校为例》,《图书情报工作》2015 年第 5 期。

姚松涛:《E-Science 环境下科学数据的整合与共享》,《现代情报》2009 年第 5 期。

尹怀琼等:《国内外高校图书馆科研数据管理服务分析及启示》,《图书馆学研究》2020 年第 11 期。

尤霞光、盛小平:《8 个国际组织科学数据开放共享政策的比较与特征分析》,《情报理论与实践》2017 年第 12 期。

袁红卫等:《麻省理工学院科学数据管理与共享平台调研及启示》,《图书馆学研究》2019 年第 13 期。

张保钢:《国务院办公厅印发〈科学数据管理办法〉》,《北京测绘》2018 年第 5 期。

张春芳、卫军朝:《生命周期视角下的科学数据监管工具研究及启示》,《情报资料工作》2015 年第 5 期。

张贵香等:《我国科研数据管理理论与服务研究进展述评》,《情报理论与实践》2020 年第 6 期。

张静蓓等:《国外数据共享行为影响因素研究综述》,《图书情报工作》2014 年第 4 期。

张静蓓等:《科学数据引用规范研究进展》,《图书与情报》2014 年第 5 期。

张闪闪等:《科研数据内容重用中的权益问题研究》,《图书情报知识》2018 年第 1 期。

张晓林:《实施公共资助科研项目研究数据开放共享的政策建议》,

《中国科学基金》2019年第1期。

张晓青、盛小平：《国外科学数据开放共享政策述评》，《图书馆论坛》2018年第8期。

张旭：《国际智库评价图谱：基于利益相关者的演化述评》，《情报理论与实践》2019年第3期。

张洋、肖燕珠：《生命周期视角下〈科学数据管理办法〉解读及其启示》，《图书馆学研究》2019年第15期。

张瑶、吕俊生：《国外科研数据管理与共享政策研究综述》，《图书馆与理论实践》2015年第11期。

张瑶等：《国外科研资助机构数据政策的调研与分析——以英美研究理事会为例》，《图书情报工作》2015年第6期。

章火中：《独立学院科研档案建设重要性及对策分析》，《现代商贸工业》2017年第3期。

周波：《高校科学数据元数据方案初探》，《图书馆学研究》2012年第1期。

周雷、刘利永：《德国RISE-DE科研数据管理服务自评估模型的研究》，《图书馆学研究》2019年第21期。

周力虹等：《我国高校图书馆科研数据管理服务调查与分析》，《图书情报工作》2017年第20期。

周晓燕、宰冰欣：《澳大利亚高校科研数据保存政策分析》，《图书情报知识》2016年第2期。

周玉琴、邢文明：《我国科研数据管理与共享政策体系研究》，《中华医学图书情报杂志》2018年第8期。

朱玲等：《国外科学数据开放共享政策中的主体分工合作结构及启示》，《图书情报知识》2020年第1期。

朱雪忠、徐先东：《浅析我国科学数据共享与知识产权保护的冲突与协调》，《管理学报》2007年第4期。

朱艳华等：《科学数据引用国家标准研制与推广》，《科研信息化技术与应用》2018 年第 6 期。

（3）报纸文献

刘垠：《国家科技资源共享服务平台优化调整名单出炉》，《科技日报》2019 年 6 月 11 日第 1 版。

张晶：《共享工程让科学数据价值最大化（上）》，《科技日报》2011 年 1 月 2 日第 2 版。

**网络文献**

《〈环境工程学报〉投稿须知》，http：//www.cjee.ac.cn/hjgcxb/news/solo-detail/tougaoxuzhi，2020 年 5 月 17 日。

《〈建筑钢结构进展〉稿件格式要求》，http：//www.jzjz.cbpt.cnki.net/WKE/WebPublication/wkTextContent.aspx? navigationContentID = 98b47930 - 5e45 - 4f40 - 8d24 - 47949651169e&mid = jzjz，2020 年 5 月 17 日。

《〈生命科学〉投稿须知》，http：//www.lifescience.net.cn/tgxz.asp，2020 年 5 月 17 日。

《〈图书馆杂志〉数据上传帮助》，http：//www.libraryjournal.com.cn/CN/item/downloadFile.jsp? filedisplay = 20190225101041.pdf，2020 年 5 月 17 日。

《〈图书情报工作〉杂志社出版伦理声明（2020 年 2 月第一版）》，http：//www.lis.ac.cn/CN/column/column291.shtml，2020 年 5 月 17 日。

《〈应用生态学报〉投稿须知》，http：//www.cjae.net/CN/column/column107.shtml，2020 年 5 月 17 日。

《〈中国生物工程杂志〉支撑数据提交政策》，http：//manu60.magtech.com.cn/biotech/CN/column/item234.shtml，2020 - 05 - 17。

《湖北省科学数据管理实施细则》，2018 年 11 月 23 日，http：//www.clas.cas.cn/xwzx2016/ttxw2016/201811/t20181123_5192559.

html，2020 年 5 月 9 日。

《联合国教科文组织简介》，https：//zh. unesco. org/about-us/introducing-unesco，2020 年 1 月 20 日。

《山东省科学数据管理实施细则》，2019 年 11 月 14 日，http：//kjt. shandong. gov. cn/art/2019/11/14/art_103585_7759974. html，2020 年 5 月 10 日。

《数据分析与知识发现》编辑部：《支撑数据提交要求》，http：//manu44. magtech. com. cn/Jwk_infotech_wk3/fileup/2096 - 3467/NEWS/20161213090914. pdf，2020 年 5 月 17 日。

《数据分析与知识发现》编辑部：《支撑数据提交要求》，http：//manu44. magtech. com. cn/Jwk_infotech_wk3/attached/file/20161213/20161213170318_884. pdf，2020 年 5 月 17 日。

《太原市科技资源开放共享条例》，2010 年 11 月 29 日，http：//www. wanfangdata. com. cn/details/detail. do?_type = legislations&id = D140015311，2020 年 5 月 10 日。

《中国农业科学院开放获取与科学数据管理办法印发》，2019 年 11 月 19 日，http：//aii. caas. net. cn/bsdt/zhdt/216208. htm，2020 年 5 月 10 日。

《重庆市人民政府办公厅关于贯彻落实科学数据管理办法的通知》，2019 年 1 月 8 日，http：//jda. cq. gov. cn/szfwj/53918. htm，2020 年 5 月 9 日。

安徽省人民政府办公厅：《安徽省科学数据管理实施办法》，2018 年 11 月 23 日，http：//xxgk. ah. gov. cn/UserData/DocHtml/731/2018/11/28/623138207202. html，2020 年 5 月 9 日。

百度文库：《国家科技计划项目科学数据汇交暂行办法（草案）》，https：//wenku. baidu. com/view/8bf10bf86137ee06eef91839. html，2020 年 5 月 4 日。

财贸经济：《投稿须知》，http：//www. cmjj. org/CommonBlock/

参考文献 289

SiteContentList？ChannelID＝257，2020年5月17日。

当代经济研究：《用稿规范》，http：//www. ddjjyj. com/CN/column/column25. shtml，2020年5月17日。

地球物理学报：《投稿须知》，http：//www. dqwlxb. cn/index. php？m＝content&c＝index&a＝lists&catid＝3，2020年5月17日。

地球信息科学学报：《投稿须知》，http：//www. dqxxkxxb. cn/html/list-10-1. html，2020年5月17日。

甘肃省人民政府办公厅：《甘肃省科学数据管理实施细则》，2018年9月3日，http：//www. gansu. gov. cn/art/2018/9/3/art_ 4786_ 390341. html，2020年5月9日。

工程地质学报：《出版伦理与出版弊端声明》，http：//www. gcdz. org/news/daodeshengming. htm，2020年5月17日。

工程数学学报：《投稿指南》，http：//jgsx-csiam. org. cn/CN/column/column12. shtml，2020年5月17日。

广西科技厅：《广西科学数据管理实施办法》，2019年1月31日，http：//kjt. gxzf. gov. cn/gxkjt/xxgk/20190131/002004001_ 5a75ef7e-c703-4149-821c-ec2fe0e11e83. htm，2020年5月9日。

国家地球系统科学数据中心：《地球系统科学数据共享平台章程》，2019年11月19日，http：//www. geodata. cn/aboutus. html，2020年5月10日。

国家海洋科学数据中心：《国家海洋科学数据共享服务平台暂行管理办法》，http：//mds. nmdis. org. cn/pages/regulation. html，2020年5月10日。

国家科技重大专项：《科技部 发展改革委 财政部关于印发〈国家科技重大专项（民口）验收管理办法〉的通知》，2018年2月1日，http：//most. gov. cn/mostinfo/xinxifenlei/fgzc/gfxwj/gfxwj2018/201802/t20180208_ 138084. htm，2020年5月15日。

国家科技重大专项：《科技部关于印发〈国家科技重大专项（民口）

档案管理规定〉的通知》，2017 年 11 月 23 日，http：//www. nmp. gov. cn/zcwj/201711/t20171123_ 5509. htm，2020 年 5 月 15 日。

国家林业和草原局政府网：《信息资源开发利用与共享》，2009 年 3 月 27 日，http：//www. forestry. gov. cn/xxb/2519/content - 397546. html，2020 年 2 月 9 日。

国家农业科学数据共享中心：《农业科学数据共享管理办法》http：// fishery. agridata. cn/ch_ law. asp，2020 年 5 月 10 日。

国家农业科学数据共享中心：《农业科学数据汇交管理办法》，http：//fishery. agridata. cn/ch_ law. asp，2020 年 5 月 10 日。

国家气象科学数据中心：《气象资料汇交服务指南》，http：// data. cma. cn/DataCollect/ConcurrentGuide/licode/5. html，2020 年 5 月 10 日。

国家气象科学数据中心：《气象资料汇交协议》，http：//data. cma. cn/DataCollect/ConcurrentProtocol/licode/7. html，2020 年 5 月 10 日。

国家人口健康科学数据中心：《人口健康科学数据共享平台科学数据汇交管理办法》，2019 年 5 月 30 日，http：//www. ncmi. cn/ shareDocument/findContentManagementRulesDetail. do? id = 2767，2020 年 5 月 10 日。

海南省科学技术厅：《海南省科学数据管理实施细则》，2019 年 7 月 15 日，http：//dost. hainan. gov. cn/xxgk/zfwj/201907/t20190725 _ 2637387. html，2020 年 5 月 9 日。

黑龙江省人民政府办公厅：《黑龙江省贯彻落实〈科学数据管理办法〉实施细则》，2018 年 8 月 25 日，http：//www. hljkjt. gov. cn/ html/ZWGK/ZCFG/heilongjiang/show - 27173. html，2020 年 5 月 9 日。

胡象明：《中国传统政策文化及其对政策科学本土化的价值》，2017 年 2 月 17 日，http：//theory. people. com. cn/n1/2017/0217/c83863 - 29088905. html，2020 年 5 月 2 日。

湖南省科学技术厅：《科技部平台中心参加国际研究数据联盟第六次全体大会》，2015年12月24日，http：//kjt.hunan.gov.cn/xxgk/gzdt/kjzx/201512/t20151224_2763335.html，2020年1月7日。

吉林省人民政府办公厅：《吉林省科学数据管理办法》，《吉林省人民政府公报》2018年。

江苏省人民政府办公厅：《江苏省科学数据管理实施细则》，2019年2月26日，http：//www.js.gov.cn/art/2019/2/26/art_64797_8239962.html，2020年5月9日。

江西省人民政府：《江西省地理信息数据管理办法》，2018年2月1日，http：//bnr.jiangxi.gov.cn/News.shtml？p5=86955677，2020年5月9日。

教育部：《高等学校预防与处理学术不端行为办法》，2016年6月1日，http：//www.moe.gov.cn/srcsite/A02/s5911/moe_621/201607/t20160718_272156.html，2020年1月3日。

科技部：《国家重点研发计划项目验收工作规范（试行）》，2018年2月12日，https：//service.most.gov.cn/u/cms/static/201806/12145654y1jn.pdf，2020年5月15日。

科技部：《科技部关于发布科技基础资源调查专项2019年度项目指南的通知》，2019年7月11日，http：//www.gov.cn/zhengce/content/2014-03/12/content_8711.htm，2020年5月16日。

科学网：《英国维康基金会再推开放出版》，2012年1月，http：//blog.sciencenet.cn/blog-41174-989120.html，2020年4月9日。

昆明市人民政府办公厅：《昆明市科学数据管理实施办法》，2019年3月14日，http：//www.km.gov.cn/c/2019-03-14/2943668.shtml，2020年5月10日。

内蒙古自治区办公厅：《内蒙古自治区科学数据管理办法》，2018年11月30日，http：//www.nmg.gov.cn/art/2018/11/30/art_1686_241858.html，2020年5月9日。

陕西省人民政府办公厅：《陕西省科学数据管理实施细则》，2018年8月14日，http：//www.shaanxi.gov.cn/gk/zfwj/118759.htm，2020年5月9日。

生物化学与生物物理进展，《投稿基本要求》，http：//www.pibb.ac.cn/pibbcn/ch/common_item.aspx?parent_id=3&menu_id=80，2020年5月17日。

生物化学与生物物理进展投稿基本要求，http：//www.pibb.ac.cn/pibbcn/ch/common_item.aspx?parent_id=3&menu_id=80.2020年5月17日。

声学学报，《征稿简则》http：//xiba.chinajournal.net.cn/WKC/WebPublication/wkTextContent.aspx?navigationContentID=cc6e521e－10ba－40e6－9f93-f39269c22046&mid=xiba，2020年5月17日。

世界经济研究，《投稿须知》，http：//jing.cbpt.cnki.net/WKB2/WebPublication/wkTextContent.aspx?navigationContentID=98b47930－5e45－4f40－8d24－47949651169e&mid=jing，2020年5月17日。

四川省科学技术厅：《四川省科学数据管理实施细则》，2020年1月3日，http：//kjt.sc.gov.cn/u/cms/www/202001/03164440owq8.rar，2020年5月10日。

天文学报：《投稿简则》，http：//www.twxb.org/twxb/site/menu/20190812180148001，2020年5月17日。

图书情报知识：《投稿须知》，http：//dik.whu.edu.cn/jwk3/tsqbzs/CN/column/column192.shtml，2020年5月17日。

无机化学学报：《投稿须知》，http：//www.wjhxxb.cn/wjhxxbcn/ch/first_menu.aspx?parent_id=9，2020年5月17日。

物理学报：《投稿须知》，http：//wulixb.iphy.ac.cn/news/tougaoxuzhi.htm，2020年5月17日。

新华网：《国务院办公厅印发〈科学数据管理办法〉》，2018年4月2日，http：//www.xinhuanet.com/politics/2018－04/02/c_112262

7670. htm，2020 年 1 月 2 日。

新华网：《科学数据，如何科学管理》，2018 年 4 月 2 日，http：//www. xinhuanet. com/tech/2018 - 04/08/c_ 1122646420. htm，2020 年 1 月 2 日。

新华网：《中共中央办公厅 国务院办公厅印发〈关于进一步弘扬科学家精神加强作风和学风建设的意见〉》，2019 年 6 月 11 日，http：//www. gov. cn/zhengce/2019 - 06/11/content_ 5399239. htm，2020 年 1 月 5 日。

新华网：《中共中央办公厅 国务院办公厅印发〈关于进一步加强科研诚信建设的若干意见〉》，2018 年 5 月 30 日，http：//www. xinhuanet. com/politics/2018 - 05/30/c_ 1122913789. htm，2020 年 1 月 5 日。

影像科学与光化学：《投稿须知》，http：//www. yxkxyghx. org/CN/column/column314. shtml，2020 年 5 月 17 日。

应用概率统计：《投稿指南》，http：//aps. ecnu. edu. cn/CN/column/column106. shtml，2020 年 5 月 17 日。

应用数学与力学：《投稿指南》，http：//www. applmathmech. cn/CN/column/column107. shtml，2020 年 5 月 17 日。

有机化学：《投稿须知》，http：//sioc-journal. cn/Jwk_ yjhx/CN/column/column78. shtml，2020 年 5 月 17 日。

原子核物理评论：《投稿指南（2018 年版）》，http：//www. npr. ac. cn/CN/column/column118. shtml，2020 年 5 月 17 日。

云南省人民政府办公厅：《云南省科学数据管理实施细则》，2018 年 10 月 9 日，http：//kjt. yn. gov. cn/show - 34 - 99 - 1. html，2020 年 5 月 9 日。

运筹学学报：《投稿指南》，http：//www. ort. shu. edu. cn/CN/column/column3. shtml，2020 年 5 月 17 日。

中国地震局：《地震科学数据共享管理办法》，2014 年 12 月 27 日，

https：//www. cea. gov. cn/cea/zwgk/zcfg/369272/1228635/index. html，2020 年 3 月 5 日。

计算机网络信息中心：《国际数据委员会 2019 年学术会议在京召开》，2019 年 9 月 23 日，http：//www. cas. cn/sygz/201909/t20190923_ 4715833. shtml，2020 年 1 月 6 日。

中国科学院：《〈科研数据北京宣言〉正式发布》，2019 年 11 月 18 日，http：//www. cas. cn/zkyzs/2019/11/225/gzjz/201911/t20191119_ 4724207. shtml，2020 年 1 月 5 日。

中国科学院文献情报中心：《中国科学引文数据库来源期刊列表（2019—2020 年度）》，http：//sciencechina. cn/style/report19_20. pdf，2019 年 12 月 21 日。

中国气象局：《气象探测资料汇交管理办法》，2018 年 2 月 13 日，[2020 - 05 - 06]. http：//www. gov. cn/gongbao/content/2017/content_ 5240121. htm，2020 年 5 月 6 日。

中国社会科学研究评价中心：《CSSCI 来源期刊（2019—2020）目录》，https：//cssrac. nju. edu. cn/DFS//file/2019/12/31/20191231102636884zqxfse. pdf，2019 年 12 月 21 日。

中国水利水电科学研究院：《科学数据共享工程专家委员会工作研讨会在京召开》，2006 年 12 月 28 日，http：//www. iwhr. com/zgskyww/hyxw/webinfo/2006/12/1272331293543236. htm，2020 年 3 月 3 日。

中国图象图形学报：《投稿须知》，http：//www. cjig. cn/jig/ch/common_ item. aspx？parent_ id = 20080618121717001&menu_ id = 20160229100757374&is_ three_ menu = 0，2020 年 5 月 17 日。

中华人民共和国财政部：《美国、英国大学科研资助情况研究》，2012 年 6 月 18 日，http：//jkw. mof. gov. cn/zhengwuxinxi/tashanzhishi/200807/t20080731_ 60011. html，2020 年 3 月 26 日。

中华人民共和国交通运输部：《交通运输行业野外科学观测研究基地管

理办法》，2019年10月15日，http：//www.mot.gov.cn/zhengcejiedu/yewaijd/xiangguanzhengce/201910/t20191016_3284287.html，2020年5月6日。

中华人民共和国交通运输部：《交通运输行业野外科学观测研究基地建设发展方案（2019—2025年）》，2019年10月15日，http：//xxgk.mot.gov.cn/jigou/kjs/201910/t20191015_3284135.html，2020年5月6日。

中华人民共和国交通运输部：《交通运输科学数据管理办法（征求意见稿）》，2020年6月23日，http：//xxgk.mot.gov.cn/jigou/kjs/202006/t20200623_3398111.html，2021年5月6日。

中华人民共和国科学技术部：《关于进一步增强原始性创新能力的意见》，2002年6月11日，http：//www.most.gov.cn/ztzl/jqzzcx/zzcxcxzzo/zzcxcxzz/zzcxgncxzz/200504/t20050427_21158.htm，2020年2月9日。

中华人民共和国科学技术部：《关于印发〈"十一五"国家科技基础条件平台建设实施意见〉的通知》，2005年5月18日，http：//www.most.gov.cn/fggw/zfwj/zfwj2005/200512/t20051214_54855.htm，2020年5月4日。

中华人民共和国科学技术部：《国家重点基础研究发展计划资源环境领域项目数据汇交暂行办法》，2008年3月18日，http：//www.most.gov.cn/kjzc/gjkjzc/kjtjybz/201308/P020130823579533591568.pdf，2020年1月2日。

中华人民共和国科学技术部：《国家重点基础研究发展计划资源环境领域项目数据汇交暂行办法》，2008年3月18日，http：//www.most.gov.cn/kjzc/gjkjzc/kjtjybz/201308/P020130823579533591568.pdf，2020年3月5日。

中华人民共和国科学技术部：《国家重点基础研究发展计划资源环境领域项目数据汇交暂行办法》，2008年3月18日，http：//www.

most. gov. cn/kjzc/gjkjzc/kjtjybz/201308/P020130823579533591568. pdf，2020 年 5 月 4 日。

中华人民共和国科学技术部：《关于 973 计划资源环境领域项目开展数据汇交等有关工作的通知》，2009 年 10 月 12 日，http：//www. most. gov. cn/tztg/200910/t20091012_ 73594. htm，2020 年 3 月 3 日。

中华人民共和国科学技术部：《关于加强十一五科技计划项目总结验收相关管理工作的通知》，2010 年 6 月 29 日，http：//www. most. gov. cn/tztg/201006/t20100629_ 78173. htm，2020 年 5 月 4 日。

中华人民共和国科学技术部：《政府间地球观测组织北京部长级峰会召开》，2010 年 11 月 10 日，http：//www. most. gov. cn/kjbgz/201011/t20101109_ 83269. htm，2020 年 1 月 7 日。

中华人民共和国科学技术部：《国家高技术研究发展计划（863 计划）管理办法》，2011 年 8 月 21 日，http：//www. most. gov. cn/fggw/zfwj/zfwj2011/201109/t20110906_ 89492. htm，2020 年 5 月 18 日。

中华人民共和国科学技术部：《关于印发〈国家高技术研究发展计划（863 计划）管理办法〉的通知》，2011 年 8 月 25 日，http：//www. most. gov. cn/fggw/zfwj/zfwj2011/201109/t20110906_ 89492. htm，2020 年 5 月 4 日。

中华人民共和国科学技术部：《关于印发国家科技支撑计划管理办法的通知》，2011 年 9 月 16 日，http：//www. most. gov. cn/tztg/201109/t20110916_ 89660. htm，2020 年 5 月 5 日。

中华人民共和国科学技术部：《关于国家生态系统观测研究网络等 23 个国家科技基础条件平台通过认定的通知》，2011 年 11 月 15 日，http：//www. most. gov. cn/tztg/201111/t20111115_ 90870. htm，2020 年 3 月 3 日。

中华人民共和国科学技术部：《关于印发国家重点基础研究发展计划管理办法的通知》，2011 年 12 月 9 日，http：//www. most. gov. cn/

tztg/201112/t20111209_91296.htm，2020 年 5 月 5 日。

中华人民共和国科学技术部：《科技基础性工作专项项目科学数据汇交管理办法（试行）》，http：//www.most.gov.cn/tztg/201405/W020140521318416401810.doc，2020 年 5 月 5 日。

中华人民共和国科学技术部：《科技部财政部关于印发〈国家科技资源共享服务平台管理办法〉的通知》，2018 年 2 月 13 日，http：//www.most.gov.cn/mostinfo/xinxifenlei/fgzc/gfxwj/gfxwj2018/201802/t20180224_138207.htm，2020 年 5 月 5 日。

中华人民共和国中央人民政府：《科技部 财政部关于发布国家科技资源共享服务平台优化调整名单的通知》，2019 年 6 月 11 日，http：//www.gov.cn/xinwen/2019-06/11/content_5399105.htm，2020 年 3 月 5 日。

中华人民共和国中央人民政府：《气象资料共享管理办法》，2001 年 11 月 27 日，http：//www.gov.cn/gongbao/content/2002/content_75610.htm，2020 年 5 月 5 日。

中华人民共和国自然资源部：《国土资源部关于印发〈国土资源数据管理暂行办法〉的通知》，2010 年 9 月 15 日，http：//www.mnr.gov.cn/zt/kj/xxh/xw/201009/t20100915_2017882.html，2020 年 5 月 6 日。

中华人民共和国自然资源部：《国土资源部关于印发〈国土资源数据管理暂行办法〉的通知》，2010 年 9 月 15 日，http：//www.mnr.gov.cn/zt/kj/xxh/xw/201009/t20100915_2017882.html，2020 年 5 月 5 日。

中华人民共和国自然资源部：《中国极地科学考察样品和数据管理办法（试行）》，2011 年 1 月 27 日，http：//f.mnr.gov.cn/201807/t20180710_2076769.html，2020 年 5 月 6 日。

中科院地理科学与资源研究所：《"科学研究数据全球联盟（RDA）"欧洲代表团访问地理资源所》，2013 年 10 月 25 日，http：//www.

igsnrr. ac. cn/xwzx/kydt/201310/t20131025_3962739. html，2020 年 1 月 7 日。

重庆市科学技术委员会：《关于印发〈重庆市科技资源开放共享管理办法〉的通知》，2018 年 2 月 7 日，http：//www. csti. cn/govwebnew/detail. htm? newsId = 244，2020 年 5 月 10 日。

# 英文文献

## 专著类

Horton F. W., *Information Resources Management*, London: Prentice-Hall, 1985.

Publications Office of the European Union, *Cost-benefit analysis for FAIR research data*, https://op. europa. eu/en/publication-detail/-/publication/d3766478-1a09-11e9-8d04-01aa75ed71a1/languala-en, 2020-02-08.

## 论文类

（1）学位论文

Amy Pham, Surveying the State of Data Curation: a Review of Policy and Practice in UK HEIs, Scotland, MSc. dissertation, University of Strathclyde, 2018.

（2）期刊论文

Ahmadi N. A., Jano Z., Khamis N., "Analyzing Crucial Elements of Research Data Management Policy", *International Business Management*, Vol. 10, No. 17, 2016.

Briney K., Goben A., Zilinski L., "Do You Have an Institutional Data Policy? A Review of the Current Landscape of Library Data Services and Institutional Data Policies", *Journal of Librarianship and Scholarly Com-*

munication, Vol. 3, No. 2, 2015.

Christine L. B., "The Conundrum of Sharing Research Data", *Journal of the American Society for Information Science and Technology*, Vol. 63, No. 6, 2012.

Corrall S., Kennan M. A., Afzal W., "Bibliometrics and Research Data Management Services: Emerging Trends in Library Support for Research", *Library Trends*, Vol. 61, No. 3, 2013.

Cox A. M., Pinfield S., "Research Data Management and Libraries: Current Activities and Future Priorities", *Journal of librarianship and information science*, Vol. 46, No. 4, 2014.

Searle S., Wolski M., Simons N., et al., "Librarians as Partners in Research Data Service Development at Griffith University", *Program: Electronic Library and Information Systems*, Vol. 49, No. 4SI, 2015.

Cox A. M., Kennan M. A., Lyon L., et al., "Developments in Research Data Management in Academic Libraries: Towards an Understanding of Research Data Service Maturity", *Journal of the Association for Information Science and Technology*, Vol. 68, No. 9, 2017.

Gardner D., Toga A. W., Ascoli G. A., et al., "Towards Effective and Rewarding Data Sharing", *Neuroinformatics*, Vol. 1, No. 3, 2003.

Higman R., Pinfield S., "Research Data Management and Openness the Role of Data Sharing in Developing Institutional Policies and Practices", *Program*, Vol. 49, No. 4, 2015.

Jetten M., Simons E., Rijnedrs J., "The Role of CRIS's in the Research Life Cycle. A Case study on Implementing a FAIR RDM policy at Radboud University, the Netherlands", *Procedia Computer Science*, Vol. 146, 2019.

Jones S., "Developments in Research Funder Data Policy", *The International Journal of Digital Curation*, Vol. 7, No. 1, 2012.

Levitan K. B. , "Information resources as goods in the life cycle of information production", *Journal of the American Society for Information Science*, Vol. 33, No. 1, 1982.

Kim J. , "An Analysis of Data Management Policies of Governmental Funding Agencies in the U. S. , the U. K. , Canada and Australia", *Journal of the Korean Library and Information Science Society*, Vol. 47, No. 3, 2013.

Macmillan D. , "Data sharing and Discovery: What Librarians Need to Know", *The Journal of Academic Librarianship*, No. 5, 2014.

Mauthner N. S. , Parry P. , "Open Access Digital Data Sharing: Principles, Policies and Practices", *Social Epistemology*, Vol. 27, No. 1, 2013.

McCain, K. W. , "Mandating sharing: Journal Policies in the Natural Sciences", *Science Communication*, Vol. 16, No. 4, 1995.

Naughton L. , Kernohan D. , "Making Sense of Journal Research Data Policies", *Insights*, Vol. 29, No. 1, 2016.

Piracha H. A. , Ameen K. , "Policy and Planning of Research Data Management in University Libraries of Pakistan", *Collection and Curation*, Vol. 38, No. 2, 2019.

Piwowar H. , Chapman W. , "A Review of Journal Policies for Sharing Research Data", *Nature Precedings*, 2008.

Resnik D. B. , Morales M. , Landrum R. , et al. , "Effect of Impact Factor and Discipline on Journal Data Sharing Policies", *Accountability in research*, Vol. 26, No. 3, 2019.

Ross J. S. , Waldstreicher J. , Bamford S. , et al. , "Overview and Experience of the YODA Project with Clinical Trial Data Sharing After 5 Years", *Scientific data*, Vol. 5, No. 1, 2018.

Higgins S. , "The DCC Curation Lifecycle Model", *The International Jour-*

nal of Digital Curation, Vol. 3, No. 1, 2008.

Shim Y., Kim J., "A Study on the Development of Research Data Management Service in a Domestic University Library: Focused on the Analysis on the Needs of Researchers Affiliated in Seoul National University", Korean Society for Information Management, Vol. 36, No. 3, 2019.

Steinhary G., "Libraries as Distributors of Geospatial Data: Data Management Policies as Tools for Managing Partnerships", LIBRARY TRENDS, Vol. 55, No. 2, 2006.

Van Z. H., Ringesma J., "The Development of a Research Data Policy at Wageningen University & Research: Best Practices as a Framework", LIBER Quarterly, Vol. 27, No. 1, 2017.

Verhaar P., Schoots F., Sesink L., et al., "Fostering Effective Data Management Practices at Leiden University", LIBER Quarterly, Vol. 27, No. 1, 2017.

Waithira N., Mutinda B., Cheah P. Y., "Data Management and Sharing Policy: The First Step Towards Promoting Data Sharing", BMC MEDICINE, Vol. 17, No. 1, 2019.

## 网络文献

Tickell A., Open Access to Research Publications, February 2016, https://assets.publishing.service.gov.uk/government/uploads/system/uploads/attachment_data/file/499455/ind-16-3-open-access-report.pdf, 2020-04-03.

Adam Tickell, Open access to research publications-2018, June 2018, https://assets.publishing.service.gov.uk/government/uploads/system/uploads/attachment_data/file/774956/Open-access-to-research-publications-2018.pdf, 2020-04-03.

ANDS, Outline of a Research Data Management Policy for Australian

Universities / Institutions, 20th August 2010, http: //www. ands. org. au/_ _ data/assets/pdf_ file/0004/382072/datamanagementpolicyoutline. pdf, 2020 - 05 - 23.

ARM Research Facility, Data Sharing Policy, https: //www. arm. gov/policies/datapolicies/data sharing policy, 2020 - 03 - 20.

Arts and Humanities Research Council, Research Funding Guide, 4th June 2019, https: //ahrc. ukri. org/documents/guides/research-funding-guide1/, 2020 - 05 - 18.

Ashton I. , Lloyd-Jones H. , Cowley A. , Developing Research Data Management Policy at Research Group Level: A Case Study with the Marine Renewable Energy Group, July 2013, https: //ore. exeter. ac. uk/repository/handle/10871/12107, 2020 - 03 - 01.

Australian Government Public Data Policy Statement, 7th December 2015, https: //www. pmc. gov. au/sites/default/files/publications/aust _ govt _ public_ data_ policy_ statement_ 1. pdf, 2020 - 04 - 24.

Australian Government, Australian Code for the Responsible Conduct of Research, https: //www. nhmrc. gov. au/file/1996/download? token = CETWMNPN, 2020 - 04 - 24.

Australian National Data Service, ANDS Project Registry, https: //projects. ands. org. au/policy. php, 2020 - 03 - 01.

Australian National Data Service, Possible Outline of a Data Management Policy, https: //www. ands. org. au/_ _ data/assets/pdf _ file/0004/382072/datamanagementpolicyoutline. pdf, 2020 - 03 - 01.

Australia's Declaration of Open Government, 17th July 2010, https: //www. i-policy. org/2010/07/australias-declaration-of-open-government. html, 2020 - 04 - 22.

BBSRC Data Sharing Policy, March 2017, http: //www. bbsrc. ac. uk/documents/data-sharing-policy-pdf/, 2020 - 04 - 07.

Beagrie N., Semple N., Williams P., et al., Digital Preservation Policies Study, http://citeseerx.ist.psu.edu/viewdoc/download?doi=10.1.1.214.9056&rep=rep1&type=pdf, 2020-03-01.

Biological Journal of the Linnean Society, Author Self-archiving Policy, https://academic.oup.com/journals/pages/self_archiving_policy_b, 2020-04-20.

Biotechnology and Biological Sciences Research Council, BBSRC Data Sharing Policy Statement, March 2017, https://bbsrc.ukri.org/documents/data-sharing-policy-pdf/, 2020-05-18.

Biotechnology and Biological Sciences Research Council, BBSRC Data Sharing Policy-Frequently Asked Questions, https://bbsrc.ukri.org/documents/data-sharing-faq-pdf/, 2020-05-18.

BMC, Access to Articles, https://www.biomedcentral.com/about/policies/access-to-articles, 2020-04-19.

BMC, BMC Open Access Charter, https://www.biomedcentral.com/about/policies/charter, 2020-04-19.

BMC, Editorial Policies, https://www.biomedcentral.com/getpublished/editorial-policies/, 2020-04-20.

BMC, Open Data, https://www.biomedcentral.com/about/policies/open-data, 2020-04-19.

BMC, Permanency of Articles, https://www.biomedcentral.com/about/policies, 2020-04-19.

BMC, Reprints and Permissions, https://www.biomedcentral.com/about/policies/reprints-and-permissions, 2020-04-20.

BMJ, Transparency Policy, https://www.bmj.com/about-bmj/resources-authors/forms-policies-and-checklists, 2020-04-21.

Bohémier K. A., Atwood T., Kuehn A., et al., A Content Analysis of Institutional Data Policies, *Proceedings of the* 11*th Annual International*

*ACM/IEEE Joint Conference on Digital Libraries*, June 2011, pp. 409 – 410.

British Medical Journal, Resources for Authors, https://www.bmj.com/about-bmj/resources-authors, 2020 – 04 – 21.

Cabinet Office, G8 Open Data Charter: UK Action Plan 2013, https://www.gov.uk/government/publications/g8-open-data-charter-national-action-plan/g8-open-data-charter-uk-action-plan – 2013, 2020 – 04 – 03.

Cancer Research UK, Data Sharing and Preservation Policy, https://www.cancerresearchuk.org/sites/default/files/cruk_data_sharing_policy_2017_final.pdf, 2020 – 05 – 19.

Cancer Research UK, Data sharing FAQs, https://www.cancerresearchuk.org/funding-for-researchers/applying-for-funding/policies-that-affect-your-grant/submission-of-a-data-sharing-and-preservation-strategy/data-sharing-faqs, 2020 – 05 – 19.

Cancer Research UK, Data Sharing Guidelines, https://www.cancerresearchuk.org/funding-for-researchers/applying-for-funding/policies-that-affect-your-grant/submission-of-a-data-sharing-and-preservation-strategy/data-sharing-guidelines, 2020 – 05 – 19.

Cancer Research UK. Practical Guidance for Researchers on Writing Data Sharing Plans, https://www.cancerresearchuk.org/funding-for-researchers/applying-for-funding/practical-guidance-for-researchers-on-writing-data-sharing-plans, 2020 – 05 – 19.

Centers for Disease Control and Prevention, CDC/ATSDR Policy on Releasing and Sharing Data, 7th September 2005, https://www.cdc.gov/maso/policy/releasingdata.pdf, 2020 – 03 – 20.

CEOS, Data Life Cycle Models and Concepts, 26th September 2011, http://ceos.org/ourwork/workinggroups/wgiss/documents/, 2020 – 03 – 09.

Concordat on Open Research Data, 28th July 2016, http://www.rcuk.ac.uk/documents/documents/concordatonopenresearchdata-pdf/, 2020 - 04 - 07.

CSIRO, Science and Delivery Policy, https://www.csiro.au/en/About/Policies-guidelines/Our-core-policies/Science-and-Delivery-Policy, 2020 - 04 - 27.

Data and Sample Policy Division of Earth Sciences National Science Foundation Division of Earth Sciences, September 2010, https://www.nsf.gov/geo/geo-data-policies/ear/ear-data-policy-sep2017.pdf, 2020 - 03 - 26.

Data Archiving Policy, https://www.nsf.gov/sbe/ses/common/archive.jsp, 2020 - 03 - 26.

Data Management for NSF EHR Directorate Proposals and Awards, March 2011, https://www.nsf.gov/bfa/dias/policy/dmpdocs/ehr.pdf, 2020 - 03 - 26.

Data Sharing Policy, https://www.mrc.ac.uk/documents/pdf/mrc-data-sharing-policy/, 2020 - 04 - 07.

Data Sharing Principles in Developing Countries, 8th August 2014, https://zenodo.org/record/22117#.XjF-XfkREyA, 2020 - 01 - 28.

data.gov.au, http://data.gov.au/, 2019 - 05 - 22.

Deakin University, Research Data Management, https://www.deakin.edu.au/library/research/manage-data/plan/what-is-research-data-management, 2020 - 03 - 06.

Declaration on Access to Research Data from Public Funding, https://legalinstruments.oecd.org/public/doc/157/157.en.pdf, 2020 - 01 - 28.

DePaul University Library, What is Research Data Management? https://libguides.depaul.edu/c.php?g=620925&p=4324498, 2020 - 03 - 06.

Digital Curation Centre, Five Steps to Developing a Research Data Policy, http：//www. dcc. ac. uk/sites/default/files/documents/publications/DCC-FiveStepsToDevelopingAnRDMpolicy. pdf，2020 – 04 – 15.

Digital Curation Centre，Overview of Funders' Data Policies，http：//www. dcc. ac. uk/resources/policy-and-legal/overview-funders-data-policies，2020 – 04 – 15.

Digital Curation Centre，UK Institutional Data Policies，http：//www. dcc. ac. uk/resources/policy-and-legal/institutional-data-policies，2020 – 03 – 01.

Directorate of Mathematical and Physical Sciences，Advice to PIs on Data Management Plans，https：//www. nsf. gov/bfa/dias/policy/dmpdocs/mps. pdf，2020 – 03 – 26.

Division of Ocean Sciences（OCE）Sample and Data Policy，24th May 2011，https：//www. nsf. gov/pubs/2017/nsf17037/nsf17037. pdf，2020 – 03 – 26.

DLCM，Research Data Management Policy Template，https：//www. dlcm. ch/download_ file/force/68/276，2020 – 03 – 01.

Earthdata，Data & Information Policy，22th August 2017，https：//earthdata. nasa. gov/collaborate/open-data-services-and-software/data-information-policy，2020 – 03 – 20.

Economic and Social Research Council. Research Data Policy FAQs，24th March 2015 https：//esrc. ukri. org/files/about-us/policies-and-standards/research-data-policy-faqs/，2020 – 05 – 18.

Economic and Social Research Council. Research Data Policy，https：//esrc. ukri. org/files/about-us/policies-and-standards/esrc-research-data-policy/，2020 – 05 – 18.

Eindhoven University of Technology Library，Research Data Management，https：//www. tue. nl/en/our-university/library/education-research-support/scientific-publishing/data-coach/general-terms-and-background/what-is-research-data-management/, 2020 – 03 – 06.

ENG Data Management Plan Requirements, https: //www. nsf. gov/eng/ general/ENG_ DMP_ Policy. pdf, 2020 – 03 – 26.

Engineering and Physical Sciences Research Council, EPSRC policy framework on research data, https: //epsrc. ukri. org/about/standards/ researchdata/, 2020 – 05 – 18.

Engineering and Physical Sciences Research Council, EPSRC's expectations, https: //epsrc. ukri. org/about/standards/researchdata/. 2020 – 05 – 18.

Engineering and Physical Sciences Research Council. Clarifications of EPSRC expectations on research data management, 9th October 2014, https: //epsrc. ukri. org/files/aboutus/standards/clarificationsofexpecta tionsresearchdatamanagement/, 2020 – 05 – 18.

Engineering and Physical Sciences Research Council. Principles, https: // epsrc. ukri. org/about/standards/researchdata/principles/, 2020 – 05 – 18.

Erway R., Starting the Conversation: University-wide Research Data Management Policy, December 2013, http: //www. oclc. org/content/ dam/research/publications/library/2013/2013 – 08. pdf, 2020 – 03 – 12.

ESRC Research Data Policy, March 2015, http: //www. esrc. ac. uk/ files/about-us/policies-and-standards/esrc-research-data-policy/, 2020 – 04 – 07.

EU Open Data Portal, Guidelines on Open Access to Scientific Publications and Research Data in Horizon 2020, 21th March 2017, https: //ec. europa. eu/research/participants/data/ref/h2020/grants_ manual/hi/oa_ pilot/h2020-hi-oa-pilot-guide_ en. pdf, 2020 – 02 – 08.

Fisheries and Oceans Canada, Policy for Scientific Data, 24th January 2019, https: //waves-vagues. dfo-mpo. gc. ca/Library/365555. pdf, 2020 – 05 – 19.

Gabinet Office, G8 Open Data Charter, 18th June 2013, https: //

www. gov. uk/government/publications/open-data-charter/g8-open-data-charter-and-technical-annex,2020 – 04 – 03.

Genetics, Scope and Publication Policies, https: //www. genetics. org/content/scope-and-publication-policies, 2020 – 02 – 13.

Genomic Science Program, Information and Data Sharing Policy, 9th May 2013, https: //genomicscience. energy. gov/datasharing/GTLDataPolicy. pdf, 2020 – 03 – 20.

Giga Science, Editorial Policies & Reporting Standards, https: //academic. oup. com/gigascience/pages/editorial_ policies_ and_ reporting_ standards, 2020 – 04 – 21.

Grants. gov Application Guide: A guide for Preparation and Submission of NSF Applications via Grants. gov, 21th May 2012, http: //www. nsf. gov/pubs/policydocs/grants govguide 0111. pdf, 2020 – 03 – 26.

Group on Earth Observations, Cape Town Declaration, 30th November 2007, https: //www. earthobservations. org/documents/geo _ iv/05 _ Cape%20Town%20Declaration. pdf, 2020 – 01 – 07.

Group on Earth Observations, The Group on Earth Observations (GEO) Mexico City Declaration, 13th November 2015, https: //www. earthob servations. org/documents/ministerial/mexico _ city/MS3 _ Mexico _ City_ Declaration. pdf, 2020 – 01 – 07.

Group on Earth Observations, Best Practices-Data Sharing and Data Management in the GEO Community, http: //www. earthobservations. org/geo14. php? seid = 536, 2020 – 01 – 07.

Guidance on Best Practice in the Management of Research Data, July 2015, http: //www. rcuk. ac. uk/documents/documents/rcukcommonprinciples ondatapolicy-pdf/, 2020 – 04 – 07.

H. R. 4174-Foundations for Evidence-Based Policymaking Act of 2018, 14th January 2019, https: //www. congress. gov/115/plaws/publ435/

PLAW – 115publ435. pdf, 2020 – 03 – 15.

H2020 Online Manual, https：//ec. europa. eu/research/participants/docs/h2020-funding-guide/index_ en. htm, 2020 – 02 – 08.

H2020 Programme, Annotated Model Grant Agreement, 26th June 2019, https：//ec. europa. eu/research/participants/data/ref/h2020/grants _ manual/amga/h2020-amga_ en. pdf#page = 243, 2020 – 02 – 08.

H2020 Programme, Guidelines on FAIR Data Management in Horizon 2020, 26th July 2016, https：//ec. europa. eu/research/participants/data/ref/h2020/grants _ manual/hi/oa _ pilot/h2020-hi-oa-data-mgt _ en. pdf, 2020 – 02 – 08.

Institute of Education Sciences, Policy Statement on Public Access to Data Resulting from IES Funded Grants, http：//ies. ed. gov/funding/datasharing_ policy. asp, 2020 – 03 – 20.

Intergovernmental Oceanographic Commission of UNESCO, Guidelines for a data management plan, https：//unesdoc. unesco. org/ark：/48223/pf0000256544? posInSet = 9&queryId = a01a1fb4 – 903a – 4610 – 8d9e-e52d4d99dc1e, 2020 – 01 – 28.

International Council for Science, ICSU World Data System Conference-Global Data for Global Science, 7th January 2020, http：//icsu-wds. org/images/files/WDS _ Conference _ Preliminary _ Report. pdf, 2020 – 01 – 20.

JISC, Meeting the Requirements of the EPSRC research data policy, https：//www. jisc. ac. uk/guides/meeting-the-requirements-of-the-EPSRC-research-data-policy, 2020 – 03 – 03.

Jones S., A Report on the Range of Policies Required for and Related to Digital Curation, https：//era. ed. ac. uk/handle/1842/3371, 2020 – 03 – 01.

Jones S., Pryor G., Whyte A., How to Develop Research Data

Management Services-a guide for HEI's, http://www.dcc.ac.uk/resources/how-guides, 2020-03-02.

La Trobe University, Research Data Management Policy, https://policies.latrobe.edu.au/document/view.php?id=106, 2020-05-25.

Lancaster University, Research Data Management, https://www.lancaster.ac.uk/library/research-data-management/what-is-rdm/, 2020-03-06.

League of European Research Universities, Data Summit in Paris, https://www.leru.org/news/data-summit-in-paris, 2020-03-01.

League of European Research Universities, LERU Roadmap for Research Data, https://www.leru.org/publications/leru-roadmap-for-research-data, 2020-02-08.

League of European Research Universities, Open Research Data, https://www.leru.org/files/LERU-Statement-on-Open-Research-Data-Full-paper.pdf, 2020-02-08.

Long Version of the Data Submission Guidelines, January 2012, http://www.nodc.noaa.gov/General/NODC-Submit/submit-guide.html, 2020-03-20.

Lyon L., Dealing with Data: Roles, Rights, Responsibilities and Relationships, 19th June 2007, http://opus.bath.ac.uk/412/, 2020-03-10.

Mayernik M. S., Bridging Data Lifecycles: Tracking Data Use via Data Citations Workshop Report, https://opensky.ucar.edu/islandora/object/technotes%3A505/datastream/PDF/view, 2020-03-12.

Medical Research Council, MRC Data Sharing Policy, 12th September 2016-09-12, https://mrc.ukri.org/documents/pdf/mrc-data-sharing-policy/, 2020-05-19.

Minister for the Cabinet Office, Public Sector Transparency Board: Public Data Principle, https://assets.publishing.service.gov.uk/government/

uploads/system/uploads/attachment _ data/file/665359/Public-Data-Principles_ public_ sector_ transparency_ board. pdf, 2020 – 04 – 03.

National Endowment for the Humanities, Digital Humanities Implementation Grants, 17th February 2017, http://www. neh. gov/files/grants/digital-humanities-implementation-feb – 2014. pdf, 2020 – 03 – 20.

National Health and Medical Research Council, Australian Code for the Responsible Conduct of Research, https://www. nhmrc. gov. au/guidelinespublications/r39, 2020 – 04 – 25.

National Institutes of Health, Final NIH Statement on Sharing Research Data, 26th February 2003, https://grants. nih. gov/grants/guide/notice-files/NOT-OD – 03 – 032. html, 2020 – 05 – 18.

National Institutes of Health, NIH Data Sharing Policy and Implementation Guidance, 5th March 2003, https://grants. nih. gov/grants/policy/data_ sharing/data_ sharing_ guidance. htm, 2020 – 05 – 18.

National Network of Libraries of Medicine, Research Data Management, https://nnlm. gov/data/thesaurus/research-data-management, 2020 – 03 – 06.

National Science Foundation, Proposal & Award Policies & Procedures Guide (PAPPG), 24th January 2020, https://www. nsf. gov/publications/pub_ summ. jsp? ods_ key = nsf20001, 2020 – 05 – 18.

Natural Environment Research Council, Data policy, https://nerc. ukri. org/research/sites/data/policy/data-policy/, 2020 – 05 – 19.

Natural Environment Research Council, Guidance notes for the NERC Data Policy, https://nerc. ukri. org/research/sites/data/policy/datapolicy-guidance/, 2020 – 05 – 19.

Nature, Cookie Policy, https://www. nature. com/info/cookies, 2020 – 04 – 18.

Nature, Editorial policies, https://www. nature. com/nature-research/

editorial-policies, 2020 – 04 – 18.

Nature, Privacy Policy, https://www.nature.com/info/privacy, 2020 – 04 – 18.

NERC Data Policy, September 2010, http://www.nerc.ac.uk/research/sites/data/policy/data-policy/, 2020 – 04 – 07.

NHMRC, Australian Code for the Responsible Conduct of Research, 2018, 14th June 2018, https://www.nhmrc.gov.au/file/14384/download? token = UTh-EclL, 2020 – 05 – 19.

NHMRC, Management of Data and Information in Research, https://www.nhmrc.gov.au/file/14359/download? token = 0FwepbdZ, 2020 – 04 – 24.

NHMRC, Open Access Policy, https://www.nhmrc.gov.au/file/12046/download? token = B90g63vo, 2020 – 04 – 24.

NHMRC, Open Access Policy-Further Guidance, https://www.nhmrc.gov.au/file/12051/download? token = NessarDc, 2020 – 04 – 25.

NIH, Data Sharing Regulations/Policy/Guidance Chart for NIH Awards, 28th March 2006, https://grants.nih.gov/policy/sharing.htm, 2020 – 03 – 28.

NIH, Final NIH Statement on Sharing Research Data, 22th May 2012, http://grants.nih.gov/grants/guide/notice-files/NOT-OD – 03 – 032.html, 2020 – 03 – 28.

NIH, NIH Data Sharing Policy and Implementation Guidance, 3th May 2003, https://grants.nih.gov/grants/policy/data _ sharing/data _ sharing_ guidance.htm, 2020 – 03 – 28.

NIH, Request for Information: Input on the Draft NIH Genomic Data Sharing Policy, 27th September 2013, https://grants.nih.gov/grants/guide/notice-files/NOT-OD – 13 – 119.html, 2020 – 03 – 28.

NSSDCA, NASA Heliophysics Science Data Management Policy, 12th

April 2009, https://nssdc.gsfc.nasa.gov/nssdc/Heliophysics_Data_Policy_2009Apr12.pdf, 2020-03-20.

OECD Principles and Guidelines for Access to Research Data from Public Funding, http://www.oecd.org/sti/inno/38500813.pdf, 2020-01-28.

OECD, Co-ordination and Support of International Research Data Networks, https://doi.org/10.1787/e92fa89e-en, 2020-01-28.

OECD, Fostering Science and Innovation in the Digital Age, http://www.oecd.org/going-digital/fostering-science-and-innovation.pdf, 2020-01-28.

Office of Management and Budget, Open Government Directive, 8th December 2009, https://obamawhitehouse.archives.gov/open/documents/open-government-directive, 2020-03-15.

Office of Science and Technology Policy, Increasing Access to the Results of Federally Funded Scientific Research, 22th February 2013, https://obamawhitehouse.archives.gov/sites/default/files/microsites/ostp/ostp_public_access_memo_2013.pdf, 2020-03-15.

Office of Science and Technology Policy, Policy Statements on Data Management for Global Change Research, 2th July 1991, http://www.gcrio.org/USGCRP/DataPolicy.html, 2020-03-15.

Open Data Policy-Managing Information as an Asset, 9th May 2013, https://obamawhitehouse.archives.gov/sites/default/files/omb/memoranda/2013/m-13-13.pdf, 2020-03-15.

OpenAIRE, What is the EC Open Research Data Pilot? 28th September 2018, https://www.openaire.eu/what-is-the-open-research-data-pilot, 2020-02-08.

Outline of a Research Data Management Policy for Australian Universities/Institutions, https://rdc-drc.ca/wp-content/uploads/Institutional Research-

Data-Management-Policies. pdf, 2020 – 04 – 25.

Plan S-Making Full and Immediate Open Access a Reality, 28th September 2018, https: //www. coalition-s. org/, 2020 – 02 – 08.

Policy on Data, Software and Materials Management and Sharing, 10th July 2017, https: //wellcome. ac. uk/funding/managing-grant/policy-data-software-materials-management-and-sharing, 2020 – 04 – 09.

Principles for Promoting Access to Federal Government-Supported Scientific Data and Research Findings Through International Scientific Cooperation, https: //obamawhitehouse. archives. gov/sites/default/files/microsites/ostp/NSTC/iwgodsp_ principles_ 0. pdf, 2020 – 03 – 15.

Private Research Funders, https: //sparcopen. org/our-work/research-data-sharing-policy-initiative/funder-policies/, 2020 – 03 – 31.

RCUK Common Principles on Data Policy, April 2011, http: //www. rcuk. ac. uk/research/datapolicy/, 2018 – 01 – 09.

Royal Society, Science as an Open Enterprise, https: //royalsociety. org/ ~ /media/policy/projects/sape/2012 – 06 – 20-saoe. pdf, 2020 – 04 – 03.

Science and Technology Facilities Council, Scientific Data Policy, https: //stfc. ukri. org/stfc/cache/file/D0D76309 – 252B – 4EEF-A7BFA F6271B8EC11. pdf, 2020 – 05 – 19.

Scientific Data, Data Policies, https: //www. nature. com/sdata/policies/data-policies, 2020 – 04 – 18.

Scientific Data, Editorial & Publishing Policies, https: //www. nature. com/sdata/policies/editorial-and-publishing-policies, 2020 – 04 – 18.

Scientific Data, Guide to Referees, https: //www. nature. com/sdata/policies/for-referees, 2020 – 04 – 18.

Scientific Data, Recommended Data Repositories, https: //www. nature. com/sdata/policies/repositories, 2020 – 04 – 18.

Shanghairanking, Academic Ranking of World Universities 2019, http: //

www. shanghairanking. com/ARWU2019. html, 2020 - 05 - 26.

Singh N. K. , Monu H. , Dhingra N. , Research Data Management Policy and Institutional Framework, *2018 5th International Symposium on Emerging Trends and Technologies in Libraries and Information Services (ETTLIS) . IEEE*, 2018, pp. 111 - 115.

Social Sciences and Humanities Research Council of Canada, Research Data Archiving Policy, https://www. sshrc-crsh. gc. ca/about-au_sujet/policies-politiques/statements-enonces/edata-donnees_ electroniques-eng. aspx, 2020 - 05 - 19.

SPARC, Browse Data Sharing Requirements by Federal Agency, http://datasharing. sparcopen. org/compare? ids = 7, 5&compare = data #, 2020 - 03 - 31.

SPARC, https://sparcopen. org, 2020 - 03 - 31.

Statement on Data Sharing in Public Health Emergencies, February 2016, https://wellcome. ac. uk/what-we-do/our-work/statement-data-sharing-public-health-emerge, 2020 - 04 - 12.

STFC Scientific Data Policy, January 2012, https://stfc. ukri. org/files/stfc-scientific-data-policy/, 2020 - 04 - 07.

The Association of College & Research Libraries, Research Data Management, http://www. ala. org/acrl/publications/keeping_up_with/rdm, 2020 - 03 - 06.

The Global Earth Observation System of Systems (GEOSS) 10-Year Implementation Plan, 16th February 2005, https://www. earthobservations. org/documents/10-Year%20Implementation%20Plan. pdf, 2020 - 03 - 15.

The University of Leicester, Research Data Management, https://www2. le. ac. uk/services/research-data/old - 2019 - 12 - 11/rdm/what-is-rdm, 2020 - 03 - 06.

The University of Ottawa, Research Data Management, https://biblio. uottawa. ca/en/services/faculty/research-data-management/what-research-data-management, 2020 – 03 – 06.

The University of Sheffield Library, What is Research Data Management? https://www. sheffield. ac. uk/library/rdm/whatisrdm, 2020 – 03 – 06.

The Wellcome Trust. Data, Software and Materials Management and Sharing Policy, 10th July 2017, https://wellcome. ac. uk/funding/guidance/data-software-materials-management-and-sharing-policy, 2020 – 05 – 19.

The White House, Executive Order—Making Open and Machine Readable the New Default for Government Information, 9th May 2013, https://www. accela. com/civicdata/assets/whitehouse_ exec_ order_ 050913. pdf, 2020 – 03 – 15.

The White House, Transparency and Open Government, 21th January 2009, https://obamawhitehouse. archives. gov/the-press-office/transparency-and-open-government, 2020 – 03 – 15.

Tri-Agency Statement of Principles on Digital Data Management, 21th December 2016, http://www. science. gc. ca/eic/site/063. nsf/eng/h_ 83F7624E. html? OpenDocument, 2020 – 05 – 19.

U. S. Department of Agriculture, Data Policy, 19th September 2016, https://www. ars. usda. gov/ceap/data-policy/, 2020 – 03 – 20.

U. S. Open Data Action Plan, 9th May 2014, https://obamawhitehouse. archives. gov/sites/default/files/microsites/ostp/us_ open_ data_ action_ plan. pdf, 2020 – 03 – 20.

UC Berkeley Library, Research Data Management, https://guides. lib. berkeley. edu/researchdata, 2020 – 03 – 07.

UK Research and Innovation, Common principles on data policy, https://www. ukri. org/funding/information-for-award-holders/data-policy/common-principles-on-data-policy/, 2020 – 05 – 18.

UK Research and Innovation, Concordat on Open Research Data, 28th July 2016, https://www.ukri.org/files/legacy/documents/concordatonopenresearchdata-pdf/, 2020-05-18.

UK Research and Innovation, Guidance on best practice in the management of research data, https://www.ukri.org/files/legacy/documents/rcukcommonprinciplesondatapolicy-pdf/, 2020-05-18.

UNESCO, Policy Guidelines for the Development and Promotion of Open Access, http://unesdoc.unesco.org/images/0021/002158/215863e.pdf, 2020-01-28.

University College London, What is Research Data Management? https://www.ucl.ac.uk/library/research-support/research-data-management/best-practices, 2020-03-07.

University of Chicago Library, Research Data Management, http://guides.lib.uchicago.edu/datamanagement, 2020-03-07.

University of Hong Kong, Research Data Management, https://hub.hku.hk/researchdata/rdm.htm, 2020-03-07.

University of Oxford, About RDM, http://researchdata.ox.ac.uk/home/introduction-to-rdm/, 2020-03-07.

University of Pittsburgh, Research Data Management, https://pitt.libguides.com/managedata, 2020-03-07.

University of Reading, What is Research Data Management? https://www.reading.ac.uk/internal/res/ResearchDataManagement/AboutRDM/reas-WhatisRDM.aspx, 2020-03-07.

University of York, Research Data Management, https://www.york.ac.uk/library/info-for/researchers/data/management/#tab-2, 2020-2-12.

Updated Information about the Data Management Plan Required for all Proposals, 21th May 2012, http://www.nsf.gov/bio/pubs/BIODMP

061511. pdf,2020 – 03 – 26.

Wellcome Trust Policy on Data Management and Sharing, 7th June 2011, https://core. ac. uk/download/pdf/290067. pdf, 2020 – 04 – 09.

Who We Are? https://sparcopen. org/who-we-are/, 2020 – 03 – 31.

Whyte A., Donnelly M., Common Directions in Research Data Policy, http://www. dcc. ac. uk/resources/briefing-papers, 2020 – 04 – 15.

Working Group of the ASERL/SURA Research Data Coordinating Committee, Model Language for Research Data Management Policies, https://www. fosteropenscience. eu/sites/default/files/pdf/619. pdf, 2020 – 05 – 23.

Working with Data, Funders Guidelines, https://www. ands. org. au/working-with-data/data-management/funders-guidelines, 2020 – 04 – 24.

World Data System, WDS Data Policy, 10th July 2012, http://icsu-wds. org/organization/data-policy, 2020 – 01 – 06.

World Data System, WDS tackles IPY Data Challenges, 11th July 2012, http://www. icsu-wds. org/organization/latest-news/57-wds-tackles-ipy-data-challenges, 2020 – 01 – 07.

World Summit on the Information Society, WSIS Forum 2009 Brochure, https://www. itu. int/net/wsis/implementation/2009/forum/geneva/docs/WSIS_ Forum_ 2009_ Brochure. pdf, 2020 – 01 – 20.